会计名家培养工程学术成果库
——**学术总结**系列丛书

财权流：
从一种学说到一世禅悟

伍中信 著

中国财经出版传媒集团
中国财政经济出版社

图书在版编目（CIP）数据

财权流：从一种学说到一世禅悟/伍中信著. --北京：中国财政经济出版社，2019.9
（会计名家培养工程学术成果库. 学术总结系列丛书）
ISBN 978-7-5095-9231-1

Ⅰ. ①财… Ⅱ. ①伍… Ⅲ. ①会计学-学术研究 Ⅳ. ①F230

中国版本图书馆CIP数据核字（2019）第195564号

责任编辑：李 磊 罗 荀　　责任校对：胡永立
装帧设计：陈宇琰　　　　　　责任印制：党 辉

中国财政经济出版社 出版

网址：www.cfeac.com

（版权所有　翻印必究）

社址：北京市海淀区阜成路甲28号　邮编：100142
营销中心电话：010-88191522
天猫网店：中国财政经济出版社旗舰店
网址：https://zgczjjcbs.tmall.com
中煤（北京）印务有限公司印装　各地新华书店经销
787×1092毫米　16开　25印张　250 000字
2019年12月第1版　2019年12月北京第1次印刷
定价：125.00元
ISBN 978-7-5095-9231-1
（图书出现印装问题，本社负责调换）
本社质量投诉电话：010-88190744
打击盗版举报热线：010-88191661　QQ：2242791300

 **会计名家培养工程学术成果库**
编委会成员

主　任：程丽华

副主任：朱光耀

委　员：高一斌　杨　敏　王　鹏　郭道扬
　　　　孙　铮　顾惠忠　刘永泽　骆家駹
　　　　汪林平　王世定　周守华　王　华
　　　　樊行健　曲晓辉　荆　新　孟　焰
　　　　王立彦　陈　晓

出版说明

为贯彻国家人才战略,根据《会计行业中长期人才发展规划(2010~2020年)》(财会〔2010〕19号),财政部于2013年启动"会计名家培养工程",着力打造一批造诣精深、成就突出,在国内外享有较高声誉的会计名家,推动我国会计人才队伍整体发展。按照《财政部关于印发会计名家培养工程实施方案的通知》(财会〔2013〕14号)要求,受财政部委托,中国会计学会负责会计名家培养工程的具体组织实施。

会计人才特别是以会计名家为代表的会计领军人才是我国人才队伍的重要组成部分,是维护市场经济秩序、推动科学发展、促进社会和谐的重要力量。习近平总书记强调,"人才是衡量一个国家综合国力的重要指标""要把人才工作抓好,让人才事业兴旺起来,国家发展靠人才,民族振兴靠人才""发展是第一要务,人才是第一资源,创新是第一动力"。在财政部党组正确领导、有关各方的大力支持下,中国会计学会根据《会计名家培养工程实施方案》,组织会计名家培养工程入选者开展持续的学术研究,进行学术思想梳理,组建研究团队,参与国际交流合作,以实际行动引领会计科研教育和人才培养,取得了显著成绩，也形成了系列研究成果。

为了更好地整理和宣传会计名家的专项科研成果和学术思想，中国会计学会组织编委会出版《会计名家培养工程学术成果库》，包括两个系列丛书和一个数字支持平台：研究报告系列丛书和学术总结系列丛书及名家讲座等音像资料数字支持平台。

1. 研究报告系列丛书，主要为会计名家专项课题研究成果，反映了会计名家对当前会计改革与发展中的重大理论问题和现实问题的研究成果，旨在为改进我国会计实务提供政策参考，为后续会计理论研究提供有益借鉴。

2. 学术总结系列丛书，主要包括会计名家学术思想梳理，教学、科研及社会服务情况总结，旨在展示会计名家的学术思想、主要观点和学术贡献，总结会计行业的优良传统，培育良好的会计文化，发挥会计名家的引领作用。

3. 数字支持平台，即将会计名家讲座等影音资料以二维码形式嵌入学术总结系列丛书中，读者可通过手机扫码收看。

《会计名家培养工程学术成果库》的出版，得到了中国财经出版传媒集团的大力支持。希望本书在宣传会计名家理论与思想的同时，能够促进学术理念在传承中创新、在创新中发展，产出更多扎根中国、面向世界、融通中外、拥抱未来的研究，推动我国会计理论和会计教育持续繁荣发展。

会计名家培养工程学术成果库编委会
2018年7月

目录 CONTENTS

第一篇　人生漫步 / 1

一、一个"多余"的生命 / 3

二、我的高中：一切都是最好的安排 / 10

三、女朋友是最好的"大学" / 23

四、衡阳市豆制品厂：扼住生命的喉咙 / 42

五、"矿院"八年"抗战"：让我欢喜让我忧 / 50

六、如日中天：独当一面的会计事业 / 63

七、新财院梦想：不问深浅、无问西东 / 73

第二篇　事业群峰 / 81

一、我注定成不了诗人 / 83

二、我注定成不了书法家 / 88

三、我把会计做成了人生的顶峰　／ **97**
　　四、我离教育家还有"一公里"　／ **106**
　　五、我的"社会人"生活　／ **114**

第三篇　初心岁月　／ **121**

　　一、热爱生活是最好的教养　／ **123**
　　二、温柔的"自卑"　／ **127**
　　三、我的青春"睡"月　／ **135**
　　四、"野马"不羁，草意人生　／ **141**

第四篇　学术思想　／ **147**

　　一、产权与会计　／ **149**
　　二、现代财务理论体系：价值与权力的完美融合　／ **177**
　　三、财务治理结构理论研究　／ **201**
　　四、治理结构中的财权运作专题研究　／ **211**
　　五、经典延续　／ **217**

第五篇　我和大师的"约会"　／ **295**

　　一、杨纪琬教授：终生未了师生缘　／ **297**

二、郭复初教授：经纶满"腹"，素心若"初" / 304

三、杨时展教授：永恒的受托责任之魂 / 311

四、郭道扬教授：道存海内，名扬四方 / 316

五、黄菊波教授：人淡如菊，水深波浅 / 320

六、葛家澍教授：大"家"垂范，玉"澍"临风 / 323

七、我与"精神导师"的约会：你是我的真理
——永恒的纳什均衡哲学 / 327

第六篇　理想、命运与选择 / 333

一、"理想"也骨感 / 335

二、命运有安排 / 339

三、站在"海"岸边 / 343

四、沿着"初心"的足迹 / 346

五、财权流：从一种学说到一世禅悟 / 355

六、越过山丘：看见未来的自己 / 357

第七篇　学生眼中的伍老师 / 365

参考文献 / 388

第一篇 人生漫步

一、一个"多余"的生命

  1966年农历八月十四，正是万家团聚的传统佳节——中秋的前夜，在湖南省祁东县石门公社兰芝二队的一个小土屋里，诞生了一名男婴。屋里挤满了人，其中包括婴儿的三个姐姐和一个小哥。值得一提的是，今天是小哥的三岁生日，还正哭着闹着问妈妈给他煮鸡蛋呢，在那个没有听说过生日蛋糕的岁月，鸡蛋是生日最大的期待，哪知突然到来的小五在床上哭的比他还凶，他也只好作罢！

  取名的时候，还真费了父母不少心思。农村人读书少，总是根据时令来取名儿。比如大姐，因是建国初所生，取名为"建国"，二姐出生正值大兴水利之际，取名"水利"，三姐嘛，就直接取名"国顺"，三个姐姐没有一个有女孩子味道的名字。小哥呢，因是中秋时所生，自然就取名"中秋"了。"计划"生育做得最好的父母，三年后的同一天又生下了一个"小中秋"，这下可难为了父母，考虑到兄弟关系，需要一个字一样，思来想去取了个"中胜"（中国胜利），算是五姐弟里面最有水平的名字了！

  说来也巧，跟我同年出生、也在家里排行最末的我的妻子，叫"肖美英"，我们都是马寅初先生倡导计划生育时不应该出生的，属于"多余"的一代人。正是因为"多余",也许在月老的"婚姻簿"上都没有归属,没有可挑选的余地。"中胜""美英"就在这样的大背景下完成了"爱国"联姻!

"中胜"是我小学期间的名字。到初一时,由于老师和同学都换了,开始了一个全新的环境和全新的自己,我便在作业本上把名字改成了更有文化气息的"忠信"。在祁东,"胜"和"信"读音完全一致(xin),大人是听不出来的,也不会在意。紧接着,我觉得"忠"字下"多心"了,难写一些,而且兄弟之间最好还是"中"字相同,也不至于违背父母的一片初心和好意。就这样,"中信"就成为我终生使用的"大名"。只是不曾想,"中信"这个名字也被一个大财团看上,当然,我是全称,他们是"简称"。

"中信",很符合我从事财经工作的职业,也契合我做人的基本原则:既不狂妄自大(大信),也不妄自菲薄(小信),不卑不亢,乃中信也。

1. 我的启蒙

我1972年春天的一个中午,风和日丽,我正坐在伙房帮妈妈烧火做饭。这时,上完课回家的哥哥冲进屋来,一把把我从凳子上拉起,要我马上跟他去学校报名上学。那时我不懂事,只想玩,哭着向妈妈求援。在我的记忆里,在读书这个问题上,妈妈似乎没有权威性,我就是这样硬生生被哥哥"绑架"到学校,然后被老师关在她"黑色的"工作室。她拿出一些棍子,一些珠算子,给我做了一些简单的加减测试。在我的记忆里，平时没有专门为上学做过此类训练，也许是哥哥姐姐无意中给了我锻炼的机会吧。就这样，我毫无准备地结束了我的学前孩提时代，那时不到六岁。

在正式读书前，爸爸给我上了"第一课"：上课时不要盯着老师看。我当时真是听进去了，只是不知道为什么不能盯着老师，也没有去问。直到长大后才似乎明白了一些，因为如果盯着老师看，就很容易分心忽视他边上的字，进而听不进他说的话，如果是长得好看的就更加如此了。父亲虽然只读了几个月的私塾，教育子女竟然如此深刻。

我启蒙的第一个字是毛主席的"毛"字，当时是老师要我们画出来的。第一笔是曲线，最后一笔是最大的曲线，要画得有模有样还真的不容易！老师说，要么"画"成秤钩，要么"画"成钓鱼钩，可把我们这些小伙伴们搞惨了。虽然不符合循序渐进的学习规律，但还是怀着对毛主席崇敬的心情挺过来了。学完这个字，后面的字都好写了，没有那么多弯。

回想起那时学写字的认真程度，也是特别值得回味。按断一节一节的铅笔芯不说，一版字写下来，下面至少有三、四页纸都被"印"上了字，不仅仅是"力透纸背"可以形容的了。老师要我们用铅笔练字，原来有两个理由：一是练笔力，可以随便按；二是便宜，断了继续削，按重了也不影响其他页码的使用，只是没有那么平坦罢了。

那时小学语文一年级的前三课分别是：毛主席万岁，中国共产党万岁，中华人民共和国万岁！

2. 风样年华

我的启蒙老师叫李田秀，是一位善良可亲的老师。可能见我太弱小，总是偏爱我。下午放学后帮家里去打猪草本是件很平常的事情，有一次被她"偷看"到了，于是在第二天下午放学前当着全班同学"大大"地表扬了我一番。说有一个男孩在放学后打着赤脚，双腿骑在田埂上打猪草，口里还哼着："我是公社小社员，手拿小镰刀呀，身背小竹篮，放学以后去劳动。"被她这样一说，还真是一幅热爱劳动、热爱生活的美好画卷。在这个受宠的环境里，我感受到了小集体的温暖，远非在家"待学"可比。

说到受宠，还来自比我大三个年级的哥哥。我只要在班上受委屈了，就会向哥哥寻求保护，然后坐等他过来帮我"出气"。

我们是"文革"时期调整学期制最长的一个年级，春季入学，整个小学时间六年半。可以说，我们很"幸运"地赶上了全国第一届全日制学生。时间虽然长，学的东西却很有限。我的整个小学，几乎都是半工半读，中午就放学回家，吃完饭后就去打猪草、放牛、赶鸭子，到了暑假就全身心投入到苦海无边的"双抢"①之中。

3. 斗地主：千万不要忘记阶级斗争

记得那时经常开群众大会，漫山遍野都是群众，经常是整个学

---

① 双抢是一项常见的农业活动，指农村夏天抢收庄稼、抢种庄稼，一般在夏天进行。

校都给霸占了去，声音也是通过高音喇叭传播。每次开会的必上项目就是斗地主，我家隔壁姓陈的地主是每次必斗的对象，号称"恶霸地主"，他在解放前是骑白马、拿驳壳枪的那种。每次斗时，都是把他们揪出来跪倒在地，然后有人上前批骂，甚至鞭抽脚踢。有时在"大队"批完后回"生产队"接着批，还会结合具体情况展开批斗。记得有一次就因陈家养了不少鸡（其他贫下中农很少有这个意识，可能是穷习惯了），说是资产阶级思想没有根除的表现。那时，我真的不明白这些话的意思。其实在我幼小的心灵里觉得他们对我还是不错的，邻里关系都还和睦，也许就是"改造"后的结果吧，毕竟我那时不知道解放前发生过什么。

4. 忆苦思甜

那时有一个很著名的"热词"：忆苦思甜。几乎每年都要在全校搞一次"忆苦思甜"教育课，而且每次都是请我父亲去讲。

父亲，伍孝旺，1923年生，他少年丧父，从小跟随奶奶要饭为生。父亲的每一次"忆苦思甜"都是以"万恶的旧社会"开头。在他的故事里，我印象最深的一桩是在一个大雪纷飞的除夕之夜，在父亲和奶奶看来是最容易要到饭的时间，他们分开走家串户，希望能有个"好收成"，过个饱年。我父亲来到一户地主家敲门，正在吃着团圆饭的地主本以为是达官相互串门或者是农民前来交租，没成想一开门却是叫花子，二话没说恶狠狠地关上了门，父亲来不及躲闪，额头上撞了一个很大的包，这让父亲幼小的心灵受到了莫大的伤害。

他哭丧着脸，饥寒交迫地回到自己的"窝"里。直到深夜，奶奶给他带回来仅有的一团用荷叶包着的冷饭，才算吃上一餐年夜饭。

学校之所以请他，是因为我们家是贫下中农，属于最低档次，也就是最穷的农民，却也是当时最光荣的群体。每次做完讲座，校长都要亲自请父亲去他办公室吃一餐从食堂打来的饭菜，算是唯一的酬劳。我也是每次被叫过去一起"享用"，还能吃到一些饼干之类的甜品，那可是当时最好的礼遇了。

5. 书法启蒙

漫长的小学，最大的收获就是练习毛笔字。小学期间正是文革中后期，我们都是"红小兵"。学校到处写满了标语，到处是大字报。记得最清楚的标语有"批林必批孔，斩草要除根""反击右倾翻案风""翻案不得人心""狠批党内走资派"等等，然后就是打倒"四人帮"的各种标语和各种人物漫画。

除了大字报就是小字报。大字报是大人们的事情，起宣传和主导作用，我们小朋友主要是写小字报。教室的墙上全是同学们的作品，更有甚者，班主任要每位同学从家里带来绳子，将大家的作品一排一排的串挂在教室的上空。作品的内容大多是各种活动的心得、体会，其中主要是抄写各种语录和口号。

我对毛笔字的爱好可能就是从那时开始的。

当时的班主任老师叫周邦刚，他是一位对毛笔字很执着的人。我虽然没有直接受到他的"熏陶"，但印象却异常深刻。他总是在我们自习的时候在讲台上铺开"毛边纸",一边监督我们一边创作,写的是正楷。在放学前的自习课,有时他故意在与教室一门之隔的工作室里,培养我们的"慎独"能力。只要班上有人说话,他就不出来宣布放学,让同学们陪着他练字。但同学们很难选择"集体安静",总有人觉得交头接耳不至于传到老师那里去,结果传到老师那里的往往是"闹哄哄"。就这样,在无数次的集体"博弈"中,我们度过了许多个"等待"的放学。

6. 我的初中

石门中学,离家比去小学还近,可以从家里看见,听到上课铃都可以从家里赶过去的那种,当然我没有这样试过。

记得进初一时,部分"中考"考得好的同学很快就转到县城的重点中学了。在剩下来的同学中,我的成绩还算比较领先,有几个女生是比较厉害的竞争对手。

我的名字就是初一从"中胜"改为"中信"的。

由于离家近,基本没有寄宿,经常帮着家里干农活,过着"半工半读"的日子。

二、我的高中：一切都是最好的安排

1981年秋天，我以还算不错的成绩考进了祁东一中，不算重点高中，在全县排第二，当时全县唯一的省重点中学是祁东二中。祁东一中位于县城最高的鼎山的半山腰，离家不到十里地，但每天走读还是太辛苦，学校也要求寄宿，这算是我第一次离开父母过独立生活了。

那个时候的学生食堂，是从学生那里收了米，然后记账统一安排供应。上学的那天，哥哥帮我挑着需要送到学校吃的大米，姐夫帮我挑着行李，大伙爬着一个极为陡峭的山坡，再走过一个极为宽广的草坪，找到中间的主席台，拾级而上，进入第一级教室群，向左走便是通往食堂的风雨走廊。我们的第一要务是先把大米送到食堂确认，然后再去其他地方报到。

行李里，第一次有了属于我自己的全新被子和床单，还有一个全新的塑制手电筒。它们给了我独立思考人生的空间，给了我面对黑暗和摸索前行的探测仪。此时，我开始感受到真正的"离家"了，我的躯体开始离开母体"分蘖"了。

在帮我把床单被子铺好、把行李箱往床底下推送后，哥哥和姐夫也就完成了送行的任务，自此我将独自面对周边所有陌生的面孔。望着他们匆匆离去的背影，我不禁忧从中来。

想家原来是这样一种感受，像秋雨绵绵时的淅沥，像冷天不愿离开的被窝，我仿佛被这样一种愁绪所牵引，懒得看书、懒得说话、甚至懒得吃饭，心中似有一种说不出的病，淡淡的、说不出的滋味，直到周末见到父母才得以消除。

图1　高一入学时的学生证照

1. 第一单生意

中秋前夕，临近我的生日，学校也快要放月假。我早早听说家人要来县城集市卖鱼，翘首以盼。

下课铃声一响，我便冲出教室直奔集市。在众多人群中，我一眼便找到了自己的父母，狂奔过去，一阵亲热后，我也开始帮忙吆喝卖鱼，爸爸称秤，我结算，毕竟是"高级知识分子"了呀！这一次，算是我平生第一次参加商业交易活动，也是商业第一课。涉世未深，不谙人性，让我败的十分惨烈。

一个中年男子上前买鱼，在爸爸称好了鱼、算好了金额后，对方拿出十元钱让我找零。十元钱是当时最大的面值，一条鱼可能只有一元多，我收到他的十元钱后，很快找了他八元多，其中有一个五元的票子。过了一会，他突然说不要鱼了，要退钱，征得父亲同意，我当即把十元钱还给了他。但当我拿到他的那一把钱时，发现少了一张五元钱，急忙在人群中寻找那人，可他已经不见踪迹。就这样我的第一笔交易以无奈和自悔而告终，虽然没有受到父母的责备，但这段经历深深地印刻在了我年少的心灵里。

在随后的高中生活中，我跟同学们慢慢地熟络起来，也有个几个固定的玩伴，时而一起爬山，时而带他们回我家过周末。

那时的生活，有些同学比我好，而更多的是比我差的。比我好的经常可以在吃完食堂的饭菜后再买几个馒头，着实让我羡慕。

不久后，我便经常饭后散步去离学校不远的二姐家，她每次都按每周五毛钱的标准给我补助。这样，我从周一到周五，每天可以吃到两个（每个五分钱）小馒头，到了周六下午就赶紧回家"打牙祭"。

那时正是我们长身体的时候，食堂的菜基本没有什么油水，一餐三两米根本难以满足需求，所以我从家里把妈妈洗好晒好的米提前加到刻有自己学号的饭钵子里，有时加些糯米，吃起来倒也幸福满满的。

从高三开始，妈妈特意养了一群鸡，我每周回家都可以吃到妈妈准备的鸡肉，在那时应该是非常奢侈的事情了，我竟然每次都很轻松的吃掉一整只,现在我还能回想起母亲把鸡肉送到我嘴边的情景,而她,连口水都没有咽过!

我知道,即使我要他们吃,他们也不会吃的。

2. 语文:因材施教突飞猛进

我的学习成绩开始很一般,很多知识远远不如原来在本校读初中的同学,尤其是历史地理,他们基本是倒背如流,而我基本是一片空白,根本不是一个起点。

到了高二,要分文理科了。我的理科中化学不行,文科中语文不行,都是不及格的那种。我不知道该如何抉择。最终决定看读哪边的朋友多,因此选择了文科。

进入文科班后面临的最大问题是语文成绩太差,120分的总分,几乎每次考试都难过60分。换班后的语文老师是蒋典老师,在我读初中的时候也教过我哥哥的高中,所以念到我的名字时他总是错叫成伍中秋。当时我还是一如既往地不喜欢语文课,得过且过。蒋典老师开始点我的名字要我回答问题,我也就礼节性地站起来回答说不知道,然后就坐下。原以为这节课不会再叫我了,我如释重负,开始做其他事情,不料想,过一会他开始又叫我回答问题,我依然回答不知道,然后坐下。如此我更加侥幸地认为这节课老师肯定不会再叫我了,但"事与愿违",老师反复地叫我,我回答不知道他也不批评。这样次复一次、日复一日,让我感觉到老师叫我回答问题已经不是偶然而是必然。一个有强烈自尊心的我,开始默默关注语文书以及它的课外读物，希望在老师点名回答时能够有好的表现。果然如此，在我做了很好的预习后，老师叫我回答的问题都能够对答如流，还收获了表扬。正是在这种"虚荣心"作祟下，我花了大量的时间来研究语文，尤其是古文。让我印象最深的一次是，老师把我的作文当作范文在课堂宣读并点评，几乎都是表扬和鼓励的话。当时我的心砰砰地跳，脸涨得通红，因为我知道，我的作文在此之前是从未及格，我那篇作文也不会有明显的进步。

在蒋典老师的"刺激"下，我不得不多看优秀作文书，多用心写作文。经过一年多的努力，在保持好其他学科成绩的基础上，我的语文成绩有了明显提升。高考时，我的语文得了89分，还享受了语文超过80分可以加分的政策。

后来才听说，在高二分班结束后，班主任和任课老师会在一起开会，分析全班学生的成绩和学生上线的可能性，探讨教师如何针对学生的缺陷来因材施教。我竟然被他们"利用"了这么久而全然不知。

原来还有因弥补缺陷而"因材施教"的。

3. 哲学：聪明的根基

我的高中有三任班主任。第一学期是刘昌瓜老师，他爱人在农村务农，属于"半边户"，经常要周末回家帮忙。他教我们政治经济学，同时给我们讲一些马克思主义哲学。让我印象最深刻的是，他在课堂上说了一句：哲学能让人聪明起来。当时的我们听着是全然不懂，只知道政治经济学和哲学都是一些枯燥和晦涩的概念，大多需要死记硬背；高考以及后来考研，所学的哲学和政治经济学基本上都是背过来的。直到后来从事科学研究时才懂得老师所讲的"哲学能让人聪明起来"的道理，那就是给我们年轻的心灵里装上了思考问题和解决问题的世界观和方法论，找到思考问题的钥匙，这就是"聪明"的根基。

4. 历史：以古鉴今，古镜照亮人生路

第二任班主任是严衡山老师，高一的第二学期接手，青年才俊，刚从大学毕业分配来校任教，是我们的历史老师。他给我们上第一堂课的第一句话是：不知道从哪里来，就不知道到哪里去！这句让我现在十分明了的"历史课开场白"，在当时的我们看来还是懵懵懂懂的，不经历过历史，不自己创造历史，难以懂得历史对自己成长的意义。可那时，如果不是因为要考试，绝对不会去主动喜欢历史课。

经历过之后才懂得，前人的经验是留给后人的宝贵财富，如果提前学到了，就可以少走很多弯路，也就更容易成功。严老师的那句话，简捷地表达了"以古鉴今"的真实内涵。

5. 数学：蒜到蓸头土里了

第三任班主任是高二文理科分班后的陈国柱老师，就是前面所提的针对学生优缺点因材施教的班主任，也是一位管理极严而又方

图2　高中毕业留念

法得当、不失风趣的老师。他经常在教室的小黑板上定期更换各种令人奋发向上的座右铭、警世语。他教我们数学,他常说的一句话是:你算到哪里去了?蒜到薤头土里去了(蒜和薤头是两种相似的做菜用的原材料)。

用幽默的方式来批评同学,应该是让人接受并愿意努力改变错误的最佳教育方式。

6. 大学录取通知书:一切都是最好的安排

1984年的暑假,对我而言是一个一边经历同学毕业互访游玩和繁忙的双抢,又一边等待着什么消息的季节。到了八月,等待的心情愈加迫切。

　　在等待的日子里，村里来了一位算命先生，妈妈把他留下来给我算了一命。一番口诀和比划后，先生说是一个好命，不出国就要出省，不出省就要出县，反正不会待在家里。还拿出一个什么"魔盘"给大人看，他说：你看看你们家的祖坟有一道亮光，此乃龙头之地也！必有好的后人出现，还说我会在18岁走桃花运。对于一个快满十八岁还不知情为何物的我来说，简直是天方夜谭，尽管后来真的应验了。当时算命行情只有五毛钱一次，这个算命先生硬问我妈妈要了2块钱。据了解，这些算命先生有时遇到不好的命是不收费的，而我几次算命，都问我要了高价。

　　不管如何，这个命还是算出了我们全家人的期盼和信心！多给些钱也是值得的！

　　一个午后，高中时的"玩伴"周水清不期而至，一纸红色的"录取通知书"晃在我朦胧的睡眼前，惊醒了一个农家孩子的梦。

　　"安徽财贸学院"，几个郭沫若体的大字耀在我的眼前，还是个本科，水清说，我们班70多个同学，只上了三个本科。与家人欣喜之余，我拿起通知书跑到临村去找另一个初中时的"玩伴"刘国喜，一起分享成功的喜悦。

　　规矩一直如此，高考一结束就要马上估分、填志愿。我心里没底，带着刘国喜一起去学校，想办法尽力回忆答题内容，尽力使估分与实际分数相近。在我们的共同努力下，即使各科成绩与最终得分稍有差异，总分竟然一分不差。更巧的是，我的分数正是当年本科分数线494分，我是踩线上的本科。

之所以能够被成功录取，得益于我们正确地估计了分数以及后来填报志愿的客观分析。我的这个分最好就是选择最冷门的地区和最冷门的专业。就当时而言，安徽是出了名的穷，全国各地的"要饭的"大多来自安徽。在那个"学好数理化，走遍天下都不怕"的年代，加上商品经济还没有萌芽，会计学是当时不被看好的冷门专业。当时，我对专业还没有任何"感知"，只好以"命中"为目的。不曾想到，随着经济的发展，会计学专业越来越受到社会的重视，我的名字"中信"也与财经领域的"大鳄"——"中信公司"同名。

从结果看，不失为一个成功的选择案例。从命运看，一切都是最好的安排！

7.喜庆与感恩

从接到通知书开始，我们全家就忙碌起来。首先，妈妈带着我到了舅舅家，舅舅舅妈们和表哥表弟们都非常开心，大舅还像过节一样到山塘里打了鱼上来，并说我的命运也会随之改变"娘家"的命运。

我所在的村叫伍家村，全是姓伍的，都是亲戚，一根藤上结出来的瓜。大家听说我考上了大学，都非常开心。记得一个爷爷叫伍锡石，给我送来了洋鸭蛋，并说，希望你出国留洋，光宗耀祖。在当年，留洋的事情可是需要非常大的想象才能实现的！

对家里来说，我上学前最重要的事情就是谢师宴。在那个年代应该还没有谢师宴这个词，但中华民族尊师重教的传统和感恩的美德应该是一直在传承着的。其实大家都比较穷，办谢师宴的微乎其微。那个时候我还是极为内向腼腆的，丝毫没有胆量和口才去邀请我的所有任课老师，我妈妈没有读过书，却竟然做到了。老师们从学校出发，步行十多里地穿越乡村来到家中做客。除了大型庆典，这应该算是我家规格最高最隆重的一次接待了。

8. 第一次远行：不是说地球是圆的吗？

这一切做完后，便是收拾行囊，面临人生的第一次远行！第一次离开县城、需要坐几天火车的远行！

当时哥哥在云南跟大姐一起做生意，没有办法送我去上学。父母也只能陪同到火车站的月台，此后的路，徒留我只身前行。

在月台上候车的还有另外一家子，貌似出过门见过世面。我父亲作为地道农民，平时胆子小，这次竟然意外地上前去搭讪，得知他们是祁东白地市钢铁厂的，姓肖，算是城里人，两口子也是送女儿到南京读大学。父亲非常诚恳地请求他们在路上照顾我。对方说，南京和蚌埠是顺路的，可以帮忙，请你们大人放心。就这样，父母安心地离开了站台，而我则踏上了一条忐忑之路。

有人相伴，觉得心里踏实了几分，但因我不愿跟半陌生人相处，尤其是还有一个长得清秀的城里姑娘，我是更加不敢跟他们有半点来往了，宁愿车厢里皆是陌生的人会放松一些。当时的我发育尚未成熟，没有审美观去判断对方长相如何，也不敢正视对方。一路上，我不敢当着他们的面吃东西,他们要我吃,我就说不饿。我们都是一直站到江西鹰潭才有座位,我的座位还是他们提前询问,跟要在鹰潭下车的旅客"预订"的。这些套路,我一概不懂。落座后,我依然如坐针毡,不敢面对。到了上海中转时,我便悄然离开,独自排队签转前往蚌埠的列车。其实本可以跟他们同一列火车继续前行的。

到了蚌埠站,已是黄昏时分。我走下站台,反复确认了站台前后都写着"蚌埠"的白底黑体大字,初步判定没有下错车。在列车没有开走前,我从行李箱拿出装有录取通知书的信封,仔细核对了上面的地址:安徽省蚌埠市宏业村南头。没有错,就是这里,我人生的第

图3　入学时的校门和我

一个远途终点站，也是我后来称为"第二故乡"的地方——蚌埠！

当时我之所以犹豫是否坐错了车或者下错了站，是因为在学地理时，说地球是圆的。走了这么久应该在地球上会走出一个圆弧呀！怎么一直都是平着走的呢？

走出车站，一个巨幅的安徽财贸学院迎新横幅映入眼帘，我刚走过去就被前来迎接的师兄"拦截"，上了一台和录取信封写的一模一样校名的校车。

一路颠簸一路向南，终于来到宏业村南头——新拓址的校园，周围全是荷叶田和芦苇荡，水渠从校园穿过。路灯下，我们被各自的班主任领走。我的班主任赵火昌是河南人，刚从北京商学院毕业分配来校任教，他问了几句我听不懂的话，我也回答了几句他听不懂的话。由于时间太晚，我被临时安顿在同班的另一间寝室136，此时大家都已上床睡觉。

9.不小心错过了十八岁生日

历时三天的长途旅行终告结束。我趁着夜，坐在床上打开随身行李包，取出妈妈为我准备的路上吃的食品——熟鸡蛋，因为一路害羞，一直不敢开包，已经全部发臭。那天正是中秋前夜——我18岁的生日，竟然差点忘记了。想起时已在黑暗的、借居的床上，同学们都不熟悉，而且又都睡了，我望着窗外的月色，想起妈妈临行时的叮咛，很想拿出笔来写封家书，但月光毕竟太暗，也折射不到高位的床上，我也只能这样把自己的十八岁毫无声息地睡了过去。

10.开始知道什么是老家和老乡

有了这次远行,有父母在的家从此变成了老家。上到大学后,别人问我的老家是哪里的,我还真不习惯,家就是家,怎么一定是老家,难道一定就是难以回去的家了么?

是的,自己独立了,就该离开有父母的家了,在植物学上叫"分蘖"。如果离得远,那就得叫老家了。

后来进一步了解,除了老家,还有老乡的概念,那就是老家的同乡。老乡有共同的语言、饮食和生活习惯。凡在外读书,不论开学还是放假,都是老乡结集的时机。新生开学时总是大老乡接小老乡,帮助引导和安排衣食住行,无微不至。毕业时,就是小老乡送大老乡,依依不舍,回乡再聚。

三、女朋友是最好的"大学"

1. 追求爱好,广泛涉猎

进入大学,完全没有了中学时的紧凑,可自由支配的时间很多。我开始按自己的喜好进行了选择。

英语是一定不能放弃的。除正常的课程外,还专修许国璋、新概念和英语原版教材快班英语课。一年级参加全校留学选拔,通过了笔试。由于从未见过录音机,没有听过从录音机发出的声音,也因为平时学的家乡话英语,听力考试基本听不懂,只好提前出了考场,谎称自己生病不舒服。

继续中学时的爱好,学习书法。安徽是文房四宝之乡,书法底蕴深厚,同年级的很多安徽籍同学喜欢练书法,走廊上、厕所的地面上随处可见他们水写的大字,有同学干脆在学校开设起书法讲堂,令人羡慕不已。我喜欢草书,也会在自己的宿舍留一些书法"作品",这些安徽同学中的"高手"们经过时偶尔也驻足观望。因为爱好书法,我加入了班上的宣传工作,经常出墙报。

至于诗词,最爱宋代的"长短句"。比起整齐划一的律诗,我更喜欢长短错落自带节奏的律动，以至于一看到长短不一的句子分行排列开来，心中就会荡起一种好听的音符，至于写的什么以及能否看懂已在其次。

围棋是我大三时开始接触的。当时中日围棋擂台赛很火，学校模仿着举办师生围棋擂台赛，双方各派出十名成员轮流参赛。我们身边的一些同学和老师突然间成了围棋队员，成了大家心目中的"偶像"。记得那时，他们在主赛场比赛，除了裁判其他人是不能在旁边影响的，只能通过记录员把他们下的棋记下来，然后到学校最具亮点的亭台上"复盘"。当时我丝毫不懂，也挤过去看，觉得非常高雅，很有古风。看后我也给自己定了个位，在一年里要基本达到他们比赛的水平。结果自然是有些差距的，因为他们也在快速进步。

在此后的时间里，我花了大量的时间看围棋书、打谱以及和同学交流，也跟隔壁班级搞擂台赛。我属于"长考型"的那种，有时下一盘棋长达七个小时。由于心理素质太差，即使天气不冷我也要裹着被子，还全身发抖。有时等到晚上九点半下自习立马就跟同学们开战，到十一点熄灯休战，第二天六点一来电再继续。可以说，我对围棋的喜爱已经到了如痴如醉的境地，以至于影响到了大四的考研准备。同学和老师也经常劝我说，要是你研究生差那么一分，一定是围棋害的，到时别后悔哦！结果在考财政部的研究生时，其他成绩都过了，唯英语得59分，果然差一分。

除书法、围棋外，唱歌也是我一直执着追求的，为此我还买了

第一篇　人生漫步

图4　大学里最后一盘没有下完的棋

一台收录机，一边学英语一边听音乐，这在当时算是条件好的了。一台机子要一百多元不说，光买一个正版磁盘就要六元。那时齐秦、程琳的歌弥漫了整个校园，我很喜欢唱歌，是同学中少有的能冠以走廊歌星、厕所歌星中的几个。但不太会识谱，是跟着磁盘学的那种，一旦与乐队合作就变得非常尴尬，以至于在校期间从未参加集体性的演出或者比赛活动，至多就是给这些歌手指点一下。

除了学习基本课程，我的业余时间基本用在提高素质教育上，

从一种学说到一世禅悟　　25

沉迷图书馆，把求知欲用到了极致。我和女朋友的书包应该是当时图书馆三对"情侣书包"中的一对，成为图书馆的一大景观。我经常为抢占学校每一个文化讲座的座位而"奋不顾身"，以至于把大姐从云南寄给我的最值钱的手表挤丢在抢座大潮中。我经常跟朋友一起跑到蚌埠市里听来自全国各领域名家所作的音乐、诗歌等讲座。

2. 大学课堂于我如浮云

对于专业和各门课程，我并没有花太多时间，大多是利用考前半个月全力以赴一番，然后拿到高分。《会计学原理》一课，上课基本在睡觉，考试拿到全班最高分98分。虽然平时表现不好，但任课老师蔡咏（现任国元证券董事长）并没有给我难堪，只简单地扣了两分，还是给了我96分的期末总分。到二年级时我还特意找他汇报，说想考研究生，他把我带到他宿舍，给我一份试卷说，你能够把这个做好就可以考了。

大学时唯一的计算机课就是BASIC语言，我还是一如既往不听课，同学们每次做作业时都在喊爹叫娘，上机验算也总是对不上。我听在耳里，依然我行我素，心里没有紧迫感。但在期末半个月时，开始从头看书，发现建模不过是数学的运用，编程就是用英语把模型表述出来，原来BASIC语言就是简单的数学加简单的英语。等我把书看完，把习题一个一个做好，然后一次性跑到机房去验算，发现所有的过程并没有同学们说的那么难。在该课的期末考试中，我拿了全校同门考试的第一名（含文理科和不同年级），因为疏忽，没有把两个字母间的乘号用"*"号标出，否则就是满分。

我一般不听按部就班的课，凡是讲得跟书本差不多的课都是睡过去的。但凡上得好的课，哪怕不是我们班的、甚至不是我们系的课，我都跑过去蹭。记得计统系的一位老师上《系统工程》和《运筹学》，让我受益匪浅，它后来还成为我逻辑思维、科学研究方法的基本学识来源，甚至为指导安排日常生活的先后次序以及提高工作效率产生了极为重要的铺垫作用。

3. 女朋友是一所最好的大学

高考完那个暑假，算命先生说我十八岁会走桃花运，对于一个情窦未开、看人就脸红的我来说，怎么也不会相信。

进入大学后，感觉周边的人，尤其是女生，从衣着打扮到气质，跟中学已然完全不同。

快到国庆节时，我路过教学楼大厅，看到不少学长、学姐在排练"阿里山的姑娘"的集体舞，她们身着白色连衣裙，随着音乐曼妙地起舞，让我产生了对异性美好的向往。阿里山的姑娘美如水，我如何才能像阿里山的少年那样"壮如山"呢？看到学姐们身边的男生，时而举手牵引，时而搂腰相送，心里顿时羡慕无比，同时一种自卑感也在心间暗涌。这也许就成了我情窦初开的那一天。

到了大学后，总是会想家、想妈妈，毕竟是第一次长时间、长距离离开父母。这种感情的寄托，首先从老乡那里得到缓解，并随之在同学中建立"朋友圈"。

肖美英和我是同班同学，湖南湘乡人，班上唯一的老乡，为人开朗直爽。大学开学时，她只身一人，提前一周出发，到上海把行李一存就跑到外滩转了一圈。到学校后，学校还没有开始迎新，她主动找到班主任赵火昌老师，一起策划迎新方案，以"老生"名义迎接同班同学。入学后，她也就成了"班红"之一，且身兼数职。令我印象最深的是，她担任军训的主要负责人，受军人哥哥的熏陶，英气十足，让我有点不敢靠近。

作为同样从农村出来的孩子，她竟然比我们更快地适应了"时尚"的大学生活。上学后不久，我们班在教室里搞国庆聚餐，她可以跟同学们"拉手"起舞，敢把糖果剥开递到男同学嘴里（我只在电影里见过富家小姐这样做过），玩到极处，她竟然可以跟同学相互玩"空中丢花生米到对方嘴里"的游戏。可想而知，能够掉进口里的微乎其微（显然也是从富家子弟那里学的）。在那个短缺经济时代，我真的无法理解，尤其是作为"叫花子"的后代更觉得心痛。记得我当时是在黑板上用粉笔写下了"浪费可耻"之类的话离开的。

但她又是极为善良的。国庆节后的一个周末，班上同学组织去附近的凤阳参观，她没有去，只见她在同学们出发前跑到男生宿舍一个一个收了床单带去洗，等晚上同学们回来后，她就给同学们送过来。一股暖阳的味道温暖着每一位男同学的心。

不知道有多巧，我宿舍同学和她所在的女生宿舍的同学基本上都是老乡关系，我们就这样结成了友好寝室。有时周末一起搬凳子到大礼堂看电影,或者结伴出游。

记得有一次,大伙结伴去市里的大塘公园划船,这应该算是我平生第一次划船游玩。我们两个宿舍的同学玩得很尽兴,只是不见我老乡跟大伙一起来。我便随口跟她们女生问了句:怎么我老乡没有来?结果她们就把我的话带了回去,回到我耳边的回答是:下次单独请他。

也许是一句随便的玩笑,却让我从心底里产生了一丝的好感和幻觉!

后来,班上的学习委员A同学看上了好友寝室里的一位女同学小D,他跟我说,要我和我老乡跟他们两个组成四人联盟,这样便于在公开场合出现。在当时的环境下,谈恋爱是明令禁止的,一

图5 恰同学少年:大一时光

旦被发现就会比较麻烦，至少在学校不会有"政治前途"了。A同学跟我关系很好，经常为了取暖，两个人把被子放在一起睡。他的这个提议很快得到我的同意，虽然我们还仅仅是老乡关系。

学校的周边风景很是优美，单说田园风光就无限美好，有荷塘，有水渠；水里有泥鳅，有小龙虾，当地人不爱吃，我们老乡就把他们捉来，利用周末一起聚餐；春天里，可以听到芦苇生长的声音；到黄昏，散步时路两旁的槐花香味足以把我们灌醉。

离学校不到一里地，有个龙子湖，也叫龙湖，该湖是蚌埠市的地理标志。湖里丰产蚌，蚌里也产珍珠，蚌埠因此得名，珠城也声名远播。我们经常下水，可以踩到比脚还大的蚌，当地人把蚌壳拿来做水瓢。到

图6 龙湖里采蚌的男孩

了冬天，近湖都会结上一层厚厚的冰，看起来就像一块巨大的镜子。

我们一行四人走到了湖边，A同学说，我们不如到湖面上一起跳舞吧。A同学比我们大一两岁，在中学就谈过朋友，对男女之情有一定的经验。我们其他三人也没有往那方面想，在他的带领下把手拉在了一起，两男两女成对称分布，每个人的左右手都是异性。在他的引导下我们时而往左移几步，时而往右移几步，慢慢地有点节奏感了。这是我第一次接触舞蹈，竟然还是在冰上！也是懂事后第一次感受异性的吸引，是那样的美好！我从小到大牵过无数次妈妈和姐姐们的手，都跟此时的感觉截然不同。

难怪女人是水做的，古人诚不欺我也，我第一次从身体接触感受到了这一点。此后，我们经常在一起活动，一起去图书馆学习。当时图书馆是可以占座的，到了冬天几乎是"满员"。他们两个女生占到了两个对称的位置，A同学也在别处找了个独立的去处，我没那么好运，就只好找了把椅子，摆在两位女生之间，也不至于影响其他同学学习。就这样，我们的"三角"座位关系一直保持到期末考试。不过我还是主要跟老乡交流，看到天下雪了，异常的大，那是真正的鹅毛大雪，不像我们南方，下到地上容易融化。于是我开始"诗兴大发"：……醉落，醉落，落入我的心窝……写好后就递到她面前，请她指正，这样的事情在不断反复地进行。她呢，有时也拿她的家书给我分享，其中主要是男朋友的情书，据说是高三同学时确定的朋友关系，那信末的告别语会不经意间刺激到我。

就这样，我们一起相处到期末，四个人一起的时间比较多，我跟老乡相处的很"纯洁"、很简单，连"暧昧"都谈不上，已是十分的美好！

这个"四人帮"后来又增加了男生B同学。两位女生在学校澡堂遇到附近农民家的两姐妹，都比我们小，就集体认了妹妹，一起去他们家玩，他们家还有两个哥哥，我们也就跟着叫大哥二哥。就这样我们一行五人就成了他们家的常客，干爸干妈也非常豪爽，经常把自己最好的酒、最好的菜拿出来，我的酒量和喝酒的规矩就是从这里练出来的。我再一次找到了家的感觉。

时近期末考试，马上就要放寒假了，我归心似箭。那个寒假正好是我哥哥大婚，我天天数着归家的日期，准备订购火车票。老乡却劝我寒假不回家。这让我极度纠结：好不容易熬到了假期，还有我唯一哥哥的婚礼，不参加合适吗？但我好像还是屈就了她，同意不回家，我真不知道当时哪来的决心！

随后的几天，她收到了家里的信，还有五十元汇款，要她回家过年，就这样喜从天降，我终于可以回家了！

于是，我们就一起结伴上街去采购回家的"年货"。按规矩，我们是回家探亲，总是要带些特产回去见见大人和小孩子们，虽然钱是他们出的。

不知怎的，我们不自觉地把其他三个同学撇开了去采购，这算是我们第一次单独"行动"了。我们一路热聊，连钱也好像有点不分彼此，买的东西也一分为二。东西重了一起抬，有时不自觉地牵着手走起路来。她是"热血动物"，冬天把手放在外面还是热的，而我却是冷冰冰的。牵着她的手,一股暖流涌上心头,于是一句百般诗意的话脱口而出:什么时候我们的温度可以平衡?

就这样,我们一直牵着手,一直走着!

我知道她有男朋友!她也一直没有说喜欢我,也许这才是"暧昧"的开始。

考完了,我们错过了订票的时间,只好临时跟着她两个湘乡老乡跑到上海去中转排队。大老乡很体贴,他们去排队,留下我俩在外面看守行李。夜里太冷,我们便披了她哥哥的军大衣"抱团取暖"。

上了火车,我们坐在了一起。夜深了,其他乘客都睡了,我们也像在课堂上一样趴着,两只手牵在一起。她在耳边说,她有男朋友了,我们不能在一起,然后我们就一起哭。她有男朋友,我也必须认可,毕竟我是一个很讲道德的人。

其实到那时为止,我们都还没有说要在一起的。我也不知道,我们是否算是谈恋爱了。但我清醒地知道,我们真的都有点依依不舍了。

回到家收到她寄来的信,依然提到只做普通朋友,然后就是跟我约定哪天哪趟火车,要我在株洲上她提前在湘乡上了的车。正如木心先生所说,"那时的邮件很慢,马车也很慢,一生只够爱一个人",我收到她的邮件后,只能按她的意见行事,如果我再回信去,她在回校出发前是断然收不到的。

见面的时间如期而至,我以最快的速度赶到株洲火车站,来到月台上，火车缓缓驶近。她很聪明，穿着打眼的红色滑雪衫，从她所在的车厢窗口向外招手，这样我就很快找到了她的车厢。

她站在车厢中间的位置，我慢慢地走过去，不敢激动，更不能拥抱，因为我们是"普通朋友"。我在离她一米多的地方停了下来，双方的脸明显地都红了起来，于是我们开始谈一些寒假见闻和新学期的打算。她虽然提前两站上车，到株洲这个中转大站还是没有找到座位，我们就这样一直站着聊天，直到鹰潭才有了座位。跟我第一次去上学一样的站点，当时的那个女生也姓肖。

入校后的春天，万物复苏，柳树吐芽，百花绽放，这该是我一生中第一次感受到春天的美好。年轻人的心也随着春天的节拍一起荡漾，同学们纷纷来到龙湖边，依着杨柳，伴着湖水，利用地势架起了各种"炉灶"开始野炊，有的坐在地上打牌，有的在打羽毛球，有的划起了小船。由于我俩无法明确彼此的关系，还是以老乡的身份相处，相互学习、相互关心。在我们五人小组中，B同学不顾我的存在，把老乡请上了一条小船，还主动把自己的上衣搭在老乡的裙子上"防晒"，这让我很不好受。幸好小D同学看到情况，及时把我叫到她的船上，还主动给我提了要求：老伍，你给我唱一首"万水千山总是情"——一首当时最流行的粤语情歌。就这样，我们算是互不相欠地告一段落。

下船后，不知道是为缓和气氛还是相互都吃到醋了，我和老乡单独离开了大家的视线，应该也算是去讲和吧。到了中午，我们找了个僻静的地方坐下来，不知不觉地靠在了一起，我的嘴唇

图7 女朋友是最好的"大学"

移向她的脸，没有被拒绝，然后我在两人的眼神之间放了一张报纸（掩耳盗铃），在她耳根附近的脸颊上静静地停留，不敢向前。这应该就是我的初吻，甚至谈不上真正意义的"吻"，却刻骨铭心。

后来的故事很多，同学们之间恩恩怨怨，有从朋友变成"敌人"的，有从"敌人"变成朋友的，浪漫而刺激。有人把大学四年比作总统任期四年毫不过分。这些人际关系和感情生活是我大学除书本学习外的重要"实践"内容，也是锻炼我处理各种人际关系、培养我各种社交能力的重要舞台。

其中，女朋友所担任的角色极为重要，她是我最好的"大学"。

很多事情，一个人就缺乏胆量，两个人结伴就信心百倍。我们总是一起结伴学习、结伴去拜访导师、结伴参加各项体育活动。在这系列的"结伴"中她给了我诸多的帮助和陪伴，起到了其他人无法替代的作用。

大学期间，我的性格依然极为内向，按同班的女生说，伍中信很"内秀"。一个典型的故事是，我们同年级有四位湖南女生老乡，新生开学后不久，她们结伴来寝室看我，那是一个周六大扫除的午后，我在自己床上的蚊帐里独自看《宋词》，当时只有我和班长L同学在宿舍。她们进来时，L同学通报了一声：伍中信，有老乡来看你啦。我一听，这么多女同学声音，把蚊帐一掀开，来了四个，除了肖同学才认识不久，其他都不认识。于是我说了声：哦，你们坐吧！此后，她们就由L同学招呼着，我此后在床上再也没有作声。当时我一直想着，这么多女生，我怎么对付啊，还有我好像是脱了裤子准备午休，隔着半透明的蚊帐，也不好穿呀，还是干脆不做声算了吧。就这样，她们坐了几分钟就离开了，在走廊里就说开了：这样的老乡，下次再也不来了！

　　这就是我和她相处的基础条件，我性格非常内向，而她则偏外向。每次结伴时，我对她都很依赖。去拜访老师，我一般都要她走在前面去敲门，但令我惊讶的是，敲完门在听到老师的脚步声快到门边的一刹那，她突然闪到我的后面了，此时我要换位又已经来不及了。就这样，她一次一次地"骗我""欺负我"，不知道是她自己害怕还是真的为了锻炼我，其结果反正是锻炼到我了，毕竟在老师和领导面前还是需要极大勇气面对的。

　　不知怎的，她在给我提供锻炼机会的同时，自己却在慢慢收敛，不再那样抛头露面，各种"职务"也越来越少。到毕业时，就剩下一个平民百姓和她书桌上的座右铭"与人为善"了。是否有点像武侠小说里写的，把功力传给别人后，自己的功力却随之减弱，甚至会"功力全失"。

　　作为女朋友，使我不敢在众人面前展示的事情能够在她面前展示，不敢在众人面前锻炼的技能就找她锻炼（比如诗歌、舞蹈、打球等），她是我提高能力和树立信心的最佳搭档。

4. 择友的标准：找一个"母亲"

　　我自幼恋母，上大学后也非常想家。在我朦胧的记忆里，一直在寻求"母爱"，这也就给我寻找女朋友定了一个基本要求：按母亲的标准来衡量。

首先对方要有母亲一样的爱心、善良和勤劳。老乡从开学之初的表现和课桌上的座右铭"与人为善"就基本上体现了她的善良；通过相处，也总能感受到她对我的关心和体贴，像一个"临时母亲"般温暖。第二，找一个对自己母亲好的对象。在我国，最难相处的人际关系恐怕就是婆媳关系。在我看来，不管对方有多么优秀，对我有多好，但如果对我的母亲不好，不能和谐相处，那都是极为失败的婚姻。因此，对方能够对别人善，对自己善，也应该会学会对"婆婆"善，所谓"百善孝为先"。从这一点上，我是可以看准的，从结果来看也是如此，虽然中间有一些小插曲，婆媳之间也有个相互理解的"磨合"过程。第三，为未来的孩子找一个好的母亲。事实证明她也做到了。

5. 我与攻读硕士研究生擦肩而过

大三结束后的暑假，我选择留校学习，对考研发起了全面进攻。英语能力提高到可以成为同班同学考研的"辅导书"，专业方面也基本上能够融会贯通，同时也开始为论文做准备，翻阅大量国内外文献，了解研究动态。

在选择报考学校和专业时，我凭着自己较强的英语水平和不凡的研究才能，自负地选择了财政部财政科学研究所，同时也凭着自己计算机语言的"天赋"选择了会计电算化方向。在填报志愿时，我没有选择专业和学校调剂。

在考试时，英语是第一门课，本是我的优势，可是就在考前那

图8 毕业前夕

天晚上，躺在床上我突然产生一个念头：英语是统考，也是我的强项，我即使考不上研究生，但英语一定要比他们强。由于这突如其来的念头使我乱了心神，久久难以入睡。本来上午就爱睡觉的我，越发显得无力招架。一进考场，我用手表调个闹钟，准备先睡半个小时，再用两个半小时考试也是断然没有问题的。哪知我刚睡下不久，监考老师就把我叫醒来，问我怎么了，哪里不舒服？就这样，我再也无法清醒地面对这场考试，审题总是心不在焉。三小时过去，我题目没有做完，也不能像平时一样清醒地给自己估分。等分数一出来，59 分。其他成绩全部合格。

其实，我的这个成绩也还是很不错的，要是自己同意调剂，去其他专业或者其他学校都是可行的，而我竟然"宁为玉碎不为瓦全"地选择了财科所的会计电算化。后来我才知道，该所是第一个在全国招收会计电算化方向研究生的，每年只有两个名额，当年是第二年招生。会计电算化是会计学和计算机专业的"杂交"品种，按照规律和他们的办学经验，第一年招会计专业，第二年最有可能"套种"招计算机专业。当时并没有公布这一信息，更何况我的英语只有 59 分。我被无情地排除在当年的研究生录取范围之外。

在分数没有出来之前，我们班上利用班费为每个同学定制了印有"安徽财贸学院"字样的毕业纪念皮箱。只有我拒绝了，我说不要给我印，下次就印财政部的字样。

等成绩出来后，我整个身心都崩溃了。临走前，我带走了所有的专业书，却把英语书全部烧掉了。为什么烧掉英语书呢，因为英语考试只得了59分。我在大三参加考试的时候还得了67分,多学了一年还少了那么多,英语深深地伤害了我!

临近毕业,我破罐子破摔,任由学校分配和派发。

图9　重回母校

四、衡阳市豆制品厂：扼住生命的喉咙

1. 第一桶金：不一定是金钱，可以是磨炼和阅历

1988年7月，我被分配到了家乡衡阳。

衡阳市是湖南省第二大城市，是国家重要铁路交通枢纽，也是湖南承接南方的重要地段，在当时被湖南定位为"弹性地区"。我当时就是按"计划""一个萝卜一个坑"地被分到了家乡，开始了我报效家乡之路。

2. 我是来学习的

从计划的角度，当时衡阳有44个单位需要会计本科生，而那一年只有9个人分配到衡阳。按供需关系，我们本应该是可以随意挑选，但由于衡阳市二商业局要了四年的本科生都没有如愿，现在我是来自商业院校"对口"的毕业生，人事局没有理由不把我分配到二商业局。我去报到时，二商局人事科长给我看了看压在她办公桌玻璃板下面的下属单位表，让我自己挑选。我一看，无非就是蔬菜公司、副食品厂、肉联厂、衡阳饭店，要么是吃的，要么就是住

的。我看了以后，觉得不是个滋味，产生了离开的念头。当时我说我的女朋友在湘潭，希望能够改派。当时工商局坚决不干，说要了四年，如果放弃的话，以后都要不到人了。然后我就去人事局找领导，回答是必须由二商业局回个"不接受"的函。最后，我只好选了二商局最好的也是最大的一家公司——蔬菜公司。当我拿着报到单走到蔬菜公司的时候，蔬菜公司的人事科长也给我开出了一张报到单——国营衡阳豆制品厂。这可是衡阳市最大的豆制品厂，还是国营的，算是看得起我。我怀着一丝委屈，又像是"破罐子破摔"的心情到了豆制品厂，一股很香的酱菜味迎接了我的到来。报到后，主管会计当着来介绍我的厂长的面把钥匙向我一丢。她可能是认为大学生是来抢她位子的，我本来就觉得委屈，我对她说："我绝对不会抢你的位子，请你放心。"然后她的态度才开始变好。

3. 不能做井底之蛙

当时我也有考虑换到其他工作。我回到了老家，找到衡阳市祁东县财政局，接待我的领导送给我两句话，先是表示欢迎，然后劝我不要到这县里来。他说：你即使在衡阳最差的单位，也比在县城最好的单位好，如果你以后要往上去就很难了。当时我不明白这个意思，后来分析觉得这句话是很有道理的：第一，到了县城以后就像井底之蛙，很难知道外面的世界，而即使在衡阳最差的单位，也能随时感知周围环境的压力；第二，就周边而言，县财政局可能处于养尊处优的位置，人会缺乏斗志。他的善意指点，我至今心存感激。要是当时留下来，也许现在连个"科长"都不是。

　　"豆制品厂"让我很迷茫，觉得做豆腐可能还没有回家种田那么"广阔"。在豆制品厂报完到以后，我以请假回家帮父母搞"双抢"为由回到了农村，搞完"双抢"后也不愿再回到豆制品厂上班。家人都为我着急，哥哥说，你学了四年的东西，总不能在农村荒废了吧！

　　就这样，带着家人的期望以及财政局领导的指点，我在哥哥的陪同下回到了市豆制品厂。

　　在这期间，我还曾经尝试过去当老师。在衡阳，我自然想到了去省"财校"，经过了艰辛的暑期爬涉，找到了他们主管教学的校长，回答却是简单的一句"不需要"。

　　也许是因为"池塘"太小，或者是缘分不够，如果我去了那里，恐怕也就是一个"教书匠"了。后来遇到当时在衡阳工学院（现南华大学）教书、现在湖南商学院担任会计学院院长的朱开悉教授，他开玩笑说，怎么不去衡阳工学院应聘？

　　玩笑归玩笑，缘分还没到！

4. 第一次辞职

　　第一个月做出纳，买卖豆制品都是一分两分的零钱，零钱的转手率很高，拿到手里有很多的细菌。我做了一个月之后，脸上长满了疖子，痛苦不堪。加之每天下班以后还要一个人冒着风险去银行存钱，每到月底结算生怕少了钱要自己补进去，慌得很。主管会计说了，多了要充公，少了要自己贴，哪来的道理？她说，这是会计的道理啊！果然我第一个月贴了几毛钱，第二个月虽然多了几毛钱但还是充公了，那时我的工资还不到五十元，压力实在太大了。于是我就跟厂长和书记提出辞职，理由竟然是"我是搞会计的，不是搞出纳的"。其实我这句话是没道理的，出纳也是会计的一部分。他们也不是不懂，觉得大学生放在他们那里有点"理亏"的，厂长问我："你想干什么？"我说："我什么都不想干"，厂长说："那你就随便吧！"

从此我就天天在宿舍里休息，白天打谱下围棋，晚上有空就到"作坊"里帮师傅处理一下黄豆，到发工资时帮一下忙，算是对得起自己几十块钱工资。

幸好他们没有真正叫我辞职。否则真不知道干嘛去了。

5. 女朋友："伍中信绝非池中之物"

从工作的角度，应该算不上累，但从事业的起点和环境来看，还是会带来情绪上的波动，因此也得到很多朋友的鼓励。记得大学的师弟、商会八六的徐家爱在暑期回家参观豆制品厂后，回校给我写信，为豆制品厂出谋划策（也许是友情安慰的另一种表达方式）。我自己也出了一些主意，比如研发出一块钱一瓶的豆奶，这在当时，比起做两分钱一块的豆腐还是好了很多。

女朋友给我的鼓励也很大。她当时被分配在湘潭百货站，很多紧缺物资都是从他们单位批发到全市的其他零售店。她看到我当时的处境和心态后，给我写信说：伍中信绝非池中之物！你会笑着去面对现状，你会把在豆制品厂当作一个过程，而绝不是一个结果！你肯定能冲过去！

在他们的鼓励下，我自己也坚定了信念："我要扼住生命的喉咙！"

6.友情、亲情和爱情兼而得之：也许是人生最开心的时段

离家乡最近的城市往往是中学同学扎堆的地方。回到老家上班，最大的好处就是可以经常和中学老同学们在一起玩。我在厂里的宿舍是独立王国，下了班周边都没有人住，同学们都还未婚，经常聚在我那里打扑克和下围棋。没有菜的话，厂里有豆笋、豆浆、豆奶等豆制品，还有酱油、酱菜之类的，反正不带出厂门就不算"偷"。看到同学过来没有吃的，我经常拿个大盆子跑到车间，请师傅帮我装一盆豆浆，放进石膏，我走在路上还是豆浆在盆里淌来淌去，一到家就变成了豆腐脑。大伙你一勺我一勺的，这样一来，我一年用来吃豆腐脑的白糖都要十多斤，白糖在当时可是计划物资。

在衡阳的一年多时间，也是我毕业后和父母家人在一起最长的时期。每逢周末，我都要轮流在祁东和湘潭之间坐火车，轮流体会亲情和爱情的美好，虽然没有什么钱，但过得十分温馨美好！这一辈子再也没有过这样的感受了。

7.科研能力初现

就在我在厂里随便干什么都可以的时候，厂长为了评职称，要我帮他写一篇文章，而且善解人意地批准我可以去湘潭写。为此我在湘潭好好地呆了半个月，回来时，把大学毕业论文稍作修改交给

了厂长，还被衡阳市评为第一名。后来蔬菜公司的领导知道了，问他："是小伍写的吧"，他也不置可否。就这样，毕业不到半年，我这颗"闪光的金子"被调回到蔬菜公司，到人事科帮助全公司的同事修改或重写职称材料。

8. 爱好成为事业的敲门砖

时值1988年年底，得知业务科正副科长都喜欢下围棋，我就和他们凑到了一起，成了很好的棋友。就这样，他们把我调到了业务科，离我的专业又近了一步。其实，在蔬菜公司期间，几乎没有人知道我是学会计的，以至于全公司搞会计知识大赛时，我参加考试，大家都感到惊讶不已。

80年代是短缺经济，价格实行双轨制，彩电冰箱都是凭票供应。蔬菜公司业务科在衡阳占了半壁江山，发展潜力很大。后来两位科长先后下海，都向我抛出了橄榄枝，却被我一一婉拒了。也许在我骨子里本就不太喜欢纯商业活动，总觉得还有什么事情在等着我。

9. 爱情的呼唤与"忠诚党的教育事业"

考虑到自己和女友的空间距离，我这颗"驿动"的心始终不能安定。

一个偶然的机会，从女朋友在湘潭矿业学院（现湖南科技大学）当老师的同学那里得知，学校准备开设会计专业，需要会计老师，我立即报名过去试讲，几经周折后，终于同意调我过去。

剩下的事情就是申请如何调离衡阳。那是1989年上半年，毕业不到一年，我还没有转正。二商业局人事处处长怎么也不同意我调走，于是我便开始与她理论起来。她说，我要了四年才要到一个本科生，我放了你以后怎么好意思再要人？你看看我们局的财务处长（科级）明年就要退休了，谁来接班？

我辩驳道，一起分配来局的大学同学都可以留在局里，为什么我去了最底层？

她说，那完全是为了快速锻炼你！

我说，既然有意培养我"接位"，怎么不提前告诉我，以致我一直"心酸"？我很委屈。

她说，如果提前告诉你，你会安心锻炼吗？会锻炼的这么好吗？

我继续说，我女朋友在湘潭，还是肯请成全！

她居然说，找女朋友衡阳也多得很，我可以帮你物色很好的！

但对我而言，她的话一下刺痛了我。女朋友又不是商品，怎么可以说换就换，你们把感情放哪里去了？

说起"女朋友"，豆制品厂的厂长跟我提及过他的女儿，长相也好看，典型的"豆腐西施"；在蔬菜公司工作期间，也有同龄的谈得来的女大学生同事，但我始终没有留在衡阳成家的想法，我有自己的期待。

就这样，我从1989年上半年开始一直坚持到十一月，直到人事处处长生病住院，我在她的病床边再一次施软，最后以另一个理由和台阶——"忠诚党的教育事业"，得以成功离开。

我的这一"忠诚"的承诺,一发就是二十九年,至死不渝。

图10　能回到手里的沙还有多少

五、"矿院"八年"抗战":让我欢喜让我忧

1. 好为人师

几经周折,我背起行囊离开了"痛并快乐着"的衡阳,来到了湘潭矿业学院(今湖南科技大学),走上神圣的讲坛成为一名会计学教师,开始了教书育人、徜徉书海的人生职业第二站。

初为人师,缺乏经验,但我首先想到的是必须要让学生喜欢我。我性格内向,不善言辞,"我要把课堂当作舞台一样,每个45分钟都要设计过关",这是我当时对上好课的决心和定位,我相信只要把课堂内容设计好,像演员一样表演出来,就一定会得到学生的喜爱和认可。就这样,我经常在家里模拟上课的情节,也经常阅读《杂文报》等各类百科文献,尽量让枯燥的会计课堂活跃有趣(应该是在寻找"启发式教育"的源泉)。与此同时,我还利用自己的特长和爱好(书法、诗歌、围棋等),在课堂内外与学生交流,让学生在学习专业的同时,增加对我的喜爱。经过多次的"舞台"训练,我把"舞台"上的能力慢慢变成了自己的日常技能。我的口才慢慢变好了,跟别人接触也不会轻易脸红了。

值得一提的是，为了"取悦"学生，我开始应学生要求在晚上免费为他们开设"书法讲座"，自己边学边在黑板上讲，起初是自己班上的学生，后来发展到全校学生，一个400多人的阶梯教室座无虚席。每次书法课前，我都会提前一段时间去指导。记得有一次，在晚上七点上课铃响起时，我从后排的座位上起来走向黑板，此时，掌声随着我的脚步声有节奏的拍起，直到我走到讲台。我的心里感到无比自豪，为师如此，足矣！

平生得到的掌声无数，但像这样有节奏的掌声仅此一次，自发的（非组织的）、发自内心的掌声，尤为难得。

图11　由我组织的经济系首届书画展

图12 为师第一步

我想，我应该算是站稳了讲台，那时来校一年左右。

2. 事业幸福的标准：改变我的人生轨迹

1991年前后，同事刘友金老师邀请我一起编写《求职供职晋职谋略通书》，一部很受欢迎的"地摊书"。在组稿过程中，我无意中看到一个外国作家写的"事业幸福的三个标准"，也是影响我一生的选择标准。

他说，事业是有幸福标准的，第一，你所从事的职业应该是自己的专业，即专业对口；第二，在此基础上，职业和爱好要一致，如果不一致，要么把爱好变成职业，要么把职业变成爱好。第三，能力得到充分的发挥。

举个例子，有一个学钢琴的女孩子大学毕业后被分到幼儿园教钢琴，对她来说，首先，专业与职业是一致的；其次，如果她喜欢弹钢琴，又从事钢琴职业，这又符合第二个标准，职业和爱好的一致；第三，如果她的能力得到了充分发挥，她会觉得很幸福，但如果她经常喜欢谱曲，很希望开个演奏会，而幼儿园不会满足她，她会在这里感到很不幸福。

我同样的拿这三个标准来衡量自己的事业，我学会计的教会计，算是满足了第一标准；第二标准呢？我的爱好不是会计专业，而是下围棋、搞书法，即所谓业余爱好。看到这篇文章后，我不断反思自己，无论是书法还是围棋，毕竟没有经过正规的训练，连很多小孩都不如，如果想要作为事业并达到"幸福"的地步几乎是不可能的。相比之下，自己的会计专业毕竟还是系统地学了四年。面对职业和爱好的偏离，为了事业的幸福和快速进步，我毅然选择了把专业培养成爱好，而不是把爱好培养成专业。

在1991年7月1号党建七十周年之际，我筹办了"经济系首届书画展"，作为我对书法的"告别仪式"。从此就把书法和围棋彻底戒掉了。取而代之的是，从图书馆搬回了大量的专业书和杂志。起初看到密密麻麻毫无跳跃感的文字，一点都提不起神，后来咬咬牙就慢慢习惯了。再加上看到几乎所有的文章都"通俗易懂"，更加增添了我战胜同行的信心。

在此期间，学校邀请了湖南财经学院的夏博辉和李皎予两位教授来校讲座，我有幸参加了陪餐接待，聆听了他们精彩的学术报告。当时的湖南财经学院及两位教授在全国名气很大，他们创办了湖南省中青年财务成本研究会，开办了《财务研究》杂志，主办了"中意杯"全国会计论文大奖赛。通过跟他们的接触，深觉大师跟普通人没有什么区别，讲的专业问题也并不高深莫测，给了我极大的鼓舞和奋斗的信心，这也许就是榜样的力量。

就这样，我一边看书一边写文章，寄出去的稿件大多被不同的专业刊物选用。至1992年5月，小孩的出生成为我的"第十篇论文"，让我找到了事业的"成就感"。

3. 知识的互补是创新的重要源泉

当时的湘潭矿业学院是一个以工科为主的院校，财经类的老师只有九个，会计老师只有两三个，我们的主要职责是上好课，没想过去做学问。新组建的经济系虽然只有会计学专业，但会计学的研究团队还十分薄弱，相比之下，理论经济学和企业管理学有一定的沉淀。一个偶然的机会，受同事彭清华、胡永远的邀请，参与了煤炭部课题《企业产权制度改革》的研究，他们给我准备了大量跟产权有关的论文和书籍。尤其是科斯教授刚刚获得诺贝尔经济学奖，经济学研究进入一个"言必称科斯"的产权时代，从此我便与产权研究结下了不解之缘，进入了一个大气、深邃、沉醉、思辨的哲学世界，开始了漫漫学术长路上的艰辛求索，开始翱翔于这个"外行人听不懂，内行人说不清"的诗意世界，拉开了运用产权思想剖析会计理论的创作大幕。1991年底，我集中利用寒假的半个月写了七篇论文，随后在全国财会和其他刊物上相继发表，并合作出版了《企业产权制度改革》《企业财务公共关系》等书。至1994年上半年，发表论文数达四十余篇。

我到工科类院校是偶然的，跟会计外的同事合作也是偶然的，跟产权大师科斯教授的"精神会晤"更是如此。我当时的学术朋友主要是非会计界的，正是不同学科的交叉、互补和融合，擦出了火花。如果是在财经类院校的话，周围主要就是会计界的学术朋友，学术思路"就会计论会计"的可能性会比较大，我也许就没有这样的成就。

正是这诸多的偶然，成就了我产权会计研究的必然。在这里，知识的互补性起到了重要作用，成为我学术创新的重要源泉。从此以后,"产权"所体现的公平正义与文明和谐的思想便贯穿了我身体的每一个细胞。

4. 第二次辞职:不安分的年代

1992年初,小孩出生前夕,我以需要照顾小孩为由,向学校提出分配"一间半房"的申请,被拒。我带着刚考过的"注册会计师证","南巡"到开放前沿地区——惠州。在选好合适的会计师事务所之后,住在惠州的大学同学罗波跟我说了一句:伍中信,班上同学里就你可以把学问做好,你好好思考一下吧!听后我很有感触,赶紧回到了学校。

学校在得知到我不安心之后,及时地把我"一间半"的要房申请改为了"两室一厅"或"三室一厅",我碍于压力,只选了其中较小的"两室一厅"。

安下心来后的我继续好好上课,认真做学问。记得一次全校公开课,书记校长都跑来听课。按惯例,讲完第一节之后,他们都会走。没有想到的是他们都留下来继续听,说是很想把后面的"会计账目"搞清楚。

至于做学问,我也是蛮拼的。虽然有了两室一厅,但还是经不住小孩子的吵闹。我经常一个人躲在不到三平米的厨房里,在切菜的案台上铺上报纸搞"创作"。条件虽然很艰苦,但却感觉很甜,很幸福!

我那时担任学校经济研究所副所长,由我担任主编的"现代企

图13　三口之家

业会计制度"丛书，请财政部财政科学研究所杨纪琬教授作序，卖到全国几十所大学，湖南省除了湖南财经学院之外，其他有会计专业的大学多数都用到了我们的书。

1994年，学校领导见我成果多，希望我破格参评讲师资格，我很感激地交了五十元参评费。但事与愿违，我落选了。

无论如何，这都是人生该总结的课题。

这一年暑假，我又一次出走了。我到惠州大学开始上课，爱人也找好了一个中专学校，但一时难以安家。这一次，大学同学没有说我，毕竟也是学校。但儿子在家里由姨妈带着，总是想着爸妈，成天只喝娃哈哈，不吃饭。而我们，也一直惦记着他。一个星期后，我们带着"夫复何求"的感慨再次回到湖南。

这年的教师节，也是国家第十个教师节，学校在大礼堂召开庆祝大会。大会上，校长宣读了一份特殊决议：给予伍中信同志讲师职称——一个没有经过评委认可的决议。这份决定是学校在拿我的资料去湖南省财经学院等高校，请相关专家鉴定认可后，直接由学校单独下文确定的。

5. 破釜沉舟：辞职 OR 读书

从大学毕业到1994年，六年时光就这样过去了。当我把产权搞懂，发表了40篇论文后，突然发现自己还不是研究生，这一辈子会很不甘心。

按照事业幸福的三个标准，随着我事业的发展，第三个标准慢慢有点"不幸福"了，我需要一个更适合我的平台。

在取得讲师资格后的某一天，我随学校的人事处同事去长沙的中南工业大学（现中南大学）办事，他在车上告诉我，有讲师职称可以直接考博士。就这样，我毫不犹豫地选择了博士求学之路。

就当时而言，学校对我算是厚待了，不仅在住房和职称上给予了安排，为了给我做思想工作，校领导和人事处还轮流来我家"值班"。但对于我来说，依然没有停下那颗"驿动的心"。

于是我开始向学校提出外出读书的申请，为了能够得到保证，我同时提交的还有申请调离的辞职报告。在我的"两面夹击"下，学校同意了我的考博申请。党委书记还特意找到我说：小伍，你要有思想准备，要是考不上，这个系副主任的位置为你留着，到时不要有思想包袱，好好干。我在想，学校也许就是希望我考不上，然后安心工作。

这些都是出于善意，也是为了学校的事业。我做了领导以后，对这些想法深有体会。

我当时回答说：感谢领导关心，还是尽早把位子安排给别人吧！我考上了不会留在这里，考不上也不好意思留下来了。

对我而言，当时的决定真是一次冒险。一是我从大学毕业后就没有学习过英语了，二是我没有读过硕士研究生。为此也有人建议我先考研或者先去进修英语。但对我而言，这两条路都不现实。因为我跟学校的博弈是让学校在我外出学习和调离之间选择，如果我选择了进修或者读研，回来后就很难有机会再以学习的名义去考博士。学校的老师们每年为争取几个有限的外出读书指标挤破门槛，在这样的环境下，我只有破釜沉舟，考博是我唯一的机会。只有这样，才可能有出头之日。

为了能够确保考博成功，我选了三个博士点：财政部财政科学所、中南财经政法大学、西南财经政法大学。由于最早参加了西南财大的考试，我也就如愿地考进了西南财大财政学专业，师从我国著名财务学家郭复初教授。

6. 一半思考学问，一半思考人生

进入西财校园，跟刘邦驰、王国清、马骁等教授学习了不少与财政学有关的课程，郭复初老师特意为我和冯建两个没有读过硕士的同学补习了财务学基础理论。由于之前主要从事会计学研究，也没有认真学习过财务学理论，所以我跟郭老师商量，先把以前的产权会计研究做个了结，然后再全身心投入到财务学研究中。这就是我的代表作《产权与会计》和博士论文《现代财务经济导论——信息、产权与社会资本分析》两部姊妹篇专著的来历。

读博期间，经常有一些当官的、有钱的"同学"回来。我们和他们没有在一起上过课，并不熟悉。他们回校往往前呼后拥，威风凛凛地站在讲台上为同学们做讲座，搞得我们这些在高校当老师的"穷书生""相形见绌"！每次经历这样的场面，我都会半夜失眠到天明，深入地思考自己的前途和命运。

虽然湘潭矿业学院同意我读书，但属于委托培养性质，不能随

意离开学校另谋职业,因而我的职业前途选择非常有限,也就是对方单位可以不要我的档案。在当时,一些好的单位,几乎没有不要档案的,甚至需要以"分配"的方式进行。因此,我必须要在毕业前把档案拿到手,这样我才是"自由"的。这也正是我度过无数个难眠之夜的主要原因。可以说,如果没有这些事情困扰我,我当时会有更多的时间做学问,也会做出更多更好的学问。

就这样,我在一半思考学问,一半思考人生。

为此,我也非常关心矿院每个学期必开的人事调动会议。每次开会前,妻子都会提前通知我回去等消息。但每一次等待的结果,都是别人走了,我留下。记得有一次散会后,我走进会场请校长和书记留下来告诉我消息,他们谁都不说话,递烟都不接,我明白了会议讨论的结果!

7. 不辞而别

事情闹的愈加僵化,我也愈加无奈。后来学校一个副书记告诉我,校长说如果伍中信不道歉,就绝不会放我走。我听到后反而觉得有了希望。于是我将一封长达二十多页的"忏悔书"送到了书记和校长办公室,同时也复印了一份放在人事处。忏悔书上把我所有可怜的"家丑"和委曲求全的语言全部展现在别人面前,希望得到同情和理解,很多同事跑到人事处去看我的"忏悔书"。但似乎没有起到应有的效果,我再次跑到领导办公室说,如果还不同意,我就把忏悔书贴到电线杆上去!

我并没有这样去做,毕竟还是需要面子的。

我在博士毕业论文后记里记录了这样一段文字:"光华园的三年是我个人历史的一个重要变迁时期,追求自由的渴望与我国落后地区的大学制度的冲突,将我的人格扭曲到了令人十分痛苦的地步,我如坐针毡,于是从湘中一隅游荡到成都,继续寻找我的梦……"

1997年12月24日平安夜,跟几个好友吃了个简单的晚餐,装了些简单的家具,一路颠簸来到了湖南财经学院。

只有这里不需要我的档案!就这样,我从最初的开心、幸福,到中途不安心,再到最后悄然出走,离开了我奋斗了八年,其中"不安分"长达六年的大学——湘潭矿业学院。

这里有我爱情的延续,婚姻和家庭的形成,还有事业的奠基。

图14 矿院一世情

六、如日中天：独当一面的会计事业

我是在师兄刘贵生的邀请下来的湖南财经财院。

早在 1994 年年底，我在湖南省会计学会年会上做关于产权会计的发言，吸引了会计学界的不少眼球，其中时任学会副会长、财院王广明教授就把我推荐给了财政会计系主任刘贵生。随后我接受邀请来财院考察，还到刘贵生家里吃了火锅。当时是因为要去西南财大读博士，来财院工作的事情也就暂时搁置了下来。后来，刘贵生和同事郭平等经常回母校（西财）看望老师，我也时常被他们慰问。

临近博士毕业，由于我的档案一直无法解决，我最有可能去的地方就是离家近的高校。当时王广明教授带着湖南大学工商管理学院院长陈收教授来家拜访，可谓三顾茅庐，我也有所动心。后来，刘贵生在财院晋升副校长，希望我接任财政会计系主任，当时财院正值申报博士点之际，他们专派刘建民教授负责与我联系。面对两校的选择，一个是有博士点、没有位置、没有房子，一个是没有博士点、有位置、有房子，我还是选择了后者，有一个自主奋斗的起点和空间。

1998 年上半年，按人事规矩，先做系主任助理，接着做副主任,主持工作。那时我的代表作《产权与会计》也刚刚问世,不到一个月就脱销重印,同事邓小洋博士从上海财大的书架上给我寄来了"样书",并说,我的书一上架就被抢购一空。立信会计出版社的总编曹均伟博士也打来电话,说这本书非常受欢迎,尤其是搞经济学的。在他后来的回忆里,复旦大学的张军教授等受过我不少启发。

在我收到《产权与会计》"样书"时,我拿起手中的钢笔在扉页上即兴挥毫"一生何求",算是当时的心灵独白。

同年7月,正是我们大学毕业十周年的班庆。在南京机场与同学们匆匆告别赶往成都,参加我的博士论文答辩。在黄菊波教授的主持下,我和师兄赵德武教授、冯建教授顺利通过了博士论文答辩。

随后,我在竞争十分激烈的情况下,成了郭道扬老师的第一位博士后,也是中南财经政法大学的第一位管理学博士后。

1. 国家社科基金立项:我能为国家做点什么了

还是在1998年,财经学院副校长樊行健教授通知我,我的国家社科基金通过了,这是评委柳思维教授亲口告诉他的。我一听到中标的消息,第一感觉就是:太好了!我可以为国家做点事情了!高兴的在席梦思床上乱蹦乱跳。这在当时好像还是学校的第二项国家课题。

那一年,让我在床上滚来滚去的,还有肾结石发作时的剧烈疼痛。一个盛夏的晚上,我疼痛的无法入睡,不停在床上和厕所之间徘徊。本来希望能够熬到天亮去医院做手术，在我的努力忍痛振动下，一颗1.5厘米长的结石就这样被我"跳"的滚了出来，免受了手术之痛。

那一年，北京大学百年校庆，光华学院举办了一场国际会计论坛，我做了题为"中国的过渡会计学：会计理论创新与发展"的报告。报告后，一个美国专家评价说，关于产权的研究，我们美国现在也很盛行，但好像没有把会计和产权进行结合的研究，你能够把这些与中国的实际联系起来研究，更是难能可贵了。在参会过程中，一些代表开始提到湖南财院来了一个叫伍中信的青年才俊。那时很多专家还不认识我，其实我就在他们中间，那年我不到32岁。

还是这一天，还是北大，一件小事遗憾至今。一个姓黄的北大研究生扯着我的衣角，要我签名，我说别急，等我让厉教授帮我签完名再说。此时我正在排队让厉以宁老师签名送他的个人诗集。等我排完队签好名以后，转身已不见学生的踪影，内心留下了永久歉意。

还是那一年的年末，我被破格提拔为副教授。按照常理，我在暑期正常参评破格副教授，专家们都说材料很好，评教授都可以了。但在最后投票时，我只得到了仅仅的一票。我毫无怨言，还特意跑到校长家里表态，说绝不影响工作。

在该年的最后一天，1998年12月31号，学校召开专题会，通过了我的副教授职称。这也是我第二次被"特殊关照"破格提拔职称。

这一天太重要了，因为再过一天就是一年。

2. 人生导师曾国藩：从屡败屡战到"求柔"

经过在衡阳和湘潭的摸打滚爬，虽然经历了不少苦，但也觉得"乐在其中"，几乎没有改变自己纯真的初心。到了财院后，当上了"领导"，我开始思考自己走过的路，尤其在看了唐浩明先生所著的《曾国藩》之后，我才真正懂得了"为人之道"。曾国藩经历了从"屡战屡败"到"屡败屡战"的洗礼后，在临终前终于悟出了"柔"的真谛。他认为，一个"敌人"的负能量要远大于十个"朋友"的正能量。结合自己的经历，此时我才恍然大悟：原来自己的诸多不顺都是这些无形的"敌人"导致的。

于是，开始践行"中庸之道"，给自己也定了一个"求柔斋"的斋名。

那一年我完成了从财政会计系主任助理，到主持工作的副主任再到主任的全面过渡，在学历、职称和行政上都取得了全面的进步，开始走上"中庸之道"的为人之路。

3. 2000 年，新世纪的曙光照在我奋起的路上

这一年，极不平凡，对于我，也对于我所在的学校。

新年伊始，全国掀起了一股大学合并浪潮，我们学校也被卷入其中，全校上下展开了与湖南大学是否合并的大讨论。随后，各二级学院也展开了如何组合的讨论，期间不乏唇枪舌战。在合并既定的原则下，财经学院成为必然的弱势群体，我也就成了北校区公认的"硬骨头"，向老师们提出了"三拍"方针：拍马屁、拍桌子、拍

屁股,作为我决策和选择的先后次序。

  为了给自己留一条"拍屁股"的后路,我以去中南财大做博士后的名义在三一重工任职财务总监,公司给我开的条件是引进人才中最高的(梁稳根先生说的,我自己也认可)。公司对我很器重,我也间歇性回学校参与谈判和日常事务处理。在我们的坚持不懈努力下,在北校区成立了会计学院和金融学院,保住了原财院两大支柱学科。我也就放弃了公司优厚的待遇、带着责任回到了学校,成为湖南大学会计学院第一任院长。

  我这一放弃就不知道"损失"了几个亿,我当时也是很明白的,但在大是大非和责任担当的时候,我还是选择了放弃自身的利益。

  当时梁稳根先生和我都是"不舍"。他说,如果你以后需要下海,请一定选择我们这里;我也说,如果我以后需要下海,也依然愿意选择你们!

  随后的湖大对我也很"厚待",当年4月份,就给我破格评了正教授,这与我评副教授的时间仅隔一年零四个月,这是我在没有达到破格年限的前提下的破格,算是我第三次在"特殊关照"下的职称破格提拔。

  同年6月份,我担任博士生导师,成为全校十级教授(最高级),并成为学校十佳科研标兵,北校区仅我一人。

4. 干了一票大的:我主导的申博之路

  从两校合并开始,人才来了个大重组。满意者留了下来,不满意者选择了离开，对会计学科来说尤其如此。到 2001 年，会计学教授跑得就只剩下我一个人。记得当年刘克利书记来会计学院现场办公，开头就跟我说了一句，中信啊，你们会计学究竟该怎么做下去啊！我当时就满怀信心地回答，只要学校给我们信心，我们就一定能够拿下会计学博士点！虽然整个学校对我们一直都是将信将疑。

就这样，我们开始设定学科方向并进行分工，内培外引，双管齐下。在短短两年时间里就培养出了王善平、谢诗芬、邓小洋等三位教授和博士双高人才，还引进了龚光明、冯巧根、雷光勇和李书锋等三位高层次人才。可以说，那几年是湖南大学会计学最"风光"的时期。

2003 年 3 月，正是"非典"盛行时期，也正是博士点评审的关键时期。会计学院由我做总指挥，东西南北兵分四路，活跃在全国各大会计学"高地"，拜访各位会计大咖并宣传自己的学科进步。记得当时我一天坐飞机要跑两个城市，在我们"内外兼修"的努力下，终于以高票拿下了当年唯一的二级学科会计学博士点。

5. 乐极生悲，人生转折

一路走来，似乎一切都这么平稳和顺畅。2004 年 6 月，我主持送走了湖南大学会计学院第一届本科生，也第一次尝到了做毕业典礼的甜头。作为学科带头人，受到了学生们的热烈追捧，他们虽然已经接受了其他教授拨流苏，但还是踊跃地挤在我的队列里排队。拨完流苏后，他们又纷纷跑来要我在他们穿着的文化衫"空白处"签名,可想而知,等我签名的时候,空白处已经所剩无几,尤其对女生而言实在是尴尬不已,但他们还是很执着的要我把名字给签了。

这一年冬天的12月4日,我给同学们准备了一场演讲:一场游戏一场梦。场景设计参照湖南卫视"背后的故事",采用访谈方式进行。就当时的广告而言,题目很新颖,形式很特别,照片也很靓丽。

当晚北校区最大的阶梯教室被挤的水泄不通,我是从前门挤进我演讲的座位,我座位的后面地上还坐着人。整个演讲持续了将近三个小时,中途互动不断,笑声不断,时间都在不知不觉中溜走。讲完后,很多同学都意犹未尽不愿离开,直到深夜,还有不少同学在床上卧谈,给我发来短信,表达自己的听后感言。

对我而言,我把自己走过的路,学术的、事业的、生活的、爱情婚姻的一切,用哲学、经济学、会计的理论和方法全盘讲给了学生,让他们从中受到启迪。这也许正是自己在做纯学术研究、发表学术论文之外的最大收获,也正是教书育人的最大要义之所在。我当晚也是兴奋的彻夜难眠,仿佛找到了作为人师的最大乐趣并陶醉于其中。

图15 演讲现场

图16 为学生签名

物极必反，乐极而生悲！演讲后的第二天上午，履约要给前一天晚上五个互动发言的学生签名送书，当时天冷穿得少，虽然离办公室只有几百米的距离，我还是准备驾车赶往办公室。就在我倒车的时候，与一个跟我一样倒霉的老人发生了"交集"，她倒在我的车身边，骨折了……

那个冬天好冷，我们连年都没有过好。

从命运来看，也算是得失之间。那年回家过年经过南岳，算命先生一下子把我扯住，要给我算命，他说你要去财消灾，但自己的身体不会受到伤害。

为了去除阴影，也不愿再看到他们，我产生了离开这个环境的念头。

当然，我产生去湖南财经高等专科学校的念头在前一年就已经开始，当时老财院的很多老同志、老领导很有财院情结，经常拉着一大堆资料在我面前唠叨，动员我去财专重建财院。我当时作为省人大常委，也是人大财经委员会的成员，于是我就委托财经委的孙振华主任跟时任财政厅厅长李友志同志推荐了一下，于是一拍即合，非常欢迎我去财专担任校长。

这一愿望并没有得到湖南大学领导的同意，他们觉得我一走就会影响到学校会计学的发展，在学校党委会的讨论上，以4∶6的比例否决了我去财专。此后，学校分管组织的副书记王耀中同志专门找我谈心，说学校会进一步重用我，让我放心在校工作。

但是，这场车祸的出现，使我留下来的想法又一次被动摇了。

6.另起炉灶：绝不让世人说闲话

当我把组织找我谈话、可能会重用我的消息告诉李有志同志的时候，李厅长回答说：没有关系的，只要你进步了就很好，我当时听后真的非常感动。但自己转念一想，如果不是我要去财专，学校会提拔我吗？答案肯定是否定的。如果我因为不去财专当校长而在本校担任副校长的话，肯定还是会有不少人说闲话。于是就在等待和惶恐中过完了2004年。

此后不久，接到湖大组织部领导的电话，说学校正在开党委会，讨论我的工作安排问题，要我写一个安心工作的承诺书。我回答说，是否可以等学校确定了我再写承诺，他说必须要先看到我的承诺，他们才讨论（可能是为了给财政厅交差）。基于前述原因，我接着说，那我就写一个申请调离的报告吧，他说这样也可以，反正要写一个报告。就这样，我就把一个为了支持财专升本的大业申请调离学校的报告传真了过去，学校就把对我的提拔改为调离进行了认真的讨论，结果是6：4同意我调离学校。

据说，学校此次还把我"卖"了800万元，从财政厅那里搞了一笔维修北校区水上教室的经费。

七、新财院梦想：不问深浅、无问西东

1. 梦里是拆迁　青山愁白头

2005年3月2日，我来到财专履新担任校长一职，此时，财专人已经吹响了"申本"的号角将近一年。据说，当时还有不少人来竞争过这个"宝座"，是友志厅长对我的信任和器重才坚持用我的。

在我看来，我连博士点都拿下来了，搞个本科应该不那么难吧！

这应该是我没有经过调研结出来的"苦果"。经过了解才发现，申博和申本比起来是天壤之别。申博就是几个方向几个项目，可以是几个人或者是十几个人就可以搞定的事情。申本要地、要房、要设备、要人才、要理念，不唯如此，必须要举全校之力、全厅之力、甚至是全省之力。

申博拼的是软实力，而申本则是硬实力。

我来校后才发现，学校申本需要的周边用地有两百多户民房和两千多座坟墓需要拆迁，其中不乏讲不清价格的别墅。在我来之前，他们一直就没有启动。

对于一个文弱书生来说，简直就是一个难以下笔的难题。幸好

有财政厅领导的坚强后盾和大力支持，我们开了无数次协调会，打了无数次拆迁的官司，硬是把一个一个的"钉子"从学校启用的土地上拔掉了。

就这样，我的梦境由以前的"学术点子"变成了因拆迁而吵架或者发愁的场面，我本就不多的黑发里也开始爬出一根根的银丝。真是"青山愁白头"啊！

在各种事项顺利推进的时候，本应安排在2006年教育部来校申本考察的计划被取消。后来得知的原因是，省教育厅难以权衡四所申本学校的次序而不负责任地放弃。这一放就要再等三年。

此后的三年，学校进一步完善各项条件，做到软件与硬件并举。我自己，晚上大多是在酒吧、歌厅、茶室以及羽毛球场轮流"运转"，以达到舒解工作压力的目的。那几年是我无形压力最大的时期，也是我最值得怀念的年份。

2008年，我有幸成为奥运会长沙第61号火炬手，所跑路段就在老财院（湖大北校区）和新财院之间，新老财院的师生就在我的两边观看，我就在那"万人中间"自豪得奔跑着。

我设计的一套用交接两人的火炬举成"V"字动作的造型，被湖南卫视选为最有创意的火炬手。

2. 劫后余生，当有后福

2009年，学校申本进入冲刺。元月一号凌晨，我停在化龙池附近的车被人打碎了玻璃，包括刚刚领了独立董事"年金"的钱物全

图17 拨正流苏

被拿走。4月的某个夜晚,在岳麓山时车辆也莫名其妙的下滑,本人也在万分之一的可能中求生。种种迹象表明,当年的申本一定会取得圆满成功。

那一年初,在全校申本动员大会上,为鼓励同志们冲刺,我破例用PPT发表了一首"诗作",诗曰:

　　　　南门天开气象生
　　　　新楼旧台相映辉
　　　　坐拥岳麓层林染
　　　　胸揽湘水碧波兴
　　　　厚生会计兴国是
　　　　财经学堂拓新城
　　　　师生齐心谋大略
　　　　财专升本众望归

那一年"五四"青年节,"五四"运动80周年,我在学校厚生广场发起了"弘扬五四精神,实现升本发展"为主题的书法笔会,邀请了余德全、饶暇浩等著名书法家来校指导,极大地激发了全校师生积极向上的热情和对文化艺术的认知。那一天,我也拿起了时隔18年没有拿过的毛笔(前面是1991年7月1日,我策划的湘潭矿业学院经济系党建70周年书画展),作品得到了师生的喜爱和追捧,专家也表示认可和赞许。

那一年,我为了写论证报告,用光了十瓶不同的眼药水。

那一年,经常被身边各种人和事所触动,尔后跑到洗手间面对

图18 迎接教育部专家合格评估

镜子嚎啕大哭。有人说，最好把眼泪留在评委会现场，其他学校的很多校长就是这样来博取评委同情。这不是我的风格，必须先流干泪再激情上场。

那一年，全校师生齐心协力，砥砺前行，大伙都勒紧了腰带，压低了几乎所有的开支，没有任何人抱怨。

最后，终于在2010年春节前，评委会在南宁宣布了我校的好消息。

当天我和学校党委书记彭子美、副校长马于军以及部分同事醉醺醺地赶往南宁的机场，上飞机后根本不知道自己的状况。等回到学校后，几乎全校的老师都自发在学校的酒店等着我们，开了几十桌。我被他们无数次地举起来又往下砸，不知道摔成了什么样，一点也不觉得痛。至于酒，基本就是来者不拒，也不知道喝了多少。后来回家玩狗，不知道是我咬了它还是它咬了我，反正我的手出血了，送进医院打了疫苗。

随之，湖南财政经济学院挂牌成立，简称新财院。

后来因周边种菜较多，或因教师辛勤耕耘，慢慢地取了谐音"菜园"。学校因女生众多，被戏称为"小燕子"，我也就成了学生心目中的"伍阿哥"。

就这样，我们在一个新的大家庭里，开启了我们的菜园生活。

图19 师生汇聚报告会后

第二篇 事业群峰

一、我注定成不了诗人

1985年春节我大一回家过年时，大姐问了我长大以来最严肃的问题：你的理想是什么？

我竟然毫不犹豫的头一扬答道：做一个诗人！

那时的商品经济已经开始萌动，我学的又正好是商业会计专业，姐姐在云南做生意，多希望弟弟以后能帮她一把，没想到我的理想与她的愿望大相径庭。

她听后异常失落，不解地叨叨：一个学会计的，怎么会想去当个诗人？

我自己也觉得奇怪，怎么会这样脱口回答大姐的严肃问题，也许是她问得太突然了，也许就是不经意间透露了我的"初心"。

考上大学后，我对诗歌的喜爱达到"痴迷"的程度，一看到分段排列又不整齐的文字，就像看到初春田间腾起的成片小花一样，能在心里"吹皱一池春水"。尤其是清亮的宋词，对我的吸引力远远超过唐诗。

我第一次接触宋词是在中学历史课上，高中历史老师严衡山补讲宋代历史，讲到了岳飞的《满江红》，老师用激情饱满的声音，铿锵有力的节奏，引人入胜的描述，把我拉进了那个"八千里路云和月""壮志饥餐胡虏肉，笑谈渴饮匈奴血"的金戈铁马时代，让我热血沸腾，怒发冲冠。原来语言文字还有如此魅力，能把人的情绪牵引直至发泄出来。

从那以后我就被宋词"倾倒"了，我开始到处寻找宋词，逮着就读，读着读着就清楚了"文学原来就是这个样子"。后来班上彭涛同学利用课余时间给大家讲解苏东坡的"明月几时有"，简直又是一顿宋词大餐。我迫不及待地在同学那里借了一本宋词集，如饥似渴地狂读起来，甚至晚上停电了躲进被窝里打着手电筒看宋词，爱不释手，夜不能寐，深深陷入"红酥手黄藤酒"的音律里和"古道西风瘦马"的意境里。但有得必有失，由于身体透支，我因此大病了一场，一直躺在家里，脸色蜡黄，四肢无力，甚至不能参加期末考试。病前正是元旦，记得我当时用一首词交的作业，好像是仿"一曲新词酒一杯"作的词，后来听同学们说，语文老师蒋典把它当范文读了。由于我没有在校，作业本一直放在讲台上没有人领，那首词后来"落入民间"不知了去向。

在高二之前，我的语文功底一直不好，属于每次考试基本不及格的那种。进入高三冲刺时，蒋典等老师看我其他课程都不错，是个考上大学的好苗子，就想方设法提高我的语文兴趣，在高考时终于拿了89分，达到了可以加分奖励的那种水平。

进入大学后，由于课程松，我开始大量接触文学知识，尤其是"心仪"的宋词。宋词和现代诗明显比格律诗更具有音乐性，一看见排列长短不一的文字,我的心里就会扬起好听的音符,就会产生节奏感和韵律感。为了学习现代诗,我订了《当代诗歌报》《星星诗刊》等;买了舒婷、顾城、北岛江河以及《五人诗选》;我还知道东北有个叫阿红的诗人,他在编辑时喜欢用红笔批改和写诗,否则就没有灵感。

我也写过不少"诗",也经常跟女朋友反复切磋,她往往是我的第一个读者,甚至就可能是写给她的。现在看来,那些诗大多仅仅发表在她的课桌或者书包里,最后就收藏在我们共同的日记里。

那时也偶尔跟在湖南读大学的中学同学交流,他们是张宝红和邹坤华,我们甚至都自称"三星居士"。这种交流促进了我们的提高,也加深了我们之间的友谊。

大学时代,时任母校第一任龙湖诗社的社长葛长银,高我们两届,是睡在我上铺的兄弟,也是蚌埠市的作协会员。他对我非常关心,我也时常是他口中的"伍妹妹"(我至今不明白,我并不温柔,而且比他高,况且还有女朋友)。我和女朋友都是他的"粉丝",把他发表在校报上一首"给南方的小表妹"抄在我们共同的日记本上。

葛长银经常和他的社员在宿舍开诗会,他没有邀我参加,我也不刻意追求,就这样我们相安无事(看来我万事不求人的习惯早已练成);我从未在龙湖诗社的刊物上发表过作品,连个社员都不是。只是自鸣得意地写自己的诗。这该不是一种自然而然的"诗人相轻"吧?

值得一提的是,葛长银在大学时藏了不少书,而他的书架简易而实用。不知道他从哪里捡来一个一立方米的木制集装箱,正好塞进一个行李台，把集装箱的一面木板去掉，取而代之用布帘挂上，在里面左右的两壁钉上木板做书架，需要找书或者放书时，拿起手电筒，把头钻进去就可以了。这个私人空间，简直羡慕死了我这个小学弟！

令我感动的是，他毕业时竟然把书架无偿让渡给我了，我如获至宝，赶紧放到离我最近的枕头边的行李台上，这样我便更加大胆地买书置业，给每本书编号、签署"中信藏书"并盖章。此外我还想法从室外路灯"私接"了长明灯置于其内，灯泡瓦数不大，地点非常隐蔽，且用灯也不现形。就这样，我经常深夜趁其他同学入睡后，把脑袋钻进"书房"里遨游学海，身子依然躺在床上的"现实中"，中间还是那层布帘，这可能就是我大学时的一帘幽梦吧！

在那个空间我看过不少文学书，也做过不少考前作业，直到毕业，由于没有影响到宿舍同学，没有一个人"告发"我。

我毕业时，又以同样的眼光把这个书架送给低我两个年级的衡阳老乡徐加爱，想必他也是收获满满毕业的。徐加爱毕业前就已经在刊物上公开发表了八篇文章，毕业时被商业部《商业会计》录用为编辑。

关于集装箱后面的故事，我们也不得而知了。

大学毕业后，我们不明不白地踏进社会，摸爬滚打，酸甜苦辣，诗人梦想早已抛在脑后，过着现实的会计人生涯，诗意生活离我甚远。

直到年近五十，随着阅历的加深、领悟的变化以及时间的调配，加上与书法、国学的汇合，又开始"回归"到写诗行列，成为"自由诗人"，但也没有刻意去投稿或试图发表一首诗。

回头看看以前写的诗，竟然都似有无病之呻吟，为赋新诗强说愁，也难怪了师兄没有把我当成诗社会员。

诗贵自然，活出自然便是诗！

虽然做不了诗人，但一定可以过诗意的生活！这也许正是一个人追求"诗"的真正意义之所在！

二、我注定成不了书法家

余年少识书，幼承父爱

父亲是我最初的书法启蒙老师，家具上到处都是他的字，每次买回斗笠、水桶、水车、扮桶或者饭碗，都会看到爸爸题写"伍孝旺立"，他写的都是正楷，中规中矩，生怕别人不认识。当然，他书写的主要功能还是明确财产的"产权"。他每次题写，都成为我不可错过的观摩学习的最佳时机，这在我幼小的心灵里埋下了不可磨灭的种子。

"大字报"是我们练习书法的最初舞台

后遇毛体，爱不释手。遍临"向雷锋同志学习""为人民服务""生的伟大，死的光荣"。每到3月5日，我都要临写不少的"向雷锋同志学习"送与相邻，或干脆贴之不同家庭的门上。

在祁东，贴春联的习惯一直沿袭至今，不仅是贴主门，几乎是所有的门包括猪栏、谷仓都要贴人财兴旺五谷丰登之类，花钱不多，却是喜庆之极。有了这个习俗，每到过年前一两周，街上就有很多现场写春联的摊子，大多都是书法好的"民间高手"，他们摆在一起边写边卖，很有情怀也很有趣。那时我经常在闲暇时间跑过去看，甚至萌发多次也去摆摊的想法，但毕竟自己年幼（15-17岁）学浅，学习忙，胆子也小，摆摊卖艺也就一直停留在"想法"上。

于是就开始自己给家里写对联，我的第一幅春联是"日出江花红胜火，春来江水绿如蓝"（"胜"是我的名字，"火"是我哥中秋的小名"火伢子，取"秋"字的右边），作为十多岁的小孩，能够这样思考问题还是很不容易的，虽然是拿来主义，但还是非常应景的。

高中在县城读书，每周回家都要刻意从大街小巷穿行，这是我一饱眼福的大好时机。尤其是春节前后，几乎每家每户都是手写的对联。我基本上一家一户看过去，感觉好的、值得学习的就停下来"临摹"，我记得因为天气冷，只能把手放在裤袋里"临摹"，以至于裤袋被磨出了一个洞。

祁东的对联习俗也许就是培养我书法爱好的重要"环境"。

到了高二，一个偶然的机会看见同班同学有一本唐诗"六体书"，我便借了过来，日夜习读和临摹。也是由于个性偏好，主要临摹其中的草书部分。这本书应该是我第一次接触到所谓的"字帖"，由于该字帖是由现代人分工书写，我还不知道有所谓的不同古人的法帖。除了毛主席书写的语录外，大概是这里的草书奠定了我的兴趣走向和后来的书法风格。

中者方可信也

直至高考前夕，我仍一毛笔一湘江墨汁置于课桌，置千军万马过独木桥于不顾，依然挥洒自如，泰然自若！班主任陈国柱老师前来相劝，说：中信啊，中信，高考快到了，你也该准备准备了，别人题山书海，你稳如泰山；你练一般的字我也就不说了，还是草书，要阅卷老师怎么给你成绩啊！我送你一句话吧，中（念去声，即命中，高中之意）者，方可信也！

在那个鲤鱼跳"农门"的年代，我依然能够坚持自己的"初心"，现在回想起来都觉得难以置信。而对于老师，那颗爱生如子的拳拳之心溢于言表，让我终生难忘！

高考结束后，我用剩下的零用钱跑到书店，买了一本《人物画技法》和关于隶书的书。曾经发誓至少要学会画出不同的美女和她们不同的美。很无奈，没有老师教，还是很吃力，可能也是兴趣原因，学一下就没有了信心，至今还无法画出心中的美女。

曾经从中学到大学潜心学过柳公权的楷书，后来也尝试过八分书的"飘逸"，但仍是觉得拘谨，还是提不起兴趣。篆书就更是浅尝辄止了。

一切皆在命中，虽然我不太注重"应试"成绩，但还是踩线考入了大学。入校后更是如鱼得水，完全按自己的喜好行事。专业太易，巩固英语数学，其余全搞"副业"。

安徽是"文房四宝"之乡，书法底蕴深厚。同年级的很多安徽籍同学喜欢练书法，走廊上、厕所的地面上随处可见他们水写的大字，有同学干脆在全校开设起书法讲堂，令人羡慕不已。我喜欢草书，也在自己的宿舍留一些书法"作品"，这些安徽同学的"高手"

第二篇 事业群峰

图20　与中国书法家协会主席张海先生在一起

们经过时偶尔也驻足观望。

因为书法爱好，我也就加入了班级的宣传工作，成为班级宣传委员，这也是我在大学当过的最"大"的官。记得那时我们每个班都有自己专门的教室，我会定期在班上出墙报，在黑板上方写励志的言语，记得我为同学们写了"天道酬勤，致力学问"以鼓励同学们发愤图强，到如今，受到鼓励最多的可能就是我自己，学问应该是在班上做得最好的。

大学毕业后，由于场地所限，我开始学习和临摹硬笔书法，后来因文笔流畅和字迹"优美"被借调到上级公司—蔬菜公司的人事处担任文书工作。那时国家刚刚恢复职称改革，我把全公司需要评职称同志的材料几乎修改和重新撰写了一遍，以致于全公司上下的同志以为我是搞文书的，而不是搞会计的。

后在工作调动时，得知未来的领导喜欢书法，在与其信件往来中特意夹以"书法"作品，以博兴趣相投。这也许就是人为什么要多一些爱好的理由。

那时，我喜欢把书法融于生活。喜欢在单身宿舍的家具上涂鸦，在给杨纪琬教授、杨时展教授、郭复初教授等前辈寄送的样书上签上书名或者寄语，以示敬仰之情。比如在给郭复初老师寄送我的作品《企业财务公共关系》时，我用书法用的硬笔在扉页上题写了"心中的太阳"，表达追随和崇敬之情。

1989年11月，我调入湘潭矿业学院经济系。我很快便结识了学校的书法老师和书法爱好者，也跟随学校工会组织去市里拜访其他单位的书法组织，参加各种笔会。自己也利用业余时间拿起刻刀学习篆刻，有时不小心刻到手上，还会留下血印。有时和同事们一起去潭州画院买回绢纸和卷轴，回到家里自己搞装裱，真是其乐无穷啊！

作为教师，书法可以说是一门基本功。为了取得同学们的认可和喜爱，我一方面加强专业修养，一方面利用自己的爱好，增强课堂的活跃度，书法成了我课堂上使用的重要法宝。有的同学说，伍老师，你是现代人，怎么老是写繁体字，有时还草的无法辨认。

他们一边"批评"，但又一边在欣赏和追随。后来在同学们的鼓励下，我免费定期在全校开设了一门400人的"公开课"，起初来的就是自己上课班的同学，后来不胫而走，陆陆续续来了几百人，成了学校的一大风景点，为了使得效果更好，我又请了校内外的其他"书法"老师。

当这一活动打动和改变着学生的时候，我心中的感动也不期而至。

那是一个平常的晚上七点钟，晚自习的铃声惯常地响起，我也惯常的从刚刚辅导完学生书法"课外作品"的后排座位站起，准备沿阶梯一步一步迈向讲台，此时，一阵有节奏的掌声随着我的脚步声一拍一拍的响起，我迈一步，掌声响一拍。我当时不知道该停下来还是该继续跟着节奏走，最后还是继续走到了讲台前。这一站，不是尴尬，是感动！是无私后满满收获的感动！

事后我问他们为什么要发起鼓掌？尤其是为什么要齐心地鼓掌？那又不是最后一次课！他们的回答是，我们谁也没有组织过，就是有人开始鼓了，便有人跟着鼓，后来觉得走路有节奏，自然就踏上了节奏。

这是我听过最"靠谱"的解释，此后，我虽然做过无数次激动人心、催人泪下的演讲，但从未收到过如此齐心的掌声。

我至今不明白，我当时不是书法老师，学校还有专业书法老师，我怎么会有那么大胆子去给学生上课？这难道就是传说中的"初心"？无私即无畏？现在想来，也只能大抵如此理解了！

后来一个偶然的机会，看到一本书。书上谈到事业幸福的选择，要么把专业变成爱好，要么把爱好变成专业。我在经过痛苦的纠结之后，毅然选择了把专业变成爱好，放弃了从小喜欢到现在的"书法爱好"，转而走向会计专业的科研化道路。

为了给我的书法爱好画一个圆满的句点，1991年7月1日，党建70周年之际，我发起了"经济系首届书画艺术展"。邀请了学校书法老师和有书画爱好的师生参加。此后，我家再不见毛笔和宣纸。这一转身就是十八年，直到2009年学校申本前夕。

这十八年一路走来，自我感觉做学术的选择还是非常正确的。但由于担任校长以来研究时间碎片化，很难再出像样的学术成果。作为校长，非常需要"文化引领"，碎片化的时间又非常适合搞书法。再加上对喧嚣浮躁学术界的认知，"回归"书法也许会让我变得清静一些，至少我自己可以做到心无杂念，至少"神交古人"一定是单纯可信的，就这样，我拿起了久违了十八年的毛笔，出现在别人认为我陌生的书法"舞台"上。

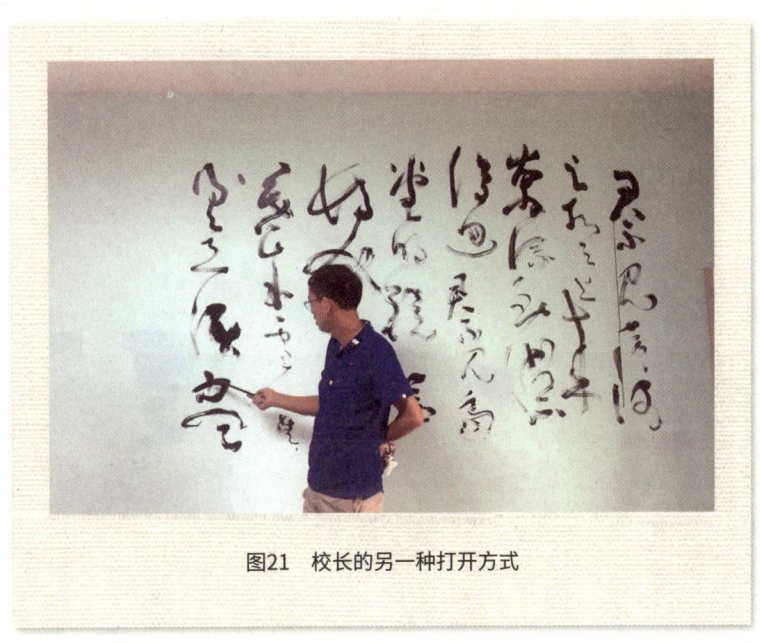

图21　校长的另一种打开方式

这么久没有动过笔,我开始还担心是否会感到陌生,没想到这种担心是多余的。学术造诣的升华,社会阅历的磨炼,个人性格的成熟,都可以凝聚到书法作品中来。短短的时间就已经大大超出原有的书法境界,真正让我体会到了艺术相通、字如其人的真谛。寻一方净土,与古人同游,似有仙乐在耳,其乐融融者矣!

图22　校园文化之书法交流

三、我把会计做成了人生的顶峰

在我们的心目中，会计的形象永远是那个手拿算盘、戴着深度眼镜的账房先生，枯燥而无趣。

在那个"学好数理化，走遍天下都不怕"的年代，考大学选会计专业的原因，应该就是枯燥和冷门。20世纪八十年代中期，商品经济正待萌芽，虽然已经过了郭道扬老师上学时所说的"不三不四学会计"的年代，但也很难体会到"经济越发展，会计越重要"。由于我是以494分、当年湖南本科的踩线分考上的，所以在填志愿时，根本不敢填热门的地区和热门的大学。

考大学选会计还有个"潜意识"在发挥作用。小时候，生产队里家里人多的人家总是欺负我们，他们主导全队的大事，偶尔也搞些"财务公开"，把"工分"贴在墙上，由大家相互监督在墙上计分。但在我幼小的心里，总觉得背后有见不得人的事情。每到过年，总感觉到分配很不公平，他们取走了大部分食物，我们只能勉强拿点回家，有些家庭还是"亏损"，只能"看着"别人过年。那是文革时期典型的"无账会计"时代，是得势者也的天下。那时，在我幼小的心灵里有一种一定要学好会计，长大后回来好好"查账"的想法，这也许就是我对会计最原始的萌动。

后来的情况可想而知，作为一个堂堂的大学生，即便学成归来，既无法也不便找来生产队里的账本实行"查账"。何况，队里出了个大学生已经成为他们的荣耀，我家也不再会被别人欺负了。

进入大学后，前一两年丝毫没有专业意识，大一时回家过年，大姐问我的理想是什么，我竟然脱口而出想当一位诗人。大二的班主任曾洪波老师来教室查看我们晚自习，看见我在看桥牌打法的书，跟我探讨如何树立专业意识，我跟他坦诚地说，我一点也不喜欢会计专业，也可能不需要专业意识。

也许所谓的专业意识，都应该是在无意中形成的。

我的会计启蒙老师是蔡咏，给我们讲的是《会计学原理》，那是一个自编油印的大开本。他上课时总是喜欢把两只手伸进抽屉里，好像在摸着什么，眼睛也不怎么看我们，听他娓娓道来，倒也引经据典，深入浅出，思路清晰。由于我上课喜欢睡觉，他的课大部分时间也毫不例外的被我睡了过去，但在期末考试时，我拿了一百分，蔡老师见我考得这么好，对我的平时成绩也就没有怎么计较，给了我综合排名第二的成绩96分。从分数看，似乎觉得老师对我还是有好感的。

到了大二，我在教工食堂吃饭时遇见蔡咏老师，于是跟他提及考研一事，他立马端着饭盆带着我去到他的宿舍，拿出一份试卷跟我说，只要你能得多少分就可以考研了。等我把试卷交给他看完之后，得到了满意的回复。从此我便在心里埋下了考研的种子。

整个大学期间，我一直没有放弃考研的梦想，自学了好几套英语教材（包括许国璋英语，新概念英语和两套原版的英语教材），由于自视甚高，只报名参加财政部财科所的考试，但由于各种原因未能如愿。

　　转眼到了做毕业论文的时候，在毕业论文选题上，我和女朋友双剑合璧，以系统工程和价值工程为理论基础，分别对质量会计和质量成本会计展开研究，这在当时还是一个热点和难点。

　　我们毕业的1988年，正值安徽财贸学院第一届研究生毕业，学校请了几位会计界顶级的教授主持答辩，包括厦门大学的葛家澍教授、江西财大的裘宗舜教授和上海社科院的王文彬教授，当时在各大杂志上可以看到他们的"大作"。我怀着极为崇敬的心情，想尽办法挤进了答辩现场，一睹大师风采。很巧的是，其中一个研究生的选题也是质量会计，王文彬教授给他提了一个关于《财会通讯》上一篇相关文章的问题，该同学不知所措。我很想上去帮他解围，但事实上这属于"越帮越忙"的事情。当葛家澍教授最后提议在场老师或者同学是否还有问题时，当时真有好几个问题引起了我的冲动，被旁边的同学及时制止了。他说，你不是给同学帮倒忙吗？在我当时看来，学术讨论就应该是开放、公开的，也应该是越讨论越有收获、越开心，怎么还会有这些"套路"？没想到，我和大师的"第一次"交流就这样无声无息的结束了。

　　我记住了他们，而他们肯定不知道台下有一个后生，在追随着他们的事业！

马上就是自己的毕业论文答辩了。由于我准备相当充分,对答辩几乎是带着期待的心情,以为一场学术辩论一定会给我带来收获和乐趣。答辩时,我按自己的思路跟答辩主席展开了针锋相对的论辩,正"享受"着学术的"乐趣",也没有顾得上察看主席的脸色。这时我的论文指导老师邢正威从后面扯了扯我的衣角说:你现在只剩下六十分了,再争论下去就不及格了,此时我赶紧停止发言,才避免一场"大祸"。

在我看来,答辩是一场以"辩"为主体的学术活动,论辩双方应该建立在公平的前提下才会"教学相长"。如果老师居高临下,显然不会有好的结果。但现实中往往不是如此,尤其碰到不爱做学问的老师,经常出现所谓"答而不辩"的"正道"。

无论如何,我的毕业论文以及这次答辩,都极大提升了我的学术水平和能力。

毕业时一直想找一份当老师的工作,同学们都觉得有点不合时宜,其实是为了躲避复杂的社会,也可能是可以发挥做研究的水平。

毕业后,在实际部门工作不到一年半的时间,我便想办法调到了湘潭矿业学院,如愿以偿当起了老师。上好每一堂课,不被学生赶下台成了我当时的首要任务。

期间,见得了当时学术界很牛的湖南财院的夏博辉和李皎予老师来学校做学术报告,再一次感受到学术的魅力。那时我还沉浸在利用书法和文化的力量如何把课上好的追求和快乐之中。

1991年,一本书提醒了我,要想获取事业的幸福,最好是专业和爱好一致，如果不一致，要么把专业变成爱好，要么把爱好变成专业，两者只能居其一。就这样，我在经过了痛苦的选择之后，毅然把专业变成了爱好，开始把大量的业余时间用在学习专业和学术研究上。

湘潭矿业学院是一所典型的工科院校，经济学系刚刚组建，研究力量非常薄弱，会计学专业就更加如此。但正因为此，我才有了向其他经济学、管理学老师学习的机会，他们也找我加入他们的研究队伍。就这样，我在不自觉中享受到知识互补性带来的好处，并让我快速成长。

我在跟同事研究公共关系的过程中找到了"财务公共关系"的选题，并发表了近十篇论文并出版了专著。

我在跟同事研究煤炭企业产权制度改革的时候，找到了产权与会计研究结合的重要意义。当时课题主持人彭清华老师给我发了不少的书和中外文献。我越看越模糊，越看越进入"外行看不懂，内行说不清"的境界，也感受到里面说的好像跟会计的功能有相通之处。恰逢其时，我看到厦门大学刘峰和黄少安博士发表在《会计研究》上一篇关于"产权与会计准则"方面的文章，看了很多遍依然感觉意犹未尽，似乎给了我一些火花和方向，更增添了我挖掘产权思想和会计理论研究的兴趣。在1993年春节前，我在平时做好了充分准备的基础上，用了约半个月的时间一口气创作了7篇产权与会计相关理论结合的文章，并一次性把它们投了出去，然后遍地开花并被转载，我的学术影响产生了集群效应，名气也慢慢地打开了。

到 1994 年，我发表的论文数已达 40 余篇，那年教师节，我被破格评为讲师，也取得了破格考博士的资格。

那年秋天，我准备报考博士生，由于自己还是个本科，学校给的报考机会很有限，为此我依时序分别报了西南财经大学郭复初教授、中南财经大学杨时展教授和财政部财政科学研究所杨纪琬教授。

在准备报考的过程中，我参加了湖南省会计学会的年会。当时我只是以一个普通老师的身份参会，只带了个学习英语的"随身听"，没想到我投稿的论文被选作大会交流，报告中，我简单的道出了产权会计的精髓，由于我是口头表述，与投稿的单篇文章有不少差异，引起了会场上下一片混乱，我听见台下翻阅资料的声音，我解释说，那篇文章只是我思想的一小部分，于是大家都纷纷掏出笔来记录，还有一位在台上的学会副会长跑来打断我的讲话，问我前面说的那一句是什么意思。在我讲完以后，本来后面还有一个发言都被取消了，主持人直接宣布休会。此时，很多领导和同志们围了上来，随我到房间继续交流。下午分组讨论时，不同小组的主持人不约而同的都来请我去他们组交流，最后的结局当然是留在自己组继续给他们谈我的产权会计思想。

作为在会计上空看会计的产权会计，像一股清流灌入了会计的田野，清新而滋润，吸引了众多的会计学人。那一次，让我第一次感觉到可以为中国会计界做点事了。

被人需要就是这种感受，就是这么幸福！

随后，我在谢志华教授的带领下，拜见了杨纪琬教授。杨老师年事已高，给我们安排了15分钟的谈话时间，但最后是谈了两个多小时，我们主动提出才离开。杨老师给我的评价是，我的视线很开阔，我的努力很难得（湘潭矿院，一个非财经主流的学校，非主流地区的学校），杨老师给了我极大鼓励和报考上的帮助。对我而言，无论是否考上，能够跟大师单独对话和交流，并得到认可和指导，实乃前世修来之福。有了杨老师的鼓励，我再次感到可以为中国会计做些什么了，我一定可以成为中国会计界优秀的一员！

会计为产权而生，为产权而死，为产权变化而变化；

会计的根本使命是体现产权结构，反映产权关系，维护产权意志；

会计的根本职能是：明晰产权（核算）和保护产权（监督）。

这是我二十多年前对产权会计的呼唤！

1996年写《产权与会计》一书，1998年出版，一个月出现脱销局面。

1995年至1998年，在财务学家郭复初教授的指导下，开始研究产权与财权问题，出版博士论文《现代财务经济导论——信息、产权与社会资本分析》，获国家九五重点图书出版计划，关于财权流的系列观点连续六次发表在《财政研究》上，连续四年发表在《中国会计年鉴》上。

1998年至2001年，在会计学家郭道扬教授的指导下，继续开展对"财权运作"的研究，形成《现代企业财务治理结构论》博士后出站报告。以"财权配置"为核心来构建财务治理结构，为学术界所公认和追随。

2000年，入选《财会通讯》"中国会计百年星河图"，成为其中闪耀的一颗星；入选《财务与会计》"迈向21世纪中国会计第一方阵"，在20多位选手中，我是其中最年轻的一位。

同年，湖南财经学院与湖南大学合并，成立湖南大学会计学院，是全国综合性院校第一个会计学院，我成为第一任院长，"会湘楚才俊，计天下财富""走进数字世界，共创会计学院"成为我们当时的发展口号。

2002年，与产权会计学研究伙伴田昆儒博士共同主编《产权理论与中国会计学》，集结国内众多产权会计学者文章，继续推动产权会计研究向纵深发展。著名经济学家茅于轼教授欣然作序《中国会计学产权学派的兴起与展望》。

2003年，我带领会计学院重起炉灶，内培外引，在内外交困的前提下拿下了当年全国唯一的二级学科博士点。

2005年3月，我来到会计学专业学生超过半数的湖南财经高等专科学校担任校长，一路上我们筚路蓝缕，砥砺前行，至2010年3月成功升格为本科院校，更名为湖南财政经济学院，我担任第一任校长。

2010年，改组原湖南省中青年财务成本研究会为湖南省财务学会，我担任第一届会长。该学会是迄今为止我国唯一的财务学会，目前成为湖南省财务与会计界学术交流和研讨的最重要平台，国内外著名学者常来宣讲，深受全省各会计学硕士点师生欢迎。

2008年至2017年，十年全国政协路，我从未忘记自己是会计学人,每年呼吁"要把会计学科变成一级学科"。

犹如其他的缘分一样,我和会计学的结缘是偶然的。就报考而言,当时也可能是带有"确保录取"的功利性,属于那种"先结婚后恋爱"的缘分。但一旦"爱"了就没有放弃,得和同仁们一道把这个家族做大做强!

图23　大学精神与不变的初心

四、我离教育家还有"一公里"

我从事教育工作,基于"万事不求人"的心理,源于工作对象是单纯的学生。大学毕业时,当我提及要当一名大学老师时,还接受了同学们不少异样的眼光。毕业后分到衡阳市豆制品厂,我还想办法去了衡阳市财校寻职,无奈被拒。后到湘潭市商业学校,终因内在能量未能从言行举止上充分展露而失之交臂。再后来,来到湘潭矿业学院(现湖南科技大学)试讲,毕竟是有深厚沉淀的大学,考核老师看到了我的潜力,把我留了下来。

1989年11月30日,我匆匆收拾了行李从衡阳搬到了湘潭,找到了自己理想的职业,成为一名光荣的人民教师。

师者,传道授业解惑也。起初,我从专业上尽量让同学们搞懂一点,懂深一点。后来觉得会计太专业太枯燥,上课时需要适当把思路和知识面拓宽,结合同学们的兴趣和爱好进行交流和发挥。于是我便把围棋的经济学原理和人生哲学引入课堂,激发他们的爱好和兴趣。进而看到同学们对我在课堂上搞"书法"感兴趣,我干脆在全校开设起免费的"书法课",盛极一时,传为佳话。

尔后,我慢慢发现,要上好课,不仅要把专业讲透,也不仅要融合一些文化艺术，作为大学课堂，更要给思想，给钥匙。

如果把知识比作"海洋"，时代比作"舟"，时代在前进，知识也在更新。如果大学都是在学知识，而知识又会随时代变化，那么我们的学习无异于"刻舟求剑"。"刻舟求剑"是我们小学毕业班学习的课文，也是我们人生第一次所见的古文，当时看了这个故事后觉得，世上怎么还有这么愚蠢的人。其实，在生活中，故步自封、不知动静变化的大有人在。

这就是为什么社会上的用人单位总是埋怨学校输送的人才不能适销对路，赶不上社会和单位需求变化的真实原因。

学生应该要学的是学习本身，即自我学习、思考和创新的能力！即给学生造一条适应时代大潮、畅行与知识海洋的大船！

真正决胜千里的，是一些考试不考的能力！要让学生学会这种能力，老师必须先具备这种能力！显然，这只能从"科研能力"上寻求答案。

我那时开始相信，一个不会做科研的老师，不会成为一个好老师。从1991年开始，我便投入到"科研+教学"的职业生涯，上课效果明显进步，个人名气也慢慢打响。

在一次全校性的"公开课"上，不懂会计的学校书记和校长都来听课，而且在我始料未及的情况下破例听完了第二节。

因在科研能力上的进步，我得以从本科直接攻读博士学位，再以"学而优则仕"来到湖南财经学院（现湖大北校区）主政财政会计系。

作为系主任,跟以前的纯教师有根本的不同,不仅要懂得培养什么人,还要懂得为谁培养人;不仅要懂得传授专业知识,还要调动全系教师、辅导员和管理人员的积极性,要有为全系师生服务的全局观,有全系学科发展的战略观。

我开始了从纯教学向教育管理的思考,湖大会计学院成立时"会湘楚才俊,计天下财富""走进数字世界,共创会计学院"等学院口号至今深入人心,一篇题为"教研室轮流做东,学术宴精彩纷呈"的文章在《光明日报》得以报道。与此同时,我以"全面推进会计素质教育"为题发表在《光明日报》,并在该报的专栏"名师剪影"中得以报道。随后,在我的带领下,发起向会计学博士点的进攻,2003年终于如愿以偿。

2005年,由于在学科建设上的贡献,我被组织选拔到湖南财经高等专科学校担任校长一职。应该说是从一个教学工作者到教学与教育管理并重,再到以教育管理为主的三种不同的教育工作者身份的过渡。

起初,我很不适应也不喜欢这种"行政"生活,一参加关于后勤和拆迁的会议就感到头疼。正如我在《现代企业财务治理结构论》一书的后记里提到:学术的魅力渐渐地被学校的"申本"大业所取代,心很累。需要"应付"日常的行政事务,在其位总该谋其政。虽然我仍然习惯性把开会和坐班看成是耗费生命,但依然难以降低这种必要的"成本"。

担任校长后不久,我跟党委提及是否可以只要我作为"专业名气"而不要我从事实际的管理工作,答案显然是不现实的,但组织上还是答应给我配备一个"常务副校长",这在一个专科学校几乎是不可思议的,普通本科院校都没有。至今,这一头衔依然保留。

就我当时的理解,一个大学的大楼和大师都需要打造,对学校而言,两者都欠缺。对我而言,要我对两者同时打造必然会顾此失彼。从学校整体来看,我对"大楼"的建造没有技术和管理上的优势,相应地,把我作"名师"培养应该对学校更有利。从我的建议来看,并非没有道理。

这一疑虑直到我2012年去英国的大学参加考察学习后才得到释然。我问牛津的教授:大学校长应该产生于管理层还是"大师"?回答:肯定是"大师"!继续问:大师成为校长后该继续从事大师的工作还是管理工作?回答:肯定是管理工作了。

后来我进一步认识到,只有已经成为"学术型人才"后,才能去理解"人才",并懂得如何在大学里激励和管理"人才",只有自己是人才甚至是更高的人才才会更好的用才、不妒才。相应地,担任校长后,只有从"学术"中走出来才能有时间去管理其他"人才",如果还是"自顾自",显然起不到最佳效果。这可能就是"从学术中来,到学术中去"的哲学道理。

此后,我努力尝试着"管理者"的角色,淡化"专业意识",并按"教书育人、科学研究、服务社会、文化传承"等宗旨来引领学校各项事业。

于是,我全面发起了师生羽毛球运动热潮,在专用场地开展各项体育交流，继续以书法为载体，带动全校的人文艺术事业，经常邀请人文名家来校讲授和交流。此外，我还带领学生在校园种花种草，培养他们热爱生活、敬畏生命的基本情怀。

根据"宽口径，厚基础"的指导思想，作为校长，不仅是自己专业领域里的老师，更应该是全校学生眼中的老师。如果只局限在自己的专业里去接触和帮助学生，显然不是每一位同学心中的老师。只有从人文和体育这些宽口径的方面去下手，才能真正肩负起一位校长的职责。就这样，我慢慢成为学校同学们可以亲近的"伍阿哥"！

我曾经把教师与和尚做了一个类比，两者都算是"度人"的职业。古代的和尚有专门的"度牒"执照。如今，教师也被称作是阳光下最灿烂的职业，之所以灿烂，是为一代又一代的"万物"能够继续繁荣。教师比和尚更"度人"，因为教师在通过自己的"言传身教"切切实实地教化着下一代，而和尚则仅仅是为前来拜佛的信众提供方便和服务。

对我而言，从专任教师到二级学院院长再到校长的过程，正是一个从小面积到收益更广群体的"度人"过程，一个从教师职业到如何做人再到如何渡过幸福人生的过程。校长的使命，就是通过一些理念性的东西（远非专业知识）传到下级管理者和广大教师，再通过他们结合专业知识传递到同学们身上。

从一定意义上说，从事纯专业教育的教育工作者，包括本科、硕士、博士、博士后，讲究的是"度人"的深度；而对于教育管理者,则讲究的是"度人"的广度。这也许正是我们每一位教育工作者的使命和荣耀之所在!

我曾经把社会治理分为三类:政府治理、企业治理和大学治理。从功能而言,政府突出"行政化",企业突出"效益化",而大学的职能是"教学、科研、服务社会和文化传承",与其他社会组织相异,其按"效益化"办学模式已经被证实是失败的。如果按"行政化"办学也会带来诸如"学术权威失灵""大学精神缺失"等诸多问题。为此,我认为高校应该是独立于行政事业单位和企业的第三方独立社会组织,既不能行政化也不能效益化。国家也三番五次大力提倡"高校去行政化",我在全国"两会"上也多次呼吁高校去行政化,只有这样,大学教育和大学校长才能真正回归到他们的本源。

这正如先哲蔡元培先生所说,大学校长不是官员,不是哪个政府的行政级别;大学校长不是老板,不是哪个股市的利润报表;大学校长不是明星,不是哪个剧本的戏子……大学校长唯一之身份,乃是社会之良心,天地之良知。

就我国大学现状而言,越是发达的地区,越是老牌的大学,越是"双一流"的大学,其行政化越低,学术权力越高,办学水平也就越高。相反,越是欠发达地区、新办的大学,其行政化越严重,学术权力越低,习惯于行政治理的校长们就越会得心应手,但办学水平就难以提升。

一个人从一所"好"的大学到一所"差"的大学去任职,显然对提升该大学的办学水平有很大促进作用,但对于"校长"本人而言，由于办学理念和思想势力相差太悬殊等原因，其艰辛程度远非在原单位继续留任或者提任可比。其中的酸甜只能用"社会效益"来计量了。

我就是在这样的境况下"奋斗"了十三年，首先是"只身"孤军深入，升本后多了两位来自"985"的校领导，加上学校经常开展"走出去"和"请进来"等活动，情况大有改变。但从全校教师的观念和能力来看，还依然停留在本科办学的初级阶段。

回顾十三年走来的路，起初自认是"学术型领导"，希望通过加强自身的学术来达到"校以人名"的目的；观念转变之后，全身心投入到"校长"岗位，仍然难以忘记"学术立身"的初心，继续上课和做学问，践行着"培养人才、科学研究、服务社会"的历史使命。但随着管理任务的加重，管理责任的加强，觉得自己离热爱学术的"初心"越来越远，也越来越感到自己赖以立身的"饭碗"就要被时代端走的感觉，一种恐惧感和危机感油然而生！

我离教育家还有"一公里"的距离！该如何继续？往纵深还是往宽度发展，我有自己坚定的选择。

只要我不忘初心，继续前行，不管怎样，我都会成为一名合格的教育家！

图24 温馨的回馈

五、我的"社会人"生活

从 1998 年博士毕业担任湖南财经学院财政会计系主任开始,我便兼任起不同的社会职务,开始了我的"社会人"生涯。

(一)致公党:致力为公,参政议政

1998 年上半年,经住所对面的致公党员宋老师推荐加入中国致公党,同年底成为致公党省委委员。2002 年 7 月被推举为省委副主委,同年底担任致公党中央委员。截至 2017 年,共担任三届致公党省委副主委和中央委员。

(二)人大与政协

2003 年春,湖南省第十届人大开幕,我担任预算审查委员会主任,随后被推荐为省人大常委和财经委委员。

2008 年春,被推荐为第十一届全国政协委员,2013 年春连任第十二届全国政协委员。均在教育界,围绕国计民生尤其是教育、经济展开调研和建言。其中作为政协会上的会计人,为会计学升格为一级学科持续发声,《中国会计报》做了题为"会计学离一级学科还

第二篇　事业群峰

图25　精准扶贫到农家

差'一公里'"的报道。

十年政协路
往事不如烟
民生与国是
理政谱新篇

（三）全国青联委员

2005年，担任财专校长伊始，我便被推荐参与湖南省"十大杰出青年"的竞选，并在网络票选中遥遥领先。后来，据组委会领导传来消息说，其他来自基层的青年不一定有我这样的社会"成就"，但他们的故事可能更"感人"，更能激发其他青年人努力奋发向上，故把"十大"的指标给了其他"更需要"的年轻人，最后给我发了一个"十大杰出青年提名奖"。

随后，我被选拔为全国青联

图26　接受采访中

第二篇　事业群峰

图27　在人民大会堂

图28　与青联委员陈思思

委员，参加了当年的全国代表大会，这一次会议，让我感受到作为青年与祖国"同呼吸，共命运"的责任感和使命感。

我参会的另一个收获是，第一次见到这么多明星和偶像。与明星相同的是，我们都是各自行业的"牛人"；不同的是，因为专业的原因，他们可以成为"公众人物"，而我们的"知名度"仅限于本专业或者本领域，去参会时几乎"无人问津"；而他们，可能是应接不暇，或者是门庭若市。有时候，"荣耀"也可能是一种负担或者痛苦，凡事没有绝对价值。

那时，我们都正年轻！

（四）我是奥运火炬手

2008年是一个激动人心的年份，奥运会在中国首都北京开幕，那一年我是火炬手！

我身体瘦弱，但还是选择了一项运动—羽毛球作为爱好，并具有一定的业余水平。与此同时，我还积极推进学校的羽毛球活动以及积极参与和推动社会的各项羽毛球赛事，为此得到了省羽毛球协会和体育局领导的认可和关心，被推举为省羽毛球协会副主席，并于2008年成为奥运会长沙站第61号火炬手。

我与其他所有选手一样，都是兴奋的好几天没有睡好觉，到现场模拟举火炬跑步的姿势。那一天，我选择在我工作的新老财院之间，两边近万人都是我两边的同事和学生，我的步伐与两边翻腾的"海洋"一起起伏。

图29　奥运火炬手

图30　火炬回校，师生三人

那一天，我跟前后五组交接的火炬手提前示范了一套动作，被评为最具创新意义的火炬手。动作要领是，在两个人相互倾斜点燃火炬后，双方按原来的方向继续举向对方的头顶，让两个火炬形成一个英文的"V"（胜利）字，此操作简捷快速，无需借助其他道具，也符合比赛求强的体育精神，且"V"字是国际通用语言。

跑完后，我带领同是火炬手的另外两名同学一起回校，接受大家的"欢迎"，主要是给大家参观火炬并亲自感受火炬的魅力。那一天我不知道拍了多少照片，整个脸都笑"僵"了。

确实，这就是"点燃激情、传递梦想"的爱国之旅！奋进之旅！

第三篇 初心岁月

一、热爱生活是最好的教养

　　对大自然的投奔，我是自愿的，父母是宽容的，宠爱的！记得两三岁有记忆时，看到大家在冬田（常年被水泡、泥巴很深的田）插秧，我便嚷嚷着下田，先把身子周边的插了，然后要妈妈抱到前面一点继续插。其实我并没有帮上什么忙，可能反而影响了工作，但还是得到了纵容。

　　小时候，我经常跟着父亲去种菜，稚嫩可爱的小苗在父亲的手下被移植、被浇灌，让我看到小生命从温床里迁徙，自占"地盘"并快乐成长。

　　基于对生命成长的好奇，我仿照大人的做法在自家门口种了一株南瓜。由于阳光不足、缺乏肥水，长得比大人们种的差很远，结的果既小又难看，但我还是执意要妈妈优先把我的煮了吃，觉得比其他的都要甜要香。

　　我的父母也是在悄无声息地栽培着我这颗热爱生活的幼苗，也许他们并没有特意如此。

　　到了小学，我进入"半工半读"模式。打猪草、放牛是常见的农活。

说起放牛，也还算有趣。我牵着牛，沿着有草的田埂让它吃草。比起其他活，算是轻松一些。每当清晨，牵着牛走在空气新鲜的绿色里，看到淡红的大太阳慢慢往上爬，我都会把存在心里的歌按类别翻出来唱一遍，搜不出歌了，也就差不多完成任务了。直到附近的广播"新闻和报纸摘要节目播送完了"（7:30），赶紧把牛赶回去关进牛栏，准备上学。

　　放牛也绝不是好玩的事，且不说放牧时硕大的牛蚊子往人身上一扎就是一个"洞"，人皮哪有牛皮厚啦，真没有想到，世上还有专门陪伴牛又专门对付牛的蚊子，其他地方是见不到的。放牛还是需要博弈的，那就是不能轻易把绳子放松，一松就给牛一种信号，它就会"及时"偏离"草道"去吃边上又多又嫩的禾苗，哪怕绳子绷得紧，牛的那双"贼眼"只是斜瞟着人，看是否关注了它，一旦没有关注它就偏过头去吃一大口禾苗。我有时为了惩罚它，故意装作不看它（也是斜瞟），等它想偷吃时，使劲的把绳子一蹬，让它痛个够，这样它就不会轻易搞鬼了。回想起来这种人牛"博弈"也是蛮有味道的。

　　另一种人牛博弈真是又急又气。到了夏天，天气炎热，牛吃完草总是喜欢滚到水塘去泡澡，这时绳子是管不住的。不开心的事情发生了，当牛潜入水里的时候，原本附在牛身上的牛蚊子全部往人身上贴（牛潜水的目的之一是凉快，之二是逃避蚊子）。更气的是，下水后的牛基本没有自己愿意上来回家的，此时绳子已经被它拖走在水里了，人又不便到水里与它斗争，如果遇到天黑或者需要上学、有急事等等，我们小孩子只能哭等或者求救了。

除了犁田，农村的活其他的都会干。因为犁田是熟练工，基本不允许失败，一旦没有搞好就会把犁搞断。曾经多次早起为生产队刨草皮积肥得到表扬，双抢时一天两个工分，比女同志的八工分干的不少。此后包产到户，家里劳工只剩下父母哥嫂四人，双抢时打谷子必须要四人，再加上晒谷子和做饭喂猪，基本上难以应付。为此，我会很自觉地为家里分担，哪怕大学毕业后参加工作，我也要请长假回家搞双抢，此时，劳动已不是乐趣，而是责任和孝顺的代名词了。

直到26岁后生了小孩，忙的实在走不开，才放弃回家支援，不过那时父母亲也基本没有做双抢的主力了。

到了初中，最害怕过周末，尤其是天气好的周末，因为我们可能要去"冲"里打柴。每到这时，天刚亮我们便起床，吃得饱饱的，走二十多里地赶到石门水库里面的山里捞柴，当地山民一般只允许我们搞一些掉在地上的枯枝败叶，其他行为都属于"偷窃"。我们离得远，又总是希望搞些好的回去。不仅如此，当我们搞到中午时分，肚子开始呱呱叫，有时还想瞄准地里的红薯。就这样，我们在战战兢兢中，与山民防与被防、偷与被偷中度过了一个又一个周末。

最让我们难过的是，过了中午，一担柴捆好了，肚子却空了，我们还得把它们挑回家。最最难过的是，中途还有个"百步陡"，对我们小孩来说，岂止是百步，加上两边的延长线，可能一千步还不止。

这些艰辛的岁月都深深的印在我们年少的记忆中，也许这些经历为以后的人生道路做了无数次无形的"参照"。

由于身材瘦弱，虽然我跟同龄的小伙伴们一起干了不少农活，但总是觉得很"自卑"。每到周末从山冲里打柴回来，大伙都要摆在一起称重量，我的"小枕头"比小伙伴们的都要轻，虽然我已经尽了自己最大的努力。更让我自愧不如的是，小伙伴们能够发现田里哪个"脚印"里有泥鳅，而且伸出两根手指头就可以把泥鳅夹出来。而我呢，看到泥鳅钻进泥巴，赶紧把周边的泥巴全部围起来，然后慢慢地清理，结果还是不见泥鳅的踪影，让泥鳅跑掉了。

也许正是因为我的这种"自叹不如"，只能靠读书来超越他们，我真不是做农民的料，真的是没有那个"天赋"呀！

因为从小热爱劳动、热爱生活，培养了我最简单的"初心"和追求"自然"的天性。1994年初到北京，在时间十分有限的情况下，我选择去香山看红叶，而不是近观天安门和故宫；2000年，我在郊区买了地然后建房，别人总认为是我有投资眼光，其实完全就是想自己种种菜、养养花草和狗，想法十分简单和朴实。

这种"初心"一直左右着我的工作和生活。

二、温柔的"自卑"

　　我的自卑，来自于生理和心理两个方面，心理素质是骨子里的，加之身体素质从小就差，使得两种因素产生叠加效应。

　　我在高考前体检时的体重不到80斤，身高却有175厘米。可谓骨瘦如柴，弱不禁风，干什么与体力相关的活都不如人。随之带来的就是心理素质差，羞于在人前说话和做事，凡事缺乏自信。

　　小时候，我在村里跟熟悉的小伙伴们在一起玩非常随意，相互嬉闹追打是最平常的事。但一到上学就变得"孤单"，基本不敢跟同学们一起搞活动，记得老师有一次把足球踢到我脚下让我传递，我竟然都不敢伸出脚，让球从脚边溜走。到了中学，由于身体瘦弱，各种达标和竞技项目都让我避而远之。初中时，记得我的百米成绩在28秒以上，仰卧起坐为0。到了高中，引体向上和单双杠都为0，跳远下不了坑，跳高不敢试，没有跳过一次。因为这些，我的心理素质受到严重影响。

　　一周一次的体育课，因为害怕，让我安心从事智育学习的时间不到半周。比如周四上体育课，我周一就开始望着天上的云，盼望下雨，每天没有心思学习。到了体育课当天，如果没有下雨，必须要上体育课，我也是和我一样心态的同学躲到学校附近的山上。有时体育老师安排一些学生给老师搬家做劳务，我便很快报名，算是过了这一次体育课。每次体育课后，我如释重负，非常安心地学习直到下次体育课的前两三天。我就是这样周而复始地从等待下雨、逃课到课后安心学习"可怜"地循环着。到每个期末，几乎没有体育成绩。为此，我从中学开始，几乎没有得到过三好学生。也因为对体育课的恐惧，极大地影响了我的智育成绩，基本处于中等偏上。

当时，我很想有机会跟老师说，如果不要我考试，不要我做我做不到的各项测试和达标，我一定会在运动场上尽情挥洒我的汗水，锻炼我的体质。但我无法去跟老师说，即使说了，我想老师也不会答应。

这样的情况一直延续到大学，我几乎用同样的方式完成我的体育课，有时在跑1500米时，中途躲进跑道边的厕所里，等到最后一圈再尾随着跑出来，以最慢的成绩跑完"全程"（因为如果跑快了，就有可能被同学举报）。

到了大三以后，学校体育课不再以达标考核，而是各自选修"专业"，由于我对排球有一点基础，而且可以在平时跟女朋友单独练习，所以就选了排球专业。从此，我也就步入了有自己爱好的"运动生涯"。由于我们平时单独训练扎实，在考试时发球得了100分。

出于同样的原因，羽毛球也成为我的爱好，我跟女朋友或者熟悉的同学们在校园随便找个地方就可以打起来，主要是因为不需要考试"达标"，便觉得很有乐趣。

不知是身体素质差导致心理素质差，还是反过来，反正两种因素叠加导致我的心理素质一直处于"不良"状态。一旦进入竞技或者大众场合，我就会陷入严重的"心理病区"。

在大学时，跟宿舍对面的临班同学搞围棋擂台赛，实在不是什么主要"赛事"，即使在不太冷的天气里，依然需要抱着被子下棋，不唯如此，伸手落子的手还会一直在发抖。因为惯性，我的自卑心理延伸到了其他领域。

虽然我对唱歌一直感兴趣，但因为心理原因，学校的很多歌手大赛和演讲比赛我都不敢去尝试。一些同学在我的"指导"下常常偶有收获，而自己也只能一直停留在"走廊歌手"和"厕所歌手"之间。

毕业后一年多，在准备调离蔬菜公司的前夕，我报名参加公司的歌手大赛，选唱一首自己最熟悉的"外面的世界"，想给同事们来一场有意义的"告别演出"。为了演出成功，我多次到中学同学周向科所在的中学与伴奏老师进行演练，但在比赛时却始终无法与伴奏师对上"调"，尝试了五六次之后只好"罢赛"离开舞台。我的心情沮丧到了极点，当时就走向了长途汽车站，买好去"外面的世界"的车票，坐上了从衡阳开往湘潭的班车，含泪望着窗外，无脸再见"江东父老"（当时我住在衡阳市的江东，市豆制品厂，也是我就职的第一个驿站）。

学跳舞也有同样的经历，记得在大学时的1986年元旦，跟女朋友一起去市里的工人文化宫跳了个跨年夜场交谊舞，能够感受到美妙的旋律与脚步带来的愉悦。当晚还同去了一对同学，但我始终不敢去"交换"舞伴。这主要是因为缺乏水平自信，即便水平足够也决然不敢随意跟异性"接触"。整个大学期间，我再也没有参加过学校每个周末的舞会，因为即使是跟女朋友一起去，但由于同学们都熟悉，还是很担心由于需要交换舞伴带来的尴尬。在舞场上，男生都需要有绅士风度，都要主动去邀请女生，而且基本上不会固定同一个舞伴，否则整个舞场都不"和谐"了。这样的方式，对我来说简直就是天大的难题。

大学毕业后，我慢慢成了专家和领导，偶尔要出席一些歌舞场所。记得在成都读博士期间，经常以专家身份出去讲课，在歌舞场合往往只歌不舞，女学员一个接一个来邀请，都被一一拒绝，也经常被她们拖下舞池马上跑上"岸"来，场面很是尴尬。我给她们的理由是，跳舞要"走路"，实在太累了，一旦我答应了一个就会得罪其他女生，所以就不跳为妙，一个都不会得罪。

这种牵强的借口一直沿用至今！我宁愿随着节拍一个人"乱"舞，也不敢携着佳人共舞。

因自卑，不自信

不出众，不能在众人面前表现自我，成了我性格的主要特征。大学毕业后，我一直都在寻求一种不与"社会人"接触的职业，过一种万事不求人的生活。

当老师是万事不求人的事业，只要把课上好，学生不赶我、欢迎我，我就谁都不怕了。为此，我想方设法走进大学当教师。

第一次试讲没有通过，毕竟心理素质不好。后来经过训练和点拨后如愿入职。当上老师后，我把每一场课堂都当做舞台，把每一次课都当成一次演出，每天看不同的课外书，包括杂文报，寻找幽默感，寻找"触类旁通"的素材，甚至为了"取悦"同学每周免费为全校学生讲授书法课。经过无数次"舞台"的拼凑，慢慢形成了在学生面前"自信"的习惯，语言能力也大为提高，性格随之也慢慢改变了。

但这种能力的改善主要是在课堂上，跟其他人的交往并没有太大的起色，一走进社会，这种"温柔的自卑"就开始"露馅"。比如不管参加什么会议，只要一发言就会脸红，即使不紧张也会这样。为了避免这种现象，后来干脆就吃槟榔（在湘潭，吃槟榔是一种普遍现象），因为吃槟榔也会脸红的。慢慢地，把这个习惯也改了，讲话红脸成了个别现象。

到长沙后，哪怕当上了湖南大学会计学院院长，这些毛病也一直存在。在参加全校的羽毛球比赛时，平时可以用拍子捡起的球，竟然用手都难以捡起；同样的原因，在场上鞋带松了，也不能一下系好，因为手一直会在发抖。因为我处在"众目睽睽"之下！

多年的累积，使我从生理到心理都出现了不同程度的"自卑"，直接导致了我的"不自信"，有时又因某些"不自信"导致"自卑"，两种现象交叉往复出现在我的生命里。

现在的人听到我说曾经很腼腆，都不会相信。其实直到现在，我骨子里还是没有改变，只是在每次"演出"前做足了"功课"，甚至经历过无数次失眠，个中艰辛和"心累"，只有自己知道。

如今我依然愿意选择"万事不求人"的生存方式，不愿意为了钱、为了权去求人，不愿意参加各种需要表现自我的诗歌沙龙和书法笔会，更不情愿参加各种有陌生面孔的聚会或者会议。

因自卑，成自信

因为这些原因，在某种程度上反而练就了自己的能力和风格：要么不做，要做就做最好！只有最好的才拿出来！

之所以不敢跳舞，就是因为跳的不够好；喜欢唱歌，只能用于即兴遣情，难登大雅之堂；一般的文章不写，要写就要写在别人的前面（别人说过的我肯定不说，别人想说还没有说的我也不说，我只说别人没有想到的，等我说了，大家都愿意跟着说的）。就这样成就了我的"创新"，成就了我的产权会计学和"财权流"。

因求最佳，终成自累

近几年我做过几个像样的毕业典礼和开学典礼致辞，得到学生和社会各界的认可。它不同于写论文，也不同于写其他文学作品，需要加入时代语言与学校的故事，还需要走进学生的心灵，最为困难的是每一年都要让本届学生感觉到是为自己写的，都要有所不同。这也是我目前面临的最大困境。一个因自卑到自信，因自信到求最佳，因求最佳到自累的困境。

这种"自累"在很多人身上都会出现，著名音乐人李宗盛也不止一次对外说过："只有我的吉他知道我有的原曲是多么难听，也只有我的吉他知道我是多么走投无路。"他每一次写歌,都是一次死去活来。经过岁月的沉淀,他最后做起了琴行,两年只做一把琴,把时间留给亲人,过起了"自然人"的生活。

只有这样才能化解"自累"的困境!这也许是我同样需要的选择,越过山丘,缓释自己,从容走过!

图31 与父母在岳麓书院

三、我的青春"睡"月

不知道是遗传，还是身体原因，睡觉是我一天的常态，一般需要10~14小时，少睡一点都像得了大病。以青春为盛，以上午为最。除了外出旅游和不得已需要早起外，基本不知道太阳是怎么出来的。

上午考试对我来说是件要命的事。初升高，高升大，都有在考场上先睡一会继续考试的记忆。考研时刚一睡下就被监考老师叫醒来，因为太不清醒导致不及格，硕士研究生竟因此与我擦肩而过。考博时幸好学会了抽烟提神，记得有一门考试带了一包烟还不够，向旁边同学借了几根烟才把题目做完。

对于各种考试，上午一般都是主要课程，比如语文数学外语，下午是次要的课程，比如历史、地理。每次考试下来，我下午的课基本要比上午考的好，而平时水平可能正好相反。如果所有的考试放在下午或晚上（尤其是晚上），或者像古时科举一样，关闭几天随你考，我的成绩应该会更好。

中学时的老师们常说，一日之计在于晨。对我而言，其实睡觉之际也在于晨，早晨真的很难醒。晨跑对我而言是一件非常奢侈的事情，而早自习是学校规定的常规项目，我却经常不经意地迟到。

记得有一次想偷偷溜进教室，被班主任陈国柱老师呵斥在门外，罚站到自习结束。还偶尔被严衡山老师叫去"约谈"。

上课时，我经常趴在课桌睡觉，记得有一次数学老师王昕把粉笔头直接从讲台砸向最后一排的我，说道："十六岁了，在古代都成亲了，还不懂事"。虽然我那时还比较懵懂，不懂成亲的乐趣，但还是感觉到自尊心受到伤害，这样尴尬的事情不知道发生了多少次。在上午的课堂上，我实在管不了那双不住下塌的眼皮。

到了大学，早操早餐早读都是我作为"极简主义"的减免项目，我在唯一的"私人空间"——床的墙壁上，用毛笔洋洋洒洒地写下了"大睡青春"的"丑书"。其实在那个愤青的岁月，我并不是一个颓废之人，写此四字，一为自己的嗜睡自嘲，二为警示"青春短暂"，勉励自己在睡醒之后必须奋发方可补回。

经过多年，我慢慢对上课睡觉养成了良好的生理"习性"，一不麻手，二不怕寒，三不流口水，四不打鼾，而且形成了良好的条件反射，有些老师的声音成了我的"安眠曲"，一讲课我就可以"安心"的睡，一停下我就立马可以醒来。老师讲课时一旦停下来就知道要点名了，我能预感到自己会被点到（抓睡觉也是老师点名的主要目的），然后倏地站起来礼貌地回答"不知道"，给老师感觉自己并没有睡觉，只是不舒服趴在桌上。有的专业课老师对我比较了解，一般都不"打扰"我。我"睡"在他的课堂里而不是选择逃课，其实也算是对老师的尊重和对学校纪律的维护。

就这样我一个上午接着一个上午地睡。一次睡在大教室，等我醒来时发现周边同学都不认识。原来自己班的同学都走了，已经是别的班的三四节课了，我竟睡在了别人的课堂上。

其实，我还有一个很重要的秘诀，那就是在课间休息时，我也醒来"休息"一下，把老师在黑板上板书的内容迅速浏览一遍。一般而言，一个有经验的老师，在一堂课内，会比较工整地写板书，我也经常让值日擦黑板的同学先从前面擦起。从一定程度上说，我的这种做法也许是最佳学习方法，因为其他同学只顾做笔记来不及现场消化只好等到课后去消化，或者以为反正做了笔记用不着现场消化。而我因为自己睡觉觉得内心空虚，有一种补救的强烈欲望，再加上刚睡醒时极度清醒，很快就可以把一个课时下来留在黑板上的内容存在"大脑皮层"，效果也许比前者好很多。

我的另一个重要法宝是到期末考试前半个月，我会停下所有的业余爱好，全力以赴应对期末考试。基本上把女朋友的笔记本给霸占了，否则很难"恢复"在课后"一瞥"的记忆。

大学毕业时，同学们以我睡觉为题材给我写留言，其中有一篇写道："同窗四年，几乎每天上课时，我总能看到你睡眼朦胧的姿态，然而在梦里，你能很好地去知识的海洋里探求。当梦醒之时，你已取回知识之宝"。

在我看来，如果老师上课讲的跟书本差不多，实在是味同嚼蜡。如果老师能够在课堂上讲一些书本没有的，能够引起学生拓展思维或者延伸阅读的兴趣，让学生感觉到没有听到这次课就后悔，那就抓住了大学课堂的本质。

其实讲得好的课我是不会睡觉的，印象深刻的是统计系一位《运筹学》老师的课和一些妙趣横生的英语课。

当了老师后，我从来不会在自己的课堂里因学生睡觉或者不来而点名，他们睡觉或者不来完全是因为自己没有吸引力，绝不怪学生。

从职业角度，在大学当老师或者从事研究工作是我们"嗜睡人"最好的选择。为此，自1988年7月毕业，我一直就在想办法调到高校，1989年11月终如愿以偿。但好景不长，1992年5月，孩子的出生对我的睡觉产生了"不利"影响。记得生孩子前夜，妻子开始发作，深夜要我去找学校的周医生，没有睡醒的我边走边睡，直到撞到周医生楼下的楼梯口才醒来。第二天九点多老婆一生完孩子，我就倒下睡着了，后来被她一直怪罪没有给她准备吃的。随后的日子就更难了，晚上要起来喂5~6次牛奶，几乎很难睡个完整的"觉"，只好搞个闹钟，两个人轮流值班看管孩子。那时候，我们到了谁多睡一分钟都要吵架的地步。

读博士期间，我总是建议老师在下午或者晚上上课，即便是上午也希望在九点以后。为此，我经常因起床晚、来不及吃早餐而"消费"掉导师家不少的水果和零食。

那时，除了上课，其他时间都是自由的。我上午基本是睡过去的，中午起来"休息"一下吃个饭继续睡，睡起来，摇摇脑袋看是否轻灵。如果有点重就继续睡，如果很轻就赶紧爬起来，此时就是我创新思维最活跃的时候，有时一天只需要工作一两个小时，一些好的思想和观点就会应运而生。

那时候没有手机，没有应酬，没有利益格局，只有自由和闲暇。我真正体会到了自由、闲暇对创新思维的意义。因为在思维过程中不用担心会随时被"惊断"，也不会担心在思考时没有足够的后续时间去张开思维的翅膀，我可以让思维的翅膀在我的时间海洋里尽情地翱翔，直到心疲力尽，然后继续好好地睡去。

记得有一次周六晚上，大伙都去参加舞会过周末，我则继续"伏笔"。当时我靠烟圈延伸思维，也因此形成了"烟断则思路断"的习惯。当他们回来看到我的灯亮着但却叫不醒时，硬是撬开门把我从烟雾缭绕的"梦"中拉回。

在我的职业生涯中，只有那段时间具有自由、闲暇与创新思维相吻合的特质。之前创新能力不够，在时间上也偶尔被学术外的事情打断；之后有了足够的创新能力，但时间大部分被学术外的事情占用了，再也没有超出那三年的自由思维和学术思想，后来即使出了一些成果也主要是延伸性的研究以及利用自己的创新思想和经验指导学生一起完成。

这些年来，我利用了相对自由、闲暇的时间做了力所能及的学术和文化方面的学习与创作。正因为时间被"碎片化"，学习和研究也被迫碎片化，专业性的学术研究是需要长期的学习、沉淀和连贯思考的，碎片化的时间和随时被打断的心理负担难以产生像样的学术成果。相比之下，我的书法和文化方面的学习与创作也成了填补碎片时间的最佳选择。

一路走下来,因为"嗜睡",我一直在追寻相对自由的职业。每到"十字路口"我都会拿出"衡量标准",为此也放弃了很多选择。2000年初,担任三一重工财务总监,给的待遇相当高,但需要早上六点半起床做早操,七点接着开早餐会,我极度难熬,实在坚持不下去,赶紧回到了学校;在担任湖南大学会计学院院长期间,办公室的同志十点前基本不会给我打电话;在财政厅挂职任厅长助理期间,按规矩上下班都需要准点,我就跟厅长说,我的主要精力需要放在学校抓学科,自此我也就放弃了从政坐班的念头。后来到湖南财专当校长,我认为校长还应该是以学术立身,不一定要准点坐班,晚上的时间是可以相对自由驰骋的,所以上午工作尽量不安排太早,但还是经常被同志们在民主生活会上作为意见提出来。我自己也是每次因"迟到"而偷偷摸摸,坐班的日子过得极不"坦荡","内疚"之情一直萦绕在心。

时光飞逝,我的青春不知不觉在"睡月"中慢慢溜走。面对未来,"初心"难改,"睡"将依然成为我每一天的主旋律。我该继续在"偷偷摸摸"和"惭愧"中度日,还是重新做自由支配时间的主人,任思绪任意驰骋,从而完成从"青春'睡'月"向"光辉'睡'月"的完美蜕变,还需要时间来进一步验证。

四、"野马"不羁，草意人生

我虽然有一个"万事不求人"的"自卑"内心，但在心灵深处仍有一匹浪漫不羁的野马，不知是否跟我属马有关。

启蒙时我便喜欢书法。我父亲一直搞楷书，我也尝试过，但一旦看到"毛体"，遇见"向雷锋同志学习"和"为人民服务"，我就喜欢临摹，从骨子里爱上了草书。

大一时，我在自己床边的墙上贴满了"草书"作品，路人一进来就问，你怎么喜欢草书，我便毫不犹豫地回答：为人草率，乃喜草书。

按道理学会计是跟草书最不搭界的职业，也许是离草书最远的职业，因为会计最需要严谨和一丝不苟。从账簿那细长的格子就可以看出来，草书无论如何都是难以胜任的。所以，我在大学期间对会计并没有什么好感，到毕业实习时，指导老师要我填凭证，我要不越格填不进去，要不就难以辨认，反正都是不合适的。对会计这个职业真正开始担忧，我发誓这一辈子无论如何都不要去使用循规蹈矩的"会计体"。

后来，因为需要把专业、职业和爱好三者统一，我放弃了书法，把专业变成了爱好，但不论如何我还是带有草书思维。首先，我虽然从事会计事业，但毕竟没有循规蹈矩的去搞过纯会计工作，达到了不写"会计体"的目的。同时，作为教师，在黑板上是可以搞"书法"的，可以天马行空地写，以致于后来被学生聘请做业余书法老师；其次，从教学本身而言，我在课堂上也没有完全按教材讲，可以天马行空，尽量从宽口径给予学生启迪；第三，从事会计研究工作后，我从来不喜欢"就会计论会计"（这样并非不好），而是站在会计学的周边或者上空来看会计，如"财务公共关系""产权与会计"以及"财权流"等等，都是"天马行空"式的研究。

后来，自己也渐渐发现，我一唱歌就喜欢摇滚歌曲，直到把嗓子喊哑才肯罢休。这是否也算是草书思维在引导呢？无论是草书还是摇滚，都是把自己放的最开，把性情调到最高（最嗨）的状态，它们有异曲同工之妙。

从一定程度上说，创新思维也是草书思维。草书讲究抑扬顿挫，急停急走，飘忽不定。创新也讲究"不安现状"，寻求革新。难怪有人说，懒人往往都是聪明人，也可能是最有创造力的人。

无论是艺术还是学术，以自由和闲暇为时空，以能力为基础，以性情为催化酶，定能产出"创新"的作品。

"创业"也算是一种"不安分"，往往需要创新技术和创新模式等支撑，从而带来一种成功的快感。一旦创业成功后开始"守业"，不再增加新的元素，又会觉得"无聊"乃至"无趣"，既而会想到创新或者重新创业，以重新找回草书般、摇滚般的"激情"。

我走过的路，都在草书思维里，我的生活，都在"不安分"中度过。

"三辞""三离"

大学毕业第一个月，我任出纳，天天数钱，简单劳动，毫无创新思维，于是向厂长和书记提出辞职，我说自己是搞会计的，不是搞出纳的（有点强词夺理）。他们看到我一个大学生，也是有些委屈，就问我愿意干什么，我说什么都不愿意干。我真惊讶那时哪里来的胆子敢提出辞职，也很庆幸他们的宽容，没有真正按辞职的程序把我赶走。

在企业做普通人的工作没有我的用武之地，"不安分"的我第一次离开了工作单位，为了可预见的未来，调离了衡阳。

到了湘潭，开始还是充满了挑战，主要是挑战自己的上课能力。但这种挑战很快就被自己的信心和历练所征服，上课变得得心应手并被领导和同学们认可。

在能力显得过剩的情况下，我选择加强学术研究来供给自己心中不安分的"野马"。很快，我的学术成果越来越多，矿业学院的"池塘"也越见狭小，我再一次想脱缰狂奔起来。时任学校党委书记肖国安跟大家说，捆都要把我困住，不能让我走！

这样我从1992年开始直到1997年底，一直在被捆绑中生存。这期间我不断向学校提出辞职，却始终没有被批准，最后以不辞而别而告终。

到了财院,后成湖大,我的学术和管理都取得前所未有的进步,事业如日中天,直到 2003 年拿下会计学博士点,我感到一种前所未有的征服感。

尔后开始守业,又略感无趣,萌生新的"创意"。这样,我再一次选择了离开。

到了财专,不问深浅,忙于升本。其艰难程度当是前所未有,但正是因为其挑战性,也觉得乐此不疲。哪怕哭出泪水,也是苦中带甜。2010 年初升本成功,随后转变办学理念,想快速实行超越发展,但终因环境所限,难以拔苗助长。

不知需要停留多久的"守业"又摆在我面前,我又一次站在"离"和"守"的路口。

"三破""三正"

我的教师系列职称都是破格的,而且都是破的有点奇特。这些"破格"又都与前面说的"辞"和"离"相衔接。

1994 年破讲师。学校领导为了留住我,动员我报名,为此还特意安排了一个差额人选。但评委特意"作弄",我被刷了下来。学校领导并未就此"屈就",把我的材料送给省会的高校教授分别写评语,然后在学校的第十个教师节大会上以文件的形式单独下文并宣读:伍中信被评为讲师职称。这应该是极为罕见的不经过评委就认命的职称评定。

1998 年破副教授。那年暑假,我刚来财院半年,根基未稳,因评委各有想法，我只得到九票中的一票。学校领导组织评委（不知是否组织了评委，还是领导直接开会），在当年的最后一天抽空为我开了一个评审会，并于当天下文给予我副教授资格。

2000年4月破教授。那年湖大与财院合并，我在不到破格年限（按标准需要3年才能破格，而我只有1年4个月）的前提下，再度破格成为正教授。进而成为湖南大学会计学院院长、博士生导师。

从职称的几次大尺度"破格"来看，也是同样具有草书意境：天马行空，肆意挥洒！不仅如此，我的"行政"职务还一直是"正"的，没有被人"左右"过。

1998年直接主持湖南财经学院财政会计系工作，2005年担任财专校长，2010年担任新财院校长。这对一般人来说是很难做到的，对一个民主党派人士来说，就更是难能可贵了（党外人士一般是从副到副）。

如今，因为草书的侵染，我的内心依然有一匹不羁的野马，不愿守旧，只愿开疆辟地，活出新的精彩人生。

也许，心中有野马，才有生命的诗意和远方！

图32 尝试蜡染书法

第四篇 学术思想

伍中信教授是我国会计学产权学派的奠基人和重要代表人物,是中国第一位财务学博士后,长期致力于产权与会计、财务基本理论研究,先后出版《产权与会计》《产权理论与中国会计学》《财务治理结构论》《现代财务经济导论——信息、产权与社会资本分析》《财务公共关系理论与实务》等著作,在《会计研究》等中国财务会计领域重要期刊上发表学术论文100余篇,其论著被誉为"中国会计学产权学派的奠基人",所提涉"产权会计""财权流"等学术观点贯穿于经济发展方式转变、产业体系现代化、国有企业与公司治理等国家宏观调控体系和企业微观治理机制等领域,这些不仅成为我国会计学和财务学的主流观点,而且为中国经济与管理实践奠定了理论基础。

一、产权与会计

（一）会计本质理论

1. 产权关系变迁下的会计发展

伍教授认为，会计反映和监督经济运行，其所揭示的内容也反映着同时代的产权关系的现状。(1) 在自然经济时代，所有权、经营管理权和生产权三位一体，企业资产与私人财产合二为一，只需"结绳记事""刻契记事"等计量方法，便能把经济业务反映完整。(2) 在商品经济的萌芽（奴隶社会、封建社会）和初步发展（资本主义社会发展初期）阶段，独资和合伙企业的所有权和经营权合二为一。此时，一种以反映企业资金来龙去脉的复式簿记便应运而生。(3) 在资本主义商品经济的高度发展阶段，以股份公司为特征的企业的所有权与经营权明显分离，一种全面体现企业产权关系、保护产权主体利益的"企业产权主体会计理论"随之确立。(4) 在我国传统的国有经济产权关系中，国家是全民所有制企业唯一的所有者，企业作为经营者只有有限的管理权。会计制度必然按行业由国家统一制定，而集体所有制紧跟其后，参照执行。(5) 随着社会主义市场经济在我国的确立与培育，企业的投资主体呈现多元化趋势，新的《企业会计准则》《企业财务通则》于1993年7月得以颁布实施，这基本上体现了在市场经济条件下，不仅会计制度与西方惯例接轨，而且在会计制度与产权制度的协调上也基本上是同步的。

2. 会计的根本使命：体现产权结构、反映产权关系、维护产权意志

会计原则和制度的建立，是为了减少市场交易费用，保护各产权主体的平等权益。会计受托的对象是各产权主体，而会计报告的目的在于解除产权主体的委托之责。现代企业的托付—受托关系是一种严守制衡机制的产权关系，即"法人治理结构"。这一结构所体现的所有者、债权人、经营者各方，共同构成完整意义上的"产权结构"。但在众多的托付—受托关系中并不全部表现为产权关系，只有那些能体现产权关系的委托—受托关系所表现的受托责任，才是会计所必须明确和解除的。

3. 会计的本质——"受托责任"

事物的本质就是该事物区别于其他事物内在的质的规定性，即事物内在矛盾运动的特殊方面。伍教授认为会计的本质——"受托责任"反映了会计内在的矛盾运动。这主要表现在以下三个方面：(1) "受托责任"字面上就体现了一对矛盾。(2) 表现在会计理论

上，它既要保护委托者（所有者、债权人等）的利益，又要体现受托者（经营者等）的利益，即满足不同产权主体的平等要求。(3) 表现在会计实务上，即如何合理"认定"受托责任，如何"解除"受托责任这一矛盾运动。

4. 会计目标与会计本质的关系

会计本质是会计理论的关键和核心所在，会计目标、职能、原则、报告等均是会计本质的体现，其中本质和目标的关系最为紧密。会计的本质是"受托责任"，会计的目标便是认定和解除这种"受托责任"。因此，会计目标的研究源于两权分离和受托责任。

5. 现代会计是一个以货币为主要量度，按公认标准来认定和解除受托责任的完成情况的经济控制系统

根据杨时展教授对现代会计下的定义："现代会计是一个以货币为量度，按公认标准来计量、控制、认定受托责任完成情况，以便决策的控制系统"，结合伍教授的前叙观点，对会计定义做如下分析：(1) 现代会计主要的计量单位是货币，这是会计区别于其他经济范畴的一大特性。(2) "控制系统"作为现代会计属概念比较精确。第一，较之信息系统范围更小，更贴近会计属概念的表述；第二，较之"量具"更突出了会计的现代意义；第三，有吸收"信息论"和"管理论"两家观点之优势。此外，为使会计属概念更贴近会计概念，建议在"控制系统"前再加"经济"这一限定词。(3) 为

了体现会计本质"受托责任"这一矛盾运动，可做如下表述：按公认的标准来认定和解除受托责任的完成情况。第一，在"认定"后加"解除"是受托责任矛盾运动的两个完整的方面，缺一不可；第二，"计量、控制"已由"认定"涵盖，且"控制"一词已在"控制系统"中体现，在此不要更妥；第三，按"公认"标准，体现了委托受托关系矛盾运动的"折中"结果，也是"纳什均衡"的恰当体现；第四，"以便决策"是"受托责任"发展到较高层次的需要，是现代会计中"受托责任"的重要组成部分，考虑到定义的全面性和精简性相统一的原则，去掉更为妥贴。根据以上认识，伍教授为现代会计定义做如下表述：现代会计是一个以货币为主要量度，按公认标准来认定和解除受托责任的完成情况的经济控制系统。

6. 受托责任会计是对所有会计学科的一个恰当的综合表述

受托责任会计是对不同门类、不同行业会计的综合统称。理由是：（1）经营者和所有者分离是现代企业的特征。在一个企业内部，该企业既是经营者，又是所有者和债权人（如对外投资、银行存款这些基本业务）。因此，从局部资产和静态上观察，现代企业是两权分离的；从动态上看，企业与企业之间只是两权分离的"链条"，某企业可能只拥有某些资产的经营权，同时可能又是另一资产的双权拥有者，还可能是别的企业资产所有者。但从本质上说，企业会计是为受托责任而存在的，是经营者会计。（2）根据产权理论，所有权有终极所有权和法人财产所有权之分。从这个意义上说，企业既是某财产的经营者，同时又拥有该资产的法人所有权。(3) 对国有资产进行管理的财务或会计也是受托责任财务或会计。第一，国有资产的终极所有者是国家或全民，其权力是通过人民代表大会行使，该所有者主体是虚置的。第二，从国家财务层次看，国资局和中介经营机构不是国有资产的终极所有者，而是受托者。第三，中介经营机构本身也是企业化的，与一般企业是平等的关系，所不同的是前者是资本经营者，而后者可能是资产经营者。中介经营机构所从事的财务或会计活动均应该是以经营者身份出现的，属于经营者财务或会计范畴，不存在所有者财务或所有者会计。

（二）科斯理论的缺憾与财务、会计的弥补

1. 所谓交易，便是一种权利即"产权"的交换，所谓产权就是对物品或劳务根据一定的目的加以利用或处置并从中获取一定收益的权利。没有界定清楚的产权就无法进行交易

从"机会成本"角度看，产权界定不清，事实上使"潜在"的交易成本无穷大，进而阻碍交易的实现。因此，明确界定产权不仅是减少交易成本的前提，而且是自身减少"无形的交易成本"。科斯的贡献之一在于，在"生产"和"交易"结合的基础上进一步提出了"交易费用"概念，并将这一概念作为衡量"市场""政府"或"企业"三者行使权利的标准。任何一种权利安排都不是万能的，选

择的标准便是"交易费用最低化"。

2. 科斯理论的缺憾

第一，科斯理论中较多阐述的是外部性损失问题，但在实际生活中的情形往往是外部性损失与外部性收益由同一所有者同时提供出来。第二，科斯理论未考虑配比问题，交易费用只是在"边际"上起决定作用，真正的主导因素永远是经济利润的潜力，而经济利润的存在并不依附于交易费用的存在。两种制度的选择不应是以交易费用孰低为标准，而应归于"交易收益（或亏损）"这一标准。不唯如此，制度的选择还应更详尽的综合考察交易费用与生产费用及交易收益与生产性收益（企业利润扣除所含交易利润之后的盈余）的配比问题，从而得出两种制度的综合收益比较（因为任何制度均会有交易性和生产性两个方面）。

3. 在交易费用为正的情况下，财务会计信息的合理界定和公开揭示，是市场资源有效配置的必要条件

会计核算具有界定产权的功能，界定以后的会计信息是否具有真实性、可靠性、相关性等质量特征，是否按照必要的程序做出必要的披露，在交易费用为正的前提下，明显会影响市场资源配置。在较大程度上，会计信息的质量特征及公开程度往往需要通过法律来界定和干涉才可能更有效地减少市场交易费用。

4. 人们认为，产权的功能就是引导人们在更大程度上将外部性内在化，这实质上就是说，将没有配比的现实转化为符合配比原则。这是会计学中至关重要的必须遵循的一条规则

外部性的出现，实质上就是会计学上所说的不符合配比原则（当然并非所有不符合配比原则的就是外部性问题），即某人的收益与相应的成本没有配合起来进行考虑和处理。其中，外部负效应表现为收益没有包涵应有的成本（一部分由别人承担去了）；外部正效应表现为自己的付出没有完全得到应有的收益（一部分收益被他人享用了）。

5. 会计学乃是经济学中的精华和灵魂，它从经济中的诸多表面化、具体化的现象和事实中抽象出来，体现了经济事项的实质

有很多经济学问题，用经济学的方法来剖析，往往抓不到问题要害。使人领会不到问题的宗旨。伍教授举例讲，增值税是一种价外税，它最终由消费者来承担。这句话的道理是很难得到解析的，也因而很容易引起人们的误会，使增值税的出现成了人们抬高物价的理由。但用会计学的方法增值税是"价外税"，"企业不负担税负"，就很容易理解在企业是一般纳税人且不是最终消费者的情况下购进时借记"应交税金"（抵扣），销售时贷记"应交税金"，一来一去，丝毫不影响企业的经营成果。这比用其他经济学方法剖析一千遍还有说服力。

(三) 会计基本理论的产权剖视

1. 对不同会计理论的选择,体现了对不同产权主体的侧重点

当两权未分(业主制或合伙制)时,一个以维护所有权的会计理论业主权益观占据着统治地位;两权分离之后,当社会时尚把法人摆到重要位置的时候,一种以维护法人财产权的会计理论企业主体理论得以出现,尔后又出现了指挥者学说(以维护经营管理权为主)、代理人学说等会计理论。客观地说,这些会计理论是当时产权现状的必然反映,是会计理论思想史的一笔重要财富,但正如当时的产权现状一样,未能公平体现和保护各产权主体利益,因而是不符合现代产权思想要求的。也正因为此,聪明的会计学者为适应这一形势,提出了一个维护社会广大公众,以提高整个社会福利为目标的会计理论企业理论,这才使得会计理论的发展赶上同时代产权思想的步伐,并促使着会计自身理论的进一步完善和发展。

2. 会计假设的产生从一定意义上来讲,是为明确产权、界定产权和保护产权而服务的

财务会计的基本目标是认定和解除受托责任,为各产权主体提供真实有用的会计信息,达成企业资产的保值和增值,并追求企业利润的最大化。完成这一使命所依据的公认准则,是以一定的会计假设作为基本前提。会计假设的产生从一定意义上来讲,是为明确产权、界定产权和保护产权而服务的。(1) 会计主体与产权交易主

体的耦合。市场交换的本质是产权的交换。产权交易主体将其所占有的产权在不侵犯出资者终极所有权的前提下进行转让、出租等交易活动，是资本保值增值和资源优化配置的客观要求。由于在现代企业里所有权权能分工的细化，产权交易主体的范围及内部结构与会计主体相吻合。因此我们说会计主体与产权交易主体是相耦合的。(2) 持续经营假设。会计必须正确核算各个会计核算期间的经营成果及财务状况，不能以随时会中断经营而放弃会计核算，以免出现短期行为和产权模糊现象，影响产权主体的利益。即使出现破产、拍卖、兼并等终止情况也必须要用会计方法进行财产清查、资产评估，确定其交易价格及清算价格，对其进行合理产权界定。(3) 会计分期假设。收益权是产权最根本的权能，表现在会计上，就应该合理地核算各会计期间的收益和支出，从而确定各会计期间各产权主体的收益和支配权利的多寡。由于各会计期间的产权结构可能是经常变动的，如果不以分期的方式来界定企业的收益，显然会给收益的支配带来错乱。(4) 币值不变假设。一般而言，在市场稳定和企业实际收益确定的前提下，一项新的会计政策出台不会改变产权主体收益总量，但会引起各产权主体利益的此消彼长。

3. 会计原则产生的直接导因在于减少交易费用，维护各产权主体利益

会计原则是政府或市场对企业会计行为所做的一种规范，其目的就在于减少市场中企业间的相互"摩擦"，维护各产权主体的公平利益。

4. 公有制不仅是中国所有制的特色，而且是中国产权改革的特色，同时还必须是会计改革的重要基石

会计理论与实务产生和发展的轨迹无不与一定的产权关系相联系，并为反映和保护当时的产权制度服务。因此，中国会计的改革在遵照国际惯例的同时，应是带有中国特色的。在我国，虽然产权结构已有分散化趋势，但无论怎样它不仅不会减少社会主义公有制的区域，而且会逐渐扩大公有制的领地，这样，国家作为企业产权主体的龙头作用自然确定，由政府牵头统一制定颁布会计准则也就顺理成章。可以说，公有制不仅是中国所有制的特色，而且是中国产权改革的特色，同时还必须是会计改革的重要基石。

5. 作为企业法人财产权的"资产"，应是占有权、使用权和收益权的综合体现，这些权能也正是"资产概念是法人财产权"的最佳证明

收益权是产权中的重要权能之一，企业之所以要接受原始产权主体的资源委托，其根本目的在于取得收益权。如果不具备这一根本权能，企业持有法人财产权（资产）则毫无价值。占有权、处置权等权能也是为此而服务的，企业想要拥有对某资产的"收益权"应以对该资产占有权为基础。企业的法人财产权中，占有权和收益权是密不可分的，只有两者兼而有之，才构成企业的资产。使用权是法人财产权的权能之一，该特征说明"只要存在一定的某些控制和使用权利"，"所有权（即终极所有权）不是资产的必备条件"。

6. 净权益反映的是终极所有权在产权结构中所占的份额

净权益是会计要素中极为重要的部分。不仅如此，净权益概念与产权概念之间还有着不可分割的关系。在前面讨论会计不同理论的产权观点时，大多是基于对净权益的理解，而目前关于净权益与产权的关系问题，有着明显的分歧。对此，伍教授赞同净权益只是产权中的一部分这一观点。其理由是：一方面，从英文的原义上看，"Owner's Equity"只能理解为所有者的权益，而不是产权（Property Right）；另一方面，从内涵上看，债权人权益理应属于产权范畴，而不应被排除在外。早在复式簿记诞生之时，就已经萌发了"财产＝财产之权利"这一基本的产权思想。

7. 资产＝产权（权益）＝债权人权益+业主权益这一会计等式，是会计要素根据财产结构和产权关系所作出的一种归纳

一般认为，会计等式是对会计要素之间关系的综合表述，而这种表述又体现了一种更为深刻的产权关系和产权思想。因而在会计界一种基本的会计方程式是：

$$资产＝产权（权益）＝债权人权益+业主权益$$

由此得出的企业经济活动一般是三种情况：资产同价交换、产权同价交换、资产之增减与产权之增减。

对上述会计等式做深入分析，我们可以进一步得出：

（1）等式的左边表现为企业现在拥有的"生产力"，是产权所表现的现实的存在形态，表现为物权、债权和知识产权（无形资产）

的分布结构。因此,等式左边(资产)体现着企业财产分布的产权结构。

(2) 等式右边体现的是一种生产关系,反映企业与外界产权主体之间存在的所有权或债权关系,即财产关系或产权关系。它说明产权物质内容归属的产权主体对企业财产权的要求权,并界定这种要求权各自的份额。

因此,伍教授认为会计的这一基本等式,是会计要素根据财产结构和产权关系所做出的一种归纳。

(四)会计核算方法的产权思考

1. 会计的主要功能是核算和监督

产权会计核算在于界定产权,使产权明晰化。会计监督的主要功能在于保护产权主体利益:第一,在会计核算对产权关系明晰界定的前提下,保护各产权主体利益不受侵害;第二,在会计核算或其他法规中对产权界定不明的地方,会计将会同其他监督部门对其进行合理的仲裁和重新界定。

会计的主要功能是核算和监督。对产权会计核算,在于界定产权,使产权明晰化。没有会计的核算,交易活动找不到真实可靠的反映体,产权的界区也就难以明晰化。一般而言,社会监督体系对产权具有两方面的意义:一方面是保护产权,另一方面是界定产权。会计监督作为社会监督体系的一个分支,也具有同样的功能,即在会计核算制度对产权关系明晰前提下,保护各产权主体利益不受侵害。

2. 会计科目是对产权内容的进一步细分化

会计科目是经济业务(或原始凭证)转化为会计语言的"转换器",也正因为此,会计科目是会计反映产权内容、体现产权关系最基本的"细胞"。

会计要素只是对产权结构或关系的一种"粗分",虽然会计要素属于会计术语,但不能确切地反映资金的来龙去脉,即不能清晰地反映产权流动或变化的情况,而只能是一种笼统的表达。

会计科目的进一步细分化的目的在于进一步明确产权主体归属,明确责权利关系。这种分类显然对明确产权关系起到了十分重要的作用。除了明确产权归属、明晰产权关系及权责关系之外,会计科目进一步细分并没有太大必要。

3. 任何一笔经济业务均直接表现为一种产权流动

在"资产=产权(权益)=债权人权益+业主权益"中,"资产"这一概念实质上也是"产权"的内涵即法人财产权所能支配的内容,只不过它与右边的产权表达的是不同的侧面而已。从广义上看这一等式可以表达为"产权=产权"。这样,原先所提的"资产同价交换""产权同价交换""资产之增减与产权之增减"三个表现形态,均可表示为一种产权形态向另一个产权形态的转化,即产权流动。也就是说,任何一笔经济业务均直接表现为一种产权流动。

4. 资产负债表实质上是反映产权结构和产权关系的会计报表

从资产方看，它反映着产权所存在的基本经济内容，即体现了产权内容的物权、债权和知识产权（无形资产）的分布状态；从权益方看，则反映着产权的内在构成，即产权内容所归属的产权主体，说明这些产权和债权人各占多少份额，以及由经营者支配的未分配利润的数量。

5. 资产负债表

资产负债表，更确切的命名应该叫做"资产权益表"或"平衡表"或者叫做"财务状况表"（Statement of Fanancial Positions）。因为该表不是"资产和负债"两项要素所能囊括的，它漏掉了其中重要的部分——所有者权益。从产权平等利益出发，伍教授慎重地提出为资产负债表正名，改为其他名称。由于"财务状况表"的优势和"资产负债表"名称在产权利益上的偏颇等原因，把"资产负债表"正名为"财务状况表"是妥当的。

（五）现代企业制度下的财务、会计制度建设

1. 用"产权流"代替"资金流"

企业管理的其他方面主要抓的是物流，而财务与会计抓的是"资金流"（所谓资金，即是财产、物资的货币表现），这显然使得财务管理在企业管理中起到综合性的管理作用。

如会计上将会计对象定义为"资金运动",而财务中占主流的本质表述是"资金运动论"。伍教授认为"资金"有其自身难以克服的缺陷,主要表现在"资金"概念的范围以及与"资本""资产"的关系难以界定。更为重要的是,对于"债权"这一类资产,与其说是资金,不如说是"权利"。而企业的价值运动又确实表现为一种财产权利和责任的流动和变化,这种产权的流动和变化的目的无非是为了最终解除受托之责。因此,用"产权流"代替"资金流",既能保留"资金流"原有的动态反映会计对象的优势,又克服了"资金"概念的不足,同时体现了现代会计对"受托责任"观念的强化,符合会计本质和会计目标的基本宗旨。

2. 对于财务与会计,既要看到两者如孪生兄弟般的血缘关系,又要承认两者是相互独立的学科

财务和会计既联系紧密相互依存,又相互独立各有特色。伍教授注意到,在社会主义市场经济条件下,财务学的独立已成为企业参与市场竞争的重要依赖,财务作为一种理财思想已渗透到市场经济的各个角落,财务领域已远远超过会计所管辖的范畴,财务学在参与市场资源配置等方面已起到了会计所不能替代的作用。它是交易费用最低化原则的需要,也是市场经济赋予财务和会计光荣而神圣的使命。

3. 代理关系是受托责任关系从无序向有序进化的结果

代理关系是一种"资源受托责任"。传统意义上的"受托责任"

只有受托之责，没有代理的自主权。其中带有明显的"命令"和"受命"色彩，因而这种关系表现出"被动的、消极的"特点，可以说，这种受托责任关系某种程度上带有"无序"的色彩。而代理关系中的代理人则拥有法定的自主权和独立性，即"一旦代理，全权处理"（在授权范围内）。代理关系的产生受公司法规的限制，是具有严格的法定程序的一种契约关系。可以说，代理关系是受托责任关系从无序向有序进化的结果。在现实生活中，作为代理人的高层经理人员的权力要比法律上的规定更大。正因为此，在公司法人治理结构的约束下，企业代理人员为了维护自身的地位和代理形象，必须主动承担代理的责任，为实现代理目标尽职尽责。这种能动的责、权、利有序运行的代理机制显然会给"受托责任"观念推上一个完美的境界，这是一种有序的受托责任关系。由此可见，伴随着经济的发展及所有权和经营权相分离的企业组织形式的出现，代理关系也由受托责任关系的无序向有序进化。

4. 一个时代的会计法规制度以及会计理论方法体系无不与同时代的产权制度和产权特征相吻合

产权分散化、复杂化的现代企业需要明晰的产权，会计制度的功能之一便是明晰产权关系。因而，现代企业会计制度是产权制度能否确立和维护的重要保障。

复杂的产权关系需要明晰的会计处理，会计及其职能的演变随着产权制度的发展而发展，产权关系越复杂，各产权主体的利益也越需要明晰，而这个"明晰"的过程便是会计为之核算和监督的过程。现代企业制度是一个较为先进的企业制度，它具有产权明晰、权责明确、政企分开、管理科学等几个相互联系、不可分割的基本特征。在这一制度下，企业才有可能真正成为"自主经营、自负盈亏、自我约束、自我发展"的经济实体，才能真正成为具有独立行为能力的市场主体。

5. 在"会计回归企业论"的前提下，会计人员要精打细算，同时又必须遵守会计准则

会计回归企业论认为，在市场经济条件下，企业会计成为某一经济主体管理系统中的一个组成部分，会计人员应当协助企业经营者制定财务策略和财务预算，合理组织筹资、投资活动，正确进行利润分配，以保证企业经营目标的实现。企业会计在协助企业经营者加强经营管理、提高经济效益方面以及帮助企业经营者做好财务监控等方面应具有不可替代的作用。会计人员在遵守会计准则的情况下，为企业精打细算，在达到纳什均衡状态的会计制度条件下，企业不按市场规则输送会计信息，不但会给信息使用者带来决策失误，而且会使企业本身最终失去自己的信誉和市场份额。

6. 我国会计准则的制订模式应以政府模式为基调，适当引入市场规则

伍教授指出，中国会计准则制订模式必须朝着"以政府为导向，

引入市场规则"的模式发展。主要原因为：（1）我国会计准则的制订还有一个漫长的发展阶段，政府制订模式有它现行的合理性。中国以后的会计准则制订模式必须以政府模式为基调。这不仅因为中国没有顺向生成市场模式的土壤，而且还在于如果随意做出制度性变迁和转移，其变迁和转移成本将是惊人的，所得出的会计准则也将与经济运行环境背道而驰。但继续颁布和完善则要在引入市场规则的情况下完成。（2）政府模式虽然具有前述合理性，但仍然存在政府模式所固有的缺陷，不能成为理想的制订模式。在目前的政府制订模式中，由于没有得到社会的"公认"，各种假帐并未因会计准则的出台而减少，这同政府制订模式缺乏与市场的联系不无关系；同时，由于政府模式脱离实践，使得某些理论性的准则不能指导实践，造成企业的滥用和误解，使会计信息失真现象更为严重。（3）随着市场机制逐渐完善，引入市场规则更有助于会计准则的完善。也就是说，逐渐完善的市场经济使以后制订的会计准则引入市场规则成为可能。根据以上认识，我们不难得出，我国会计准则的制订模式应以政府模式为基调适当引入市场规则。随着市场经济的完善和发展，逐步扩大市场权力份额，并按照交易费用原则，合理调整政府与市场的权力结构，最终达到"均衡"状态。只有建立以政府模式为基调，适当引入市场规则的会计准则制订模式，才能使会计准则的建立具有广泛的代表性和更大的权威性。

(六) 信息、产权与博弈：会计监督的经济学

1. 如果说现实生活中许多现象可以用"攻"和"骗"字来概括的话，博弈论的精要之处就在于"防"。也就是要针对他人、对方可能采取的战略，来制定自己的战略。所谓"纳什均衡"，指的就是这样一种人与人相互关系所处的状态

"博弈"的思想放到现实生活中来，就能够知道人是不能预见一切可能发生的事情的，不受骗不会知道如何设防，没有人受害不会发现问题，所以制度只能在多次实际的博弈中逐步完善起来，从而达到"纳什均衡"。

2. 财务信息公开的标准是：既要使信息具有真实性、相关性等特征，又要以不影响商业秘密泄漏为限。财务信息公开政策是信息供求双方博弈的"均衡点"，也是强化会计监督的良方之一

根据非对称信息理论，市场上买卖双方各自掌握的信息是有差异的，通常供方有较完全的信息，需方有不完全的信息，在这种情况下，极可能会引发供需双方的"道德风险"。为了避免信息不对称带来的危害，必须进行财务信息公开，使各市场参与者可以接触到真实相关的信息。但是，过度的毫无保留的公开又会涉及泄露商业秘密，从而危害企业的发展，造成更大的危害。双方博弈的结果就是达到一种均衡，既要使公开的财务信息具有真实性、相关性等特征，又要以不影响商业秘密泄漏为限。

3. 根据委托代理理论，政府和其他资财委托者或所有者构成博弈甲方，企业经理人员及其会计人员构成博弈乙方

由于企业经理与会计人员属内部代理层次，不触及财产权关系，其根本利益是一致的，而且确实存在"共谋"的动机和事实，故在宏观的社会博弈问题上，将其划为同一方是合乎情理的，从这个意义上讲，会计监督在很大程度上就是指"监督会计及其经理人"。

"委托代理理论"倡导所有权和经营权分离，政府和其他资财委托者或所有者构成一方，由于企业经理与会计人员属内部代理层次，不触及财产权关系，企业经理人员及其会计人员构成另一方，两方相互博弈。根据非对称信息理论，企业经理人员及其会计人员属于信息供方，政府和其他财资委托者属于信息需方。因此，少数会计人员及经理人员其组织便是利用了这种不对称的信息规律，采取"隐瞒财务信息""虚假会计信息"等方式进行作弊，而且还不易被发现。其途径有二：其一，个别会计人员和经理人员利用非对称信息优势进行"贪污"；其二，会计人员与经理人员采取合作行动来坑害企业外界。从这个意义上讲，会计监督在很大程度上就是指"监督会计及其经理人"。

4. 博弈双方的信息公开、会计制度公平、注册会计师公正，既是会计博弈的三大标准，也是会计监督不力的三大症结

伍教授强调，双方的信息公开、会计制度公平、注册会计师公正评价是会计监督的重要内容，也是会计博弈的结果。具体为：

（1）博弈双方的信息公开。对会计博弈双方而言，公开其信息，让广大社会公众参与其间，不仅可以减少市场交易费用，而且是会计工作秩序正常化的必要条件，是实现会计监督的社会基础。（2）会计制度——公平（或公认）。通过会计制度在政府与企业间的多次博弈，进一步完善和修订会计制度，使各种利益得到更好的兼容，最终达到较为理想的"纳什均衡"状态，也就是"公认"化的均衡之路，突出了我国会计制度在向"公认"化道路上迈进的"中国特色"。（3）注册会计师——公正。作为博弈中的裁判，注册会计师应以公正为其执业标准。目前，我国注册会计师仍然未能普及到会计博弈的各个场所，即使在现有的注册会计师队伍中，由于其自身业务水平的限制，加之职业道德的淡化，使得注册会计师在执业中很难做到"公正"的标准。总之，公开、公平、公正，既是会计博弈的三大标准，也是会计监督不力的三大症结。只有从会计博弈的大局着眼，认清会计监督的本来面目，并沿着强化这三大标准进一步博弈，才能真正整顿好会计博弈场上的秩序。会计博弈的有序之日，也就是会计监督的强化和自觉之时。

（七）产权管理中的财务、会计问题

1. 理顺产权关系是国有企业改革和建立现代企业制度的关键

在"政企分开""两权分离"理论的指导下，从减税让利、扩大企业自主权到逐步改革企业经营方式、完善企业经营机制等，实质上都是产权关系的调整和改革，都是为了理顺产权关系，使产权界区明晰化。国有企业改革和建立现代企业制度的重要目的是为了提高企业的经营效益，实现资产的保值增值。随着企业产权主体地位的确立，企业也相应取得了自己独立的财权。因此，企业提高了其经营效率和竞争力，明晰的产权关系为国有企业改革和建立现代企业制度奠定了良好基础。由此可见，理顺产权关系是国有企业改革和建立现代企业制度的关键。

2. 产权界定就是用法律形式对财产所有权进行明确

产权界定就是用法律形式对财产所有权进行明确。产权界定可以区分为两个不同层次：第一种是在财产尚未形成经营能力之前对财产所有权的界定，其目的是要明确财产所有权的归属问题；第二种是指在已明确所有权物质基础上对财产占有、使用、收益、处分各项权能之间的界定，其目的是为了合理调整财产所有权实现过程中的各种经济关系，保证最大限度维护和发展所有者权益。所有权是一定历史时期内人与人之间物质资料占有关系在法律上的表现形态。由此可见，产权界定就是用法律形式对财产所有权进行明确。

3. 收不回的债权比股权的风险更大

与其将债权放在改制前企业长期无法收回，倒不如将其投入改制后企业反而有可能得到收益。伍教授指出，收不回的债权比股权的风险更大，与其将债权放在改制前企业长期无法收回，倒不如将其投入改制后企业反而有可能得到收益。此外，由于将改制前可能收不回的债权变为改制后企业的股权，这样做的主要目的并不是为了控股或参与企业决策，因此可将其股权折为优先股权，这样对债权持有人可减少风险，获得稳定收益。企业则扩大了股本，并可获得财务杠杆收益。对于其他企业债权变股权，其原则与方法可参照银行债权变股权进行，如果改制企业债务负担过重，而债权人又不愿变股权可考虑通过债权转移方式间接将其拥有的债权变为股权。

4. 如果承认国有企业存在非国有产权，那么它是个人产权

谈到独资企业的产权界定方法时，一般认为纯国有企业的净资产应全部作为国有产权。而国有企业净资产是否应全部作为国有产权，伍教授认为一般情况下应是如此，但在一些特殊情况下可能存在非国有产权。如果承认国有企业存在非国有产权，那么它是个人产权，而不是企业产权或企业集体产权。伍教授认为，在现代企业制度下，企业产权的提法是不科学的。企业只能拥有法人财产权，而不应有企业自身的财产所有权，否则将违反国际惯例和股份制的基本原则。集体产权意味着国有企业某些资产归企业全体职工所有，它实际上是企业职工个人产权的总和，其实质是个人产权。特别是在劳动力市场完善，允许企业职工流动的情况下，集体产权将给职工流动带来困难，而个人产权则可解决这个问题。此外，国有企业的职工福利基金、奖励基金结余，在产权界定时也都可作为职工个人产权处理。由此可见，如果承认国有企业存在非国有产权，那么它是个人产权。

5. 大部分产权转让是以货币或有价证券为手段将有限的经济资源在市场各主体之间进行再分配的过程，它体现为价值的运动和利益的转移

产权转让是指这样一种行为，即两个或两个以上的企业，其财产所有权和支配权随着买卖关系或契约合并在一起。大部分产权转让是以货币或有价证券为手段，将有限的经济资源在市场各主体之间进行再分配的过程。随着市场经济在我国的确立和发育，企业的投资主体呈现多元化趋势，发行股票和债券已成为企业筹资的重要渠道。在转换企业经营机制的呼声下，企业迫切要求有自己独立的财产权利——经营权、收益权和处置权；各行业、各所有制之间也实行了不同程度的融合，跨行业、跨所有制、跨国的企业集团正在逐渐扩展；国家与企业、企业与企业之间可以采取授权经营、承包经营以及租赁、拍卖、兼并、股份制等多种产权经营和产权转让模式。因此，企业的所有者、债权人和经营者要求拥有公平支配收益的权利是合乎情理的。无论是采用"场外协议交易"还是"场内交易、集中竞价"方式，都应该按市场化原则，进行公开、公平、公正的竞价和交易，产权转让体现为价值的运动和利益的转移。

6. 在财务关系与产权关系相交叉的领域，两者的复杂程度呈正相关

财务关系简单，产权关系也相对单一，财务关系复杂化，产权关系也一定复杂。财务关系与产权关系都是与经济关系相联系的范

畴。财务活动具有社会性，体现着生产关系的性质和特征，在财务活动中形成的各种经济关系被称为财务关系。产权关系是经济关系在法律上的反映，是以法律形式表现的人们在财产上结成的相互关系。产权结构是财务制度安排的结果，财务关系能够更好的反映产权结构，产权结构的调整也可以通过财务关系的调整得以实现。企业财务关系体现着企业目标的意志，也反映了产权关系的现状。

7. 企业财务关系的复杂程度，直接影响到交易费用的高低，简单的财务关系，交易费用相对较低，而复杂的财务关系，交易费用也随之增大

企业财务关系的复杂程度直接影响到交易费用的高低。伍教授认为这主要是两方面原因：一方面，由于产权主体的多元化，财务关系复杂化，使得企业更难以应付与外界的信息交流，信息不完全、不对称的可能性增大。根据非对称信息理论，这将引发信息供需双方的"道德风险"。同时，由于企业内部财务关系的复杂化，企业内部协调的交易费用也会随之加大；另一方面，由于财务关系复杂化，用于界定产权、保护产权利益的费用也增高，交易费用因此而增大。

8. 互惠互利是公共关系的一个重要思想，它直接切入了交易费用发生的根基，该思想的树立可大大减少交易费用发生的可能性

伍教授强调，现代意义上的财务关系已不是单纯的人与人之间

的人际关系，而是带有经济目的的经济组织之间的关系，即财务公共关系。开展公共关系的动机，既非一味"利己"，也非无原则"利他"，而是在法律和道德允许的范围内以"利他"的方式"利己"。随着市场经济发育的不断完善，人们道德水平的不断提高，全员公关意识的不断增强，互惠互利的观念将会日益深入人心，交易费用也会大为减少。

（八）中国的过渡会计学

（1）企业会计侧重于对外部产权主体负责，解除受托责任，企业财务则主要侧重于对法人产权主体负责。会计的基本职能是核算和监督，企业会计侧重于对外部产权主体负责，解除受托责任。而财务的基本职能是资源配置和监督。财务本质是财权流，财务的目标便是体现企业各利益相关主体的要求，实现企业价值最大化。因此，企业财务则主要侧重于对法人产权主体负责，其目的是为了使经营者更为主动、有效地解除受托责任，以维护受托责任的连续性。

（2）改革中最难的问题，不在于表面上各种体制的摩擦，而在于这种摩擦后面的"利益摩擦"，会计改革之所以出现阻挠或"信息失真"，原因正在于这场改革面临的是"非帕累托改变"的问题。

所谓帕累托改进，指改革的目标方案能为人们提供新的机会，使人们都能够较容易进行均衡，同时也是有效率的。相反，我们把那些只有通过改变利益分配关系，使某些人利益受损才能提高现有资源的产出水平和社会福利水平的改进，称为"非帕累托改变"，这样的改革，必然会受到利益受损失的"利益集团"的阻挠，引起较大的利益摩擦。我国新会计制度出台之前，实际上一直处于一个"势均力敌"的僵持局面，也一直存在着会计改革的呼声。值得指出的是，它的出台在较大程度上是以保护国家利益为基本前提的，然后才考虑到社会组织或公众的利益，甚至使企业利益变得不如改革以前。因此，会计改革的"非帕累托改变"极为正常，改革中最难的问题，不在于表面上各种体制的摩擦，而在于这种摩擦后面的"利益摩擦"。

（3）用产权理论来武装会计理论，这丝毫谈不上对会计理论的叛逆和冲击，恰恰是一种"帕累托改进"。将产权经济学和会计学的理论方法结合起来，以会计学基本理论为对象进行分析，开创现代企业产权制度与会计制度比较研究的新领域，是对会计理论的一种"帕累托改进"。伍教授认为这主要体现在以下几个方面：①把世界范围内对会计本质的认识向前推进了一步，找到了会计产生、发展和变更的根本点；②通过产权理论对会计基本理论的透视，可以合理地确定会计改革的落脚点，从而改变我国会计改革长期滞后于经济改革的局面；③通过财务与会计对交易费用、外部性问题在配比性和计量上的弥补，提高了产权理论的科学性和实用性，将产权理论的研究向前推进了一步；④从科斯定理出发，提出了应用于财会研究领域的两大重要推论；⑤广泛运用了产权理论、制度经济学、信息经济学、博弈论等现代经济前沿理论，站在理论经济学的高度对会计的许多热门问题做出许多有益的探索，并给出中国的过渡会计学命题。

图33　参加中国财务学年会

二、现代财务理论体系：价值与权力的完美融合

　　伍中信教授提出的财权流理论是本金理论的进一步拓展、深化，是现代企业制度下对财务本质、财务理论的全新表述。财权流理论认为，"财权表现为某一主体对财力所拥有的支配权，包括收益权、投资权、筹资权、财务决策权等权能""财权与产权是两个相近的经济学范畴，两者交叉的领域财权构成了产权中最核心的权能""财权流"作为现代财务的本质表述，贯穿了财务基本理论的始末，在现代财务的理论体系中占据了核心和统驭地位。

（一）财权

1. "财权"的内涵：财力 +（相应）权力

　　伍教授认为，财权是一种"财力"以及与之相伴随的"权力"的结合，即"财权"＝"财力"＋（相应的）"权力"。这里的"财力"表现为一种价值，是企业的财务资金或本金。而相应的权力便是支配这一"财力"的所具有的权能。

2.独立财权的确立，是现代企业财务区别于传统财务的根本标志

与产权制度相适应，我国传统的国有企业实质上属于没有财权的"财务"，企业财务是财政体系中的基础部分，成为国家驻厂的"核算员"。随着企业产权主体地位的确立，企业也相应取得了自己独立的财权，企业有权在法人产权的范围内独立行使投资权和收益（分配）权等各项权能。可以说，独立财权的确立，是现代企业财务区别于传统财务的根本标志，是企业真正开展财务活动的标志，也是财务区别于会计的重要标志。财权是现代财务的核心概念。

（二）产权与财权

产权即财产权（Property Rights），包括以所有权为主的物权、债权和知识产权等，其内涵可分为资本权、占有权、收益权和处置权等。产权可分为原始产权（或终极所有权）和法人产权（或法人所有权）。

（1）财权表现为某一主体对财力所拥有的支配权，包括收益权、投资权、筹资权、财务预决策权等权能。同产权一样，财权同样应具有可分性、可明晰和独立性等特征。这一支配权显然起初源于原始产权主体，与原始产权主体的权能相依附、相伴随。随着产权的分离，财权的部分权能也随着原始产权主体与法人产权主体的分离而让渡和分离。这样，原始产权主体在拥有剩余索取权的同时，

也拥有收益权这一财权（当然是产权的权能）。法人产权主体在拥有占有权、使用权、处置权等产权权能的同时，也拥有了与此相联系的收益权、投资权等财权（当然也是产权权能）。同产权一样，财权同样应具有可分性、可明晰和独立性等特征，否则便成了与产权关系模糊相伴随的模糊的财权关系，或称模糊的财务关系。

（2）作为财产权的产权，财权从两个方面对财产，即实物形态的财产和价值形态的财产实施管理。占有权、使用权、处置权等基本上是对实物形态的财产实施的产权管理，而财权则侧重于对财力的配置，即从价值形态上对资金（本金）进行配置或支配。也就是说，在财权归于产权的内容中，主管价值形态的权能并构成法人财产权的核心内容有：收益权、收益分配权、筹资决策权、投资决策权、资金使用权、成本费用开支权以及定价权等。在这里，收益权是产权权能的核心，其他权能如占有、支配、处置的目的都是为了取得收益。

（3）财权与产权是两个相近的经济学范畴，在两者交叉的领域里，财权构成了产权中最核心的权能。由于财务管理与产权管理在职能、目标等方面的区别，财产权有着自己区别于产权的其他内容，如财务预测、财务分析的权能等。当然，产权也有许多与财权不完全相干的独立权能，如前面所说的资产使用权等。总之，财权与产权是两个相近的经济学范畴，在两者交叉的领域里，财权构成了产权中最核心的权能。

（三）财务研究逻辑起点：财权起点论

（1）从价值和数量层面而言，本金是现代财务研究的逻辑起点，分析现代财务，要从分析本金及其运动规律开始。财权已完全蕴涵了本金及其运动规律这两方面的意思。这样，我们也就可以用财权作为现代财务研究的逻辑起点。

伍教授指出，构成财务研究逻辑起点的有以下标准：第一，逻辑起点必须是财务理论体系的基本组成要素之一。财务理论研究的逻辑起点应当是一个独立的财务范畴，有着自己丰富的内涵，它和财务理论体系应当是直接的、紧密的从属关系。第二，逻辑起点必须是整个财务理论体系最基本的出发点。它是逻辑推演的出发点，整个财务理论体系应该由此开始，层层递进、展开，从而得以构建财务理论体系大厦。第三，逻辑起点必须是整个财务理论体系的主线，并尽可能成为财务基础理论及运用理论的共同起点，它能够起到统领整个财务理论体系的作用。

根据符合逻辑理论的基本标准，参照马克思主义经典作家的分析方法，我们认为，现代财务的研究应从分析本金及其运动规律开始。①"本金"是财务理论的基本细胞。②确定"本金"研究逻辑起点的合理性。③"本金"便是"财权"中的"财力"，而其运动的主要规律便是本金必须要与支配该财力的权力相伴随。为此，分析现代财务，更确切地说应是从分析"财权"开始。可以看出，财权已完全蕴涵了本金及其运动规律这两方面的含义。这样，我们也就可以用财权作为现代财务研究的逻辑起点。

（2）财权起点论与本金起点论这两者并不是矛盾的，提出财权起点论不是用来否定本金起点论。伍教授并不认为本金起点论就属于纯价值起点论。本金起点论的核心是本金及其运动规律，在其运动规律中已经隐含了权力，因而本金起点论同样兼顾了价值与权力两个方面。我们用财权作为研究的逻辑起点只是认为其比本金起点论更确切而已。

（3）如果说产权是现代企业理论的核心概念和研究逻辑起点的话，那么财权便是现代财务理论的核心概念和研究逻辑起点，并在现代财务理论体系中起着基础性的作用，是整个现代财务理论体系的主线，并统领整个现代财务理论体系。一方面，它同现代财务理论体系的各组成部分有着强烈的相关性，能够使对各个局部的研究相互协调，具有高度的内在逻辑性；另一方面，我们可以通过把握它从而把握整个现代财务理论与运作体系。在传统财务理论向现代财务理论这一演进过程中，财权范畴的提出起到了关键作用，财权理应成为对财务研究的逻辑起点。

（四）财务本质理论的推进：财权流

（1）无论是货币、资金还是本金，这三个概念都有一个共同点，即都是"物的价值表现"，都是从数量方面说明财务的本质。在我国财务理论研究发展过程中，主要经历了货币收支活动论、货币关系论、资金运动论、收益分配论和本金运动论等几种观点。我们可以从中归纳出几种不同的财务核心概念，即货币、资金和本金。

从这三个核心概念来看，资金相对于货币、本金相对于资金有其一定的合理性，从货币概念扩展到资金概念，符合我国财务活动的实践，有利于在企业组织全面的财务管理；从资金到本金，有助于区别财务资金与财政、保险、保障等资金。但无论是货币、资金还是本金，这三个概念都有一个共同点，即都是"物的价值表现"，都是从数量方面说明财务的本质。

（2）如果说"价值"是从财务活动的现象中或从"物资流"中抽象出来的带本质的东西的话，在现代企业制度下，某种支配这一价值的"权力"则是隐藏在"价值"背后的更为抽象、更为实在的带支配能力的本质力量。这一"权力"与"价值"及"价值"与相应的"实物"都是附于一体的，只是前者比后者更抽象、更接近事物的内在本质。为此，我们提出了一种价值与权力相融合的财务本质论：财权流。

用"财权流"作为现代财务的本质表述，一方面，可用"财力"的流动来替代"本金""资金"等"价值流"，发挥它们在本质理论上的优势，而且用"财权流"来表述更加贴近现实；另一方面，可通过"权力"的流动来体现一种在现代企业制度这一特殊历史条件下的"生产关系"。也就是说，与财力相伴随的"权力"的流动过程，实质上就是处理权力双方"财务关系"的过程，这在一定程度上弥补了"资金运动论"及"本金投入与收益论"在字面上不能反映财务关系的缺陷。总之，"财权流本质论"既充分体现了"本金本质论"的优势，又反映了"本金本质论"在新的历史条件下的特殊性，注重了"价值"与"权力"的高度融合。在企业拥有充分的法人产权和财权的现代企业制度下，在"法人治理结构"比较完善的前提下，"财权流"是现代财务本质的恰当表述。

（五）财务主体和财务分层

(1) 产权独立是市场主体确立的首要条件。财务主体是财务学理论体系中的核心概念之一。财务主体是否存在或确立，是财务理论体系能否确立和完善的关键。产权独立是市场主体确立的首要条件，伍教授认为可以从市场主体的活动不能没有财产基础来认识。首先，拥有一定的财产权利是进入市场的必要条件。因为没有谁会愿意同一个没有任何产权的人进行交易，除非上当受骗。其次，拥有独立的产权是市场主体在市场活动中相互建立平等契约的关系的前提。平等契约关系达成的条件是各方面具有平等的地位。最后，只有产权独立才能形成激励和约束机制，才能进行真正的经济核算。如果产权不独立，经济活动中难以形成激励和约束机制，经济核算也将流于形式。总之，产权独立是市场经济得以确立的财产基础。

(2) 财务主体是指具有独立财权（产权）、进行独立核算、拥有自身利益并努力使之最大化的经济实体。伍教授认为，该概念有利于区别财务与会计、财政等的关系。从"财力"方面考虑，要求财务主体追求自身财力的最大化，即财务主体必须具有经济性及目的性；从"权力"方面考虑，要求财务主体必须拥有独立的对财力的支配权，即财务主体必须拥有独立的财权。与其他财务主体理论有别的是，以财权为基础定义的财务主体理论主张：财权的取得并独立化是一个组织能否成为财务主体的根本条件。如同产权独立与市场主体的关系一样，没有独立的财权，就不能形成财务主体。又如没有财权的资金活动不能称之为财务，更谈不上形成财务主体。

(3) 独立的财权才是财务主体确立并走向"一元化"的根本保证。伍教授强调，财务分配权是财权的一部分，在独资或合伙企业，产权主体单一，财权也没有发生分离，因而财务主体是单一的。随着两权的分离，财权也随着由原始产权主体让渡一部分给法人产权主体，两个主体各自拥有一部分不同内涵的财权，尤其是股份制初期或法规制度不健全时期，原始产权主体对自己的投资不放心，因而在股份制初期和我国国有企业现阶段，其财务主体呈现"二元化"特征。但是必须明确，二元化的财务主体，必然会带来二元化甚至多元化的财务目标，最终会导致企业财务无所适从，应予及时纠正。只有公司的"法人治理结构"达到完善之时，有了充分的约束和制衡机制，这一情况才会得到改变。因为只有在这时，企业才会取得制衡和约束下的独立的财权，外界所有者也才不会干预企业的财权。只有独立的财权才是财务主体确立并走向"一元化"的根本保证。

(4) 财务主体必须是在满足市场主体的一般特征的条件下形成的，它应具有财权独立性、经济性和目的性三个特征。

①财权独立性。如同产权独立与市场主体的关系一样，没有独立的财权，就不能形成财务主体，财权的取得并独立化是一个组织能否成为财务主体的根本条件。这里所指的财权独立应包括如下内

容：a产权明晰，即具有明确界定的财产范围；b独立核算权，要成为财务主体，必须首先具备会计主体的资格；c独立的财务自主决策权，并承担相应的责任。②经济性。财务主体所从事的财务活动均带有经济性，而各种非经济性的实体，如各级行政机关和完全依赖国家拨款的事业单位，都不能构成财务主体，其资金收支活动实质上是国家财政资金收支活动，属财政管理的范畴。③目的性。财务主体从事财务活动应有自己的目标，并根据这一目标来规划自己的行动。

(5) 财务主体必须是会计主体，但会计主体不一定是财务主体，没有独立财权，不具备经济性的会计主体不是财务主体。会计主体不一定具有独立财权，也不一定是经济实体（如行政、事业单位、会计），而财务主体必须是具有独立财权的经济性的会计主体。我国传统的国有企业作为独立的核算单位只能称为会计主体，而不是真正的"财务主体"。此外，会计主体与财务主体确立的目的和侧重点也有所不同，会计主体的确立在于规定一个核算的空间范围，侧重于确立一个产权明晰的界区；而财务主体的确立，主要是为了突出经济实体内在所拥有的某些权力或权能，与前者有点分别侧重于产权和外表的分工关系。在这里，财务主体与法律主体确立的目的有类似之处，法律主体的确立主要不是为了给企业设立什么空间范围，而是指出该主体是否具有行使法律规定的某些权限的权力，有这些权力的就是法律主体，否则就不是。财务主体显然是在会计主体界定空间范围的基础之上对该主体是否拥有独立财权和经济属性的再确定。

(6) 财权分层是因两权分离而产生的，并按照委托—代理关系在具有产权关系的上下不同层次之间进行的财权分割，分割后的财权应具有明晰性和独立性等特点。

对一个企业来说，不同的产权分化、组合与安排构成产权结构，产权结构决定着企业制度，影响着企业的效率结果。现代企业的产权结构最显著的特征就是所有权与经营权的分离。这两方面的权利具体到财务管理，分别形成所有者财务和经营者财务。这就是现代企业财务分层管理的理论来源，两权分离带来了财务分层理论，同时也带来了财权分层理论。委托—代理关系是指"一个人或一些人（委托人）委托其他人（代理人）根据委托人的利益从事某些活动，并相应地授予代理人某些决策权的契约"。财权分层理论的核心——财权的有效配置是完全可以置于委托—代理这一理论框架中进行分析的。因为，企业的所有者是否将某些财权以及将哪些财权让渡给其他理财主体，归根结底是其将代理收益和代理成本进行比较和权衡的结果。这样，层层委托的过程，就是层层授权的过程。既然委托—代理理论是财权分层管理的理论基础，所谓的分层就应该是具有委托—代理关系的分层，是具有产权关系的上下级之间的分层。随着现代股份公司的产生与发展、原始产权与法人财产权的分离，财权也随之由原始财权派生出法人财权，并在企业内部进一步细分，财权呈现出分置的特征，由此引导出财权的分层管理问题。但必须明确，所让渡和分离的财权必须是责权利明晰和相对独立的，否则就会产生产权模糊或财权模糊。因此，伍教授认为，财权分层是因两权分离而产生的，并按照委托—代理关系在具有产权关系的上下不同层次之间进行的财权分割，分割后的财权应具有明晰性和独立性等特点。

（7）财权分层是按照委托代理关系在具有产权关系的上下不同层次之间的财权分割，与财权割裂有着本质上的不同。财权分层是按照委托代理关系在具有产权关系的上下不同层次之间的财权分割，分割后的财权具有明晰性和独立性等特点。而财权割裂则是在不具备产权纽带的同一级别的管理部门之间分割财权，是对财权分层理论的违背。由于不同部门之间缺乏产权纽带，因而具有利益上的冲突，最终导致争权夺利，责权不明，事权不清，效率低下。在中国旧的国有资产管理体制下，国务院是国有资产出资人的唯一代表，实际上却是多个部门分割行使出资人职能：计委负责立项，经贸委管理日常运营，劳动与社会保障部门负责劳动与工资，财政部管理资产登记和处置，组织人事部门和大型企业工委负责经营者任免，这种模式被戏称为"五龙治水"。"五龙治水"乃至"五马分尸"的实质，是国有资产产权主体拥有产权的不完整，是一种明显的财权割裂现象。

（8）在共同治理机制下，各利益相关者在缔结企业这个契约的时候就是以平等方式加入的，那么产权也会以平行分割的方式分配，而不是一种单向的、科层式的结构。伍教授认为，在"共同治理机制"下各利益相关者的财务关系更趋向是平等的关系：各利益相关者在缔结企业这个契约的时候就是以平等方式加入的，那么财权也会以平行分割的方式分配，而不是一种单向的、科层式的结构，也就是说各利益相关者以平行的的方式共同对财权这块"蛋糕"进行分割（当然，"蛋糕"也可能是分层的）。

　　伍教授指出，平行分割的优点在于最大化地考虑了所有利益相关各方，又有重点地照顾了主要相关方的利益。不同参与方对企业资产收益率水平的影响程度是不同的，相应地，他们控制的财权比重也就不同。所以，从某种意义上来说，财权平行分割模式并不是对财权分层的否定，而是建立在财权分层理论的基础之上，对其治理主体外延的扩大以及对共同治理理念的强化。另外必须注意到，财权分层是财权分割在公司正常经营时的情况，不能因财权分层的不足而用财权分割来完全取代财权分层，财权分层理论仍然是目前研究的主题。

　　（9）财务分层理论的核心是财权的分层管理。两权分离以后，所有者与经营者出现了委托－代理关系，而股东与董事会（此时为经营者身份）之间、董事会（此时为出资者身份）与经理人员之间由于财务目标的不同，带来了代理成本问题，这也就是公司在两权分离下要解决的关键性问题，而问题的解决则主要在于财权在各利益主体之间的有效分割，即财权分层管理。财务分层来源于财权的分离，归于财权的有效分割。从本质上讲，财务分层理论只是为了界定产权关系，明晰主体的责权利关系。而对于企业，财权自然是产权的核心。因此，财务分层理论归根到底是财权的分层管理。这样,今后财务研究的重点应放在财务分层的核心——财权分层管理方面,而不应该停留在财务分层的表面。

伍教授以我国国有企业为例进行了说明。目前,我国国有资产的委托—代理关系具有多层次性,表现为两大等级:第一等级体系是从初始委托人(全国人民)到中央政府的自上而下的多级授权链;第二等级体系是从政府国有资产管理部门到国有企业,再到企业经营者(最终代理人)自上而下的多级代理链。其中,政府在两大等级体系中具有双重身份,政府既是初始委托人的代理人,又是最终代理人的委托人。从多年来国有资产改革的实践来看,伍教授认为,国有资产体制改革必须牢牢建立在该委托—代理关系之上。我国原有国有资产管理体系就是忽视了该委托—代理关系的层次性而在没有产权关系的同级部门之间分割财权,导致财权割裂,最终形成了"五龙治水"的尴尬局面。因此,对国有资本的宏观财务运作应该是仕具有产权纽带的上下部门之间实施财权的分层次管理,这才是解决国资体制问题的根本之法。

(10)只有企业才是真正的财务主体,股东大会、董事会和经理人员都只是财务管理主体。企业这个财务主体范围内拥有多元财务管理主体(或财务治理主体)。财务主体二元性违背了财务主体涵义,某企业的所有者和经营者都不能单独成为该企业的财务主体。企业是财务主体,包括股东大会、董事会和经营者等财务管理主体(财务治理主体)。然而企业只是一个虚拟的利益主体,在本质上是一个"契约的结合体",企业的财务活动最终要通过所有者与经营者等财务管理主体来完成，企业本身是无法活动的。因此，企业财务管理工作就要分配给每个组成要素，从而出现了企业财权的分割。也就是说，财务主体的明确为财权的分层管理确立了前提，而不是因为财权分层管理导致了不同的财务主体，财权分层管理的实质仅仅是有利于企业财权的合理分工和责任的明确划分。财权的分层管理是在企业这一财务主体内各财务管理主体（或财务治理主体）之间的分层管理，而不是所有者财务主体与经营者财务主体之间的分层管理。财务主体二元性理论就是没有厘清这些关系才产生的。

企业这个财务主体范围内拥有多元财务管理主体（或财务治理主体）。财务的价值与权力的二重性决定了在研究财务管理理论的同时有必要分析财务治理理论。财务管理是有关资金筹集、投放和分配的管理工作，是以资源配置为核心的价值管理。而财务治理则是一个关于财权制度安排的契约控制理论体系，是财务管理运行的制度基础。与财务管理拥有财务管理主体相对应，企业也有着从事财务治理的财务治理主体。目前，理论界普遍认为，公司在正常经营的状态下，财务治理主体应是股东大会、董事会、经理层和监事会。由此可知，股东大会、董事会、经理层既是财务管理主体又是财务治理主体，两者并不矛盾，这是财务二重性使然。由于监事会不从事具体财务活动，出于制度上的制衡，监事会是财务治理主体而非财务管理主体。某财务主体外的财务主体（如债权人）也可能构成该财务主体的财务治理主体，然而，以上主体都不能与财务主体等同或与其并驾齐驱，只有企业才是真正的企业财务主体。这种财务主体的一元性与财务管理主体以及财务治理主体的多元性，既使企业作为市场竞争的主体具有独立性，又使其内部财权划分具有合理性。

（六）财权理论影响下的企业财务目标

1. 在一定时期，一定企业的经营目标与当时的产权关系和产权结构有着必然的联系

作为具有独立产权的市场主体，现代企业应具有自身独立的经营目标和方向，在一定时期，一定企业的经营目标与当时的产权关系和产权结构有着必然的联系。当一定的社会时期崇尚某一产权主体利益、一个企业有利益偏好时，这个目标就表现为不同产权利益的最大化。就企业目标的数量来看，有单一目标和多元目标两种，这一区别与产权的分离程度和独立程度密切相关，企业产权的独立程度越高，企业目标就越具有单一性。

2. 企业财务目标应体现与企业目标的一致性

在现代企业"法人治理结构"以及委托—代理关系中，由于企业经理人员与财务会计人员处于代理关系中的"内部"层次，两者不涉及财产权关系，其根本利益一致，这就决定了企业财务、会计目标与经理人员代理目标的一致性，即企业财务目标服从企业目标。如果企业是拥有独立产权的市场主体，那么企业也应是拥有独立财权的财务主体，只有能构成市场主体或财务主体的企业，其企业目

标或财务目标才是单一的、明确的。

3. 企业财务目标应体现财产权的现状

现代企业是多边契约关系的总和：股东、债权人、经理层、雇员等都是企业产权主体，各方都有其自身的利益并共同参与构成公司的利益制衡机制，这也是企业财务目标在确定过程中需要首先考虑的问题，如果试图通过损伤一方面利益而使另一方获利，将导致矛盾冲突而不利于企业的发展。因而应公平地对待各方，尊重各方的利益。

4. 产权和财权独立性是我们在确立财务目标时应予考虑的又一重要因素

伍教授强调，绝不应该因以上原因而否定现代企业财务目标的单一性，因为产权和财权独立性是我们在确立财务目标时应予考虑的又一重要因素。由于产权的分离，企业在尚未完全取得独立的产权或财权时（如我国股份制改组初期的国有企业），企业财务主体也呈现二元化甚至多元化的特征，一旦企业取得独立的产权和财权，财务主体便向企业这一经济体靠近，具有一元性特征。财务目标自然也会体现这一特征，当公司法人拥有对公司的实际控制权时，其他各产权主体只拥有法律规定的所有权或财务要求权，而且这两个相区分的利益团体，行为动机与目标选择也必然不同。因此，"现代企业在选择财务目标时要考虑两个问题，一是公司归谁所有；二是公司由谁控制，因为目标是人来制定并执行的，"离开公司控制权归属的现实讲'股东财富最大化'将有失片面而不够客观"（陈为 1995）。一个折衷的办法是：既能充分反映法人产权利益的"企业价值"，又能通过"企业价值"的扩大来增进其他各产权主体利益，这也是"企业价值最大化"财务目标理论能够占据主流地位的根本原因所在。

企业财务目标体现着企业目标的意志，也反映了产权关系的现状。产权关系单一，财务目标就单一；产权关系复杂化、多样化且企业尚未得到独立的产权或财权时，财务目标与财务主体一样呈现多元化状态，这显然会导致企业财务的无所适从，不利于企业生产经营的顺利进行，随着企业在市场的主体地位的确立，企业取得了独立的产权和财权，企业财务目标必将保持一元性的本来面目。

5. "股东财富"让位于"企业价值"将成为企业财务目标的必然选择

长期以来，人们都把股东财富最大化界定为理想的财务目标。然而随着"股东财富"的缺陷日益突出，无论理论界还是实务界，企业价值最大化都得到了广泛认可。考虑到"股东财富"在适应性、可控制性以及不能综合反映不同主体利益等方面的缺陷，而且为了保持与财务主体理论（企业财务主体即是企业）在理论上的一致性和连贯性，在股东财富与企业价值走向融合的问题上，"股东财富"让位于"企业价值"将成为企业财务目标的必然选择。

6. 企业价值最大化与相关者利益最大化其实质是一致的,它们是从价值与权力两个不同侧面对财务目标的准确表述

（1）企业价值的本质是增值能力,兼顾相关者利益则是由其本质决定的,否则,企业的增值能力无法实现。因此企业价值兼顾了各相关者利益,而且也必须兼顾相关者利益。（2）企业价值最大化：利益相关者合作博弈的理想财务目标。（3）企业价值最大化可以使微观效益、宏观效益、社会效益达到统一,最终使社会福利最大化,这样可以实现均衡状态下的相关者利益最大化。（4）正如财力流与权力流不是财务的两个本质,而只是一个本质的两个方面,从财力流方面出发的企业价值最大化与从权力流方面出发的相关者利益最大化也不是两个财务目标,而只是一个财务目标的两个方面。

（七）资源配置与财权配置：现代财务的基本职能

（1）财务本质决定财务职能,财务职能是财务本质的具体体现。因此,我们对财务职能的界定,应该从"财权流"这个财务本质来进行分析。由于"财权流"本质包括"财流"和"权流"两个方面,财务的基本职能也应该从这两个方面出发,伍教授将其定义为资源配置职能与财权配置职能。财务基本职能决定财务具体职能,财务具体职能包括筹资、投资、调节、分配和监督等职能。

（2）资源配置的核心目标便是效率最优化,而现代企业财务的根本目标是价值增值。现代财务与现代产权在资源配置功能上存在着天然的血缘关系,离开了资源配置来谈财务是没有意义的。

资源配置是产权的核心功能，它以交易费用最低为基本原则，认为市场、企业和政府均有其在资源配置功能上的最优界。从动态上看，三者的最优边界会由于某一配置方式费用的变化而变化，因而社会的经济运转和资源配置过程，就是一个以交易费用最低为原则，不断重新安排权利、不断调整权利结构的过程，这是科斯定理的精髓。伍教授认为，现代财务同样在企业、政府和市场的资源配置中起着举足轻重的作用。

（3）企业是社会资源配置的基本细胞，是资源配置的微观体现。不管是地区、部门配置还是技术配置，最终都要配置到企业和其他组织身上，如果没有企业这一配置的基本细胞，社会资源配置很难完整找到它的归宿。

企业与市场之间只是一线之隔，根据现代产权经济学精神，企业产生的根本动因在于减少要素所有者之间的交易费用，并为此发生合伙、联合等行为。在要素所有者之间的交易次数之频繁，交易行为短期化，各主体在交易中的价格优惠、谈判、协定方面均发生过多的交易费用，这些都促使他们走向联合之路，通过"企业家命令"的方式减少市场交易费用是企业产生的根源。当企业的规模达到一定程度，其内部将增加的管理等费用超出企业与市场交易费用增加额时，企业的规模便停止扩张，这就是企业与市场的边界，它以交易成本最低为界定标准。

市场在资源配置中起到基础性作用。一方面表现出它在资源配置中的广泛性，另一方面体现了其在管理中的初级性（低层性）。而政府的资源配置是在市场以微观效率最低为原则的广泛配置基础上，针对其在社会效益和产业结构政策等方面的偏差所做的再配置，其目的是社会效益最优。根据科斯理论，企业也应有资源配置的功能，它是促进交易费用最低化的重要方面。伍教授认为，企业是社会资源配置的基本细胞，是资源配置的微观体现。

(4) 现代财务正独立肩负着资源配置的重担，并与财政等资源配置职能相区分，共同为社会资源的优化配置尽职尽责。资源配置是现代财务的核心问题和重要职能，也是市场经济条件赋予财务的光荣使命。

财务的核心内容侧重于资源配置，会计则着重于核算，这是两者区别于对方的两个特殊领域。财务的资源配置职能的提出，也有利于理解市场经济条件下财政与财务的关系。在旧体制下，财务一直是财政的附属，为财政而服务；在新的历史条件下，财政作为国家宏观调控的重要手段占着举足轻重的地位，资源配置成为财政的重要职能之一。同时，财务隶属于财政也越来越不适应经济形势需要，财务作为一种理财的思想已远远超出财政所管辖的范畴，它在市场、企业和政府的资源配置活动中起着日益重要的作用。

(5) 财权配置

①筹资——财权的流入（配置）过程。企业资本结构问题的实质是企业产权结构问题。筹资活动的目的是要保证投资资金的需要和资本结构的合理，只有使企业财权实现合理配置，财权配置合理了，资本结构才能达到最优状态。

②投资——财权的流出（配置）过程。有效的投资活动应该是拥有独立财权的市场参与者对财权流出进行合理配置的过程。企业投资活动是指将所筹集的资金在企业内外合理投放的过程，是财务管理活动的中心内容。由筹资活动而流入的财权，在企业内部已转化为企业的资本。但是财权的转化并没有改变财权的本质，即财权仍然依附于某一特定的本金。对本金投向与投量的调整其实也是对财权如何流出的一种配置过程。投资活动的目的是最大限度地获得投资收益，这里的投资收益包括企业内部的经营收益和外部的投资收益。因此，只有使财权流出（配置）合理，才能使投资收益达到最大化。要使财权流出合理化，进行投资活动的企业就应该是拥有独立财权的市场参与者。只有在市场参与者都是拥有独立财产的财产所有者的情况下，市场参与者才会为了自己的利益去力求最快掌握和领悟所有会影响市场价格的信息，并能立刻采取相应的行动，从而力求在投资活动中实现资产组合的多样化，在投资活动中自觉地遵循这样的原则。在既定收益条件下，追求最小风险；在既定的风险条件下，追求最大的收益。

③财务调节——财权的重组（配置）过程。财务调节可以说是对投资结果（资产组合）的一种再次投资（存量调节），从财权角度讲，就是企业对流入财权进行流出配置后的优化重组。

④收益分配——财权的分配（配置）过程。财务分配就是将财权运用的结果在各利益主体之间进行分配的过程，也就是财权的分配过程。

⑤财务监督——财务监督权的配置。只有将财务监督权在各机构之间进行合理的配置，才能够形成完善的监督体系，从而有效地实施财务监督。筹资活动是财权的流入配置过程，投资活动是对财权的流出配置过程，财务调节是对财权流出配置后的重组，而收益分配则是对以上财权运用的结果进行配置。财务监督的核心是财务监督权的安排。筹资、投资、分配、调节、监督等具体职能无不体现着企业财权的配置，因此，同样可以把财权配置作为企业财务的基本职能。以往把资源配置和财务监督作为财务的两大基本职能，并认为两者的关系是：在资源配置中进行着财务监督，在财务监督中进行着资源配置。而伍教授认为，财务监督是对资源配置过程的广泛性监督，财务监督权是财权的重要组成部分，也是财权配置的重要组成部分。研究进一步发现，在对筹资、投资、调节和分配等财务资源配置中，还存在一种除监督权之外的不同财权配置（如上所述），因而伍教授把财务监督权纳入财权配置这一更大、更确切的范畴中，并与资源配置相并列，这也更符合伍教授价值与权力结合研究的特色，更符合其"财权流"的思想。

当然，将资源配置与财权配置作为财务的基本职能，并不是认为两者是截然不同的两个职能。基于财流的资源配置与基于权流的财权配置也是同一客观过程的两个方面，是不可分割的。两者的关系是：在资源配置的同时进行着财权配置，在对财权实行有效地配置的同时也就是实现资源配置的效率最优化。

（6）财务资源配置与财权配置职能的提出，将现代财务分为财务管理和财务治理两大既相联系又相区别的领域,有利于构建两大平行的财务管理和财务治理理论与运作体系,从而为完善现代财务体系提供了良好的思路。

  财务的二重性决定了应将经济属性(资金运动)与社会属性(产权契约关系)相结合来对其进行考察。然而,传统财务理论的研究框架和思路基本上遵循的是新古典经济学的研究范式。新古典企业理论把企业作为一个追求利润最大化和成本最小化的整体,将制度和结构假定作为既定来探究实现资源最优配置的条件。因此,传统财务管理理论是以财务的资源配置职能为核心,仅仅从数量层面来对财务的经济属性进行分析,总体上属于价值管理理论的范畴,强调对财务管理活动的研究。不可否认,这些理论对现代财务的理论研究与实践运用起到了积极的推动作用。

图34　担任中国财务学年会执行主席

三、财务治理结构理论研究

（一）财务治理与财务管理

（1）财务管理作为一个完整的循环活动，一般包括财务计划、财务预测、财务决策、财务控制、财务分析、财务考评等环节。这些环节中的活动不仅与企业管理息息相关，而且都处于"关节点"，是控制和管理的核心。抓住企业管理以抓住财务管理为基础和入手点。这样既可以抓得实在，又揪住了"牛鼻子"。因此，财务管理是企业持续发展壮大的关键，是企业管理的核心。

在经济组织中，财务管理作为企业管理的"血液"，处在企业管理的中心位置，渗透企业的各个领域与各个环节之中，直接关系到企业的生存、发展与获利能力。因此，从某种意义上说，财务管理是企业持续发展壮大的"关节点"和核心。财务管理是企业管理的核心，因为它是有关资金的获得和有效使用的管理工作，是通过价值形态对企业资金运动的一项综合性管理，渗透和贯穿于企业的一切经济活动之中。企业资金的筹集、使用和分配，都与财务管理有关，企业的生产、经营、进、销、调、存每一环节都离不开财务的反映和调控。企业的资源配置和财务监督，更是企业内部管理的中枢，它在企业管理中处于核心地位，具有客观必然性。

财务管理直接关系企业的生存与发展，具有涉及面广、综合性强、灵敏度高等特点，资金是企业的"血液"，企业资金运动的特点是循环往复地"流动"。资金活，生产经营就活，一"活"带百"活"，一"通"就百"通"。如果资金不流动，就会"沉淀"与"流失"，得不到补偿增值。正因为这样，资金管理成为企业财务管理的中心也是一种客观必然。

(2) 财务治理是企业治理的核心和重要组成部分，财务治理结构又是财务治理的核心和表现方式。企业财务治理问题的解决能促进企业治理问题的解决，企业财务治理为企业治理的完善提供基础。

财务治理是从财务的社会属性（产权契约关系）出发，以财权逻辑为起点研究如何通过财权在企业内部的合理配置，形成一系列联系各利益相关主体的正式和非正式制度安排，以期达到维护利益相关者利益的根本目的。从西方有关财务治理的研究内容来看，在对融资结构、股权契约、债权契约、激励与约束机制、利润分配等一系列有关财务治理结构、机制基本问题的阐述分析中，始终渗透着"权力"问题。因此，从本质上说，财务治理是一个关于财权配置的合约安排。财务治理是指出资者、经营者、债权人、雇员、供应商和政府等利益相关者对财权的有效配置及由此形成的与权责利相对应的一系列制度安排。财务治理就是以产权中的核心部分—财权为基本纽带，以融资结构为基础，通过财权的合理有效配置，达到维护利益相关者的根本目的。

对于"财务治理"内涵的认识，可以在"企业治理"框架下进行，财务治理是企业治理的核心和重要组成部分，财务治理结构是财务治理的核心和表现方式，也就是说，财务治理是通过财务治理结构的方式来履行和实施的。财务管理是企业管理的核心，财务治理则是企业治理的核心，因此研究解决好财务管理与财务治理问题将成为企业治理与企业管理好坏的关键。

(3) 企业治理与财务治理的联系。财权的有效配置能促进财务治理问题的解决，界定产权关系、明确财产所有权和企业所有权是企业治理的基础。企业财务治理的财权安排最终从两个方面影响企业治理，一是形成一种财务激励与约束机制，从制度上影响企业治理；二是形成特定的财务结构（或资本结构），从结构上影响企业治理。

(4) 财务治理主要处理"财务关系"，财务关系的处理也就是对财权流的配置；财务管理主要处理"财务活动"，财务活动也就是对本金运动的处理。

企业治理和企业管理是现代企业的两个重要构成部分，两者是同一问题的两个方面。财务管理是企业管理的核心，财务治理则是企业治理的核心，因此研究解决好财务管理与财务治理问题将成为企业治理与企业管理好坏的关键。

（二）财务治理结构体系研究

（1）财务治理结构的涵义。企业财务治理结构是内含于企业治理结构中关于企业财权配置的制度安排，财务治理结构是企业治理结构的核心和重要组成部分。企业财务治理结构的研究与企业治理结构不能割裂，需要将财务治理结构纳入企业治理框架之中。财务治理结构与财务治理是方式与目的的关系。财务治理结构是以财权为基本纽带，以融资结构为基础，以股东为中心的共同治理理念指导下，通过财权的合理配置，形成有效的财务激励与约束机制，实现相关者利益最大化和企业决策科学化的一套制度安排。

（2）财务治理主体应该是有能力、有资格、有意愿参与企业财务活动，并在企业治理中占有一定地位的内外部权力机构、法人和自然人。主要包括股东（大）会、董事会、监事会、经理层和债权人。

财务治理主体的确立应符合以下几点要求：第一，企业财务治理主体应当是明确的、清晰的，这样才有利于开展企业财务治理工作。否则，将所有利益相关者都引入企业财务治理主体中，会引起财务治理工作的混乱。第二，由于企业所有权的状态依存性，企业财务治理主体的确定与企业所处的状态有很强的相关性。在企业不能偿付债务时，债权人及其所组成的债权人会议比企业正常经营状态下的地位更为突出。第三，由于财务治理与企业治理之间的内在紧密联系，财务治理主体的确立应与企业治理主体具有内在一致性，绝不可能是两类治理主体在一个企业治理框架中同时存在。

（3）财务治理的客体是（财）权，即特指财务治理范畴的财之权,因为财务治理主要就是对财权的配置。

从财务关系角度,作为企业治理的核心部分,财务治理的客体具体表现为本金运动所形成的特定"财务权利"关系(当然,这部分财务权利并不是一般意义的财权,而是特指财务治理范畴内的财权),对财权的配置贯穿治理活动始终。因此,财务治理客体相应具有了两种表现形式,治理框架下具体体现的是"财权",财务范畴之内总体体现为"本金"。

(4)企业财务治理结构应以董事会为中心来构建。代理关系产生的经济基础是企业股东向经营者授予经营管理权降低企业的经营成本,但是代理关系的确立又必然招致代理成本。这种代理成本不仅最终由股东承担,而且它的存在会影响企业经营效率,甚至可能威胁企业的生存。在现代企业制度下,法人治理结构的一个重要特点是董事会对经营者(CEO)财务约束和控制的强化。因此,企业财务控制的主体首先是企业董事会。

随着企业股权的分散,股东的个人利益与企业利益有较大程度的疏远,致使股东大会权限弱化,董事会中心主义加强。股东权的缩小和股东大会的形式化或"空壳化"是同一个问题的两个不同侧面。中国的情况也是如此,国有企业的股东是不明确的,存在"所有者缺位"现象。

因此,企业财务治理中心与企业治理中心应是同一个而不是两个,即以董事会为中心。

(5)企业财务治理模式及相应的制度安排按投资者行使财权的

方式不同，可以分为外部控制主导型企业财务治理结构和内部控制主导型财务治理结构两种。外部控制主导型企业财务治理结构又称为市场导向型企业财务治理结构，是指外部市场在企业财务治理中起着主要作用。这种结构模式以资本市场高度发达、股权结构高度分散、自由流动为基础。内部控制主导型企业财务治理结构又称为网络导向型企业财务治理结构，是指股东（法人股东）、银行（一般也是股东）和内部经理人员的流动在企业治理中起着主要作用。这种治理以后起的工业化国家为代表。我国上市企业的股权结构在特征上与日本、德国的企业股权结构特征比较相似。同时，中国资本市场仍处于一个不发达、不规范的历史阶段。外部控制主导型的企业财务治理结构偏离了中国当前的现实，因此目前应选择内部控制主导型的企业财务治理模式。

(6) 财务治理结构的目标是协调利益相关者之间的权、责、利关系，合理分配财权，尤其是剩余财权（剩余与财务控制权与剩余财务索取权），从而促使企业价值最大化和决策科学化，为顺利实现企业目标奠定坚实的基础。

（三）财务治理结构中的财权配置研究

(1) 财务治理结构的主要功能是配置权、责、利。在这三个要素中，财权的配置是前提，企业财务治理结构建立的基础是企业财权的配置。以财权配置为核心建立企业财务治理结构，可以说是抓住了企业财务治理中的"纲"，并称这种治理思想为"财权配置中心论"。

伍教授认为,这种治理思想有如下优点:可以加强控制的广泛性和渗透性;可以有效防止代理人败德行为的发生;反映了企业财务治理结构的本质。企业财务治理结构的实质是有关企业财权安排和利益分配问题,这种财权安排和利益分配的合理与否是企业财务绩效最重要的决定因素之一。从总体上看,企业财务治理结构是一个有关财权的合约安排,财权配置在财务治理结构中居于核心地位。

(2) 企业财务治理结构是规范股东会、董事会、经理层、监事会和债权人财权边界及相互关系的一组制衡制度安排。

财务治理结构是通过对财务治理主体的财权合理配置形成的一种财务控制体系。财权配置的主要任务是要把各种财权恰当地分配到有关财务治理主体中。参与财权配置的主体,因企业组织结构不同而不尽相同。我国的企业组织结构类似于德、日双层董事会制,财权配置主体以股东会、董事会、监事会、经理层和债权人为主。因此,财务治理结构的建立就是围绕着股东大会、董事会、经理层、监事会和债权人的财权配置进行的。

(四)资本结构:财务治理结构的基础

从融资结构角度研究企业治理问题,就是从财务角度来认识企业治理问题,也就是财务治理结构问题。在既定的制度框架下,资本结构是企业财务治理结构的基础和依据,企业财务治理结构是资本结构的体现和反映,资本结构的选择在很大程度上决定着企业财务治理效率的高低。

融资结构的确立不单是一个融资契约的选择问题,更重要的是资金背后产权主体相互依存、相互作用共同构成的某种制衡机制的配置问题。企业不同融资契约的选择就是企业不同财务治理结构及财务治理机制的选择,融资结构的合理确定是有效企业财务治理的基础。企业融资方式的不同会直接影响企业经营者、股东与债权人之间的关系,因为股权与债务在一个企业的资本结构中是可以相互替代的,两者对企业经营者的约束力与控制力在程度上有所不同。股东和债权人如何在企业治理中发挥作用,是研究资本结构在企业财务治理中作用的关键。从这个意义上讲,资本结构对企业财务治理结构的形成有着重要影响,并在很大程度上决定了企业财务治理的范围及效率。

(五) 财务治理结构的激励约束机制研究

(1) 当人力资本作为一种资本形态存在后,财务治理结构的核心问题是建立在人力资本的激励和约束机制,实现决策科学化。

建立良好的激励机制,是为了保证人力资本的地位及利益。约束机制则可以防止人力资本侵犯货币资本的利益。企业内部存在着信息不对称,这种信息不对称导致了经理人员的"机会主义"与偷懒行为,损害股东的利益。这些行为,将会制约分层财务决策机制的顺利实施。为此,有必要通过在企业内部建立激励约束相容机制,协调各层之间的利益关系,从而实现企业价值和相关者利益最大化的财务目标。目前我国国有企业普遍存在的财产所有者缺位、投资者所有权与企业法人财产权不分就是因为没有构筑合理的产权结构，企业经理人员出现"内部人控制"就是因为没有对经理人员建立相应的激励约束机制，而在企业内部财务决策失效，就是因为没有建立相应的分层财务决策机制。由此伍教授认为，企业财务治理结构的核心是财权配置，而财权配置的更核心问题便是建立一套激励与约束相容的财务制度或者财务机制。国有企业内部财务制度创新的目的，就是要建立高效、富有活力、激励约束相容的企业财务治理结构。

（2）财务治理结构的激励机制是指在企业财权合理分割的基础上，利用有效的激励手段，协调财务治理主体之间的权益关系，激发各主体参与积极性和工作热情，提高企业价值和决策科学性的一种机制。

激励机制是财务治理结构的动力所在，是促使财务治理主体行使权利并承担义务的调节装置，对财务治理结构的整体功效具有重要影响。财务治理结构的激励机制影响着财务治理主体参与企业治理的积极性，激励机制设计成功与否，对财务治理效果具有实质性影响。在各治理主体中，企业核心人力资本（包括技术创新者和职业经理人）激励是财务治理结构激励的重点，激励效果决定着核心人力资本的积极性，对企业最终经营成果具有决定性影响。

（3）企业财务治理结构的核心是财权配置，而财权配置的更核心问题便是建立一套激励与约束相容的财务制度或者财务机制，激励对人的行为起到发动机作用，约束则起到方向调节和刹车作用，两者缺一不可。

　　财务治理结构的激励机制是指在企业财权合理分割的基础上，利用有效的激励手段，协调财务治理主体之间的权益关系，激发各主体参与积极性和工作热情，提高企业价值和决策科学性的一种机制。激励机制是财务治理结构的动力所在，是促使财务治理主体行使权利并承担义务的调节装置，对财务治理结构的整体功效具有重要影响。而财务治理结构的约束机制主要是对财务治理主体行为进行有效约束，防止权利失衡而导致治理效率降低。根据所约束客体不同，可以将财务治理结构的约束机制分为财务行为约束机制与财务结果约束机制两大基本类。通过财务激励与约束机制这一内核的建设，财权配置得到制度保障，并使财权配置落到实处，最终使企业财务治理结构得以建立和完善。

四、治理结构中的财权运作专题研究

(一) 债转股权运作问题研究

(1) 企业资本结构的安排实际上就是企业控制权的安排。资本结构中最典型的比率关系权益负债率的选择,就是决定控制权在何时由股东转移给债权人。

债转股对资本结构的调整会影响企业控制权的分配,这是由控制权理论得出来的结论。企业出于不完备合约,不能准确描述与交易有关的所有在未来不能出现的情况以及每种情况下交易各方的权利与义务,由此引发了剩余索取权和剩余控制权的安排问题。在正常情况下,一家企业的融资方式应该多样化,这样才能形成剩余控制权在企业家和投资者之间的合理分配。但从我国国有企业的实际情况来看,过度负债的现状和对破产的政策限制相互矛盾,使本应破产的企业欲破不能,只好借新债还旧债,陷入恶性循环之中。而通过债转股,国有企业可以调整股东结构,重新界定剩余控制权的分配合理化问题。

(2) 我国资产管理公司的合理定位

伍教授认为，我国AMC（资产管理公司）的三大目标之间不统一、相矛盾的主要原因是对AMC的定性不明确。如果AMC被定性为政府中介机构，其目标应主要围绕政府减轻社会负担化解银行风险；如果定性为一般意义上的"公司"，其目标应该按照市场规范，以市场行为来解决企业、银行与政府之间的关系问题，而不是一味强调降低社会成本问题。

国家赋予AMC的业务范围与职能决定了我国AMC不是一个简单的政府中介机构，而应该作为一个公司即企业组织来界定。因此，不应将AMC含糊的定性为"不以盈利为目的的非银行金融机构"。

(3) 只有致力于债转股企业法人治理结构的改善与完善，引导债转股企业产权结构和经营结构的转变，从根本上扭转其经营亏损的局面，真正恢复企业的盈利能力和竞争能力，才能实现债转股解决国有企业高负债和国有银行巨额不良资产"双赢"目标。表面上暂时由财务结构变化导致的账面盈利，不仅无助于债转股企业经营状况的根本扭转，而且会诱使更多企业来争夺这一免费的"最后的晚餐"，最终与债转股政策的初衷相背离。

考虑到我国现阶段进行债务重组在经济、法律、制度等方面受到的约束而最终采取的政策，债转股作为国家对照当前国有企业、国有商业银行以及整个宏观经济面临的严峻局面，受到国有企业和地方政府的热烈欢迎，因此有学者把这种现象称为债转股政策的二律背反：①债转股意味着用高成本融资取代低成本融资，等同于放弃（或减少）财务杠杆带来的资金成本节约；国有企业偏好债转股意味着国有企业偏好高成本资金；②债转股往往会导致管理层对企业控制权的丧失，这也是企业管理层最担心的事，国有企业偏好债转股说明国有企业偏好（或无差异）丧失控制权。债转股存在的这种二律背反现象从一个侧面反映了国有企业和地方政府的债务豁免预期。债转股政策作为解决国有企业高负债和国有银行巨额不良资产的"双赢"措施，其成功的标志在于金融资产管理公司能否在未来的十年内顺利退出这一预定目标。而要实现金融资产管理公司这一预定目标，必须致力于债转股企业法人治理结构的改善与完善，引导债转股企业产权结构和经营结构的转变，从根本上扭转其经营亏损的局面，真正恢复企业的盈利能力和竞争能力。

(4) 目标定位是债转股的核心问题。是服务于三年国企脱困，减轻其债务负担，还是通过债转股改革国企的微观机制并重建银企间正常的信用关系？这两目标并不一致，选择和侧重点各不相同，必将导致不同的政策结果。

伍教授认为，无论是债转股本身的顺利实施，还是国企脱困，客观上都要求以改革微观机制、重建良好银企关系为债转股的核心目标。这是因为，以降低企业财务费用为目标不仅不能改善国有企业的治理结构反而只能助长国有企业的债务豁免预期，与债转股的初衷相背离。另外，国有企业之所以长期陷入财务困境，归根结底是由于缺乏健全有效的微观运行机制。也就是说，在没有良好的法人治理结构的情况下，要落实企业的财务治理结构（即落实企业自主财权、企业能自主确立或优化"资本结构"等财务活动）是不可能的。多年来，围绕国有企业改革，开展了"优化资本结构"、减轻企业财务负担等多种形式的探讨和试点，但依然难以摆脱财务困境，其根源便是缺乏有效的运行机制和良好的法人治理结构。现在的问题是，并非所有的AMC都认同强化"治理结构"的目标定位，即使AMC认同了，其他"债转股"的参与者，如地方政府、债转股企业乃至商业银行都会从各自利益出发来参与债转股的大博弈，从而使债转股这一系统工程偏离正常轨迹。为此，国家和地方政府必须统一认识，并对AMC、债转股企业和商业银行做深入细致的宣传和思想工作，否则很难把债转股的目标定位到改善企业治理结构上来。只有为AMC正确定位，确定其经营范围，AMC才有可能朝着正确的方向生存和发展。

（二）国有股权多元化与国有资本减持

减持国有股的目的是优化宏观资本结构，促进国有经济战略调整，改善企业资本结构，获取财务杠杆收益，在国有企业股权中让出一部分股权甚至大分股权给社会公众，使企业国有股比重降低到让有能力、有积极性控制企业的股东能够较好地控制企业的地步，国家无须操心便可获取"搭便车"所带来的资本收益，改善企业法人治理结构和微观运行机制，保证国有资本的安全与效率。

通过国有资本的减持（即资本退出），减少某个行业产业的资本容量，不仅可以实现国有资本的战略转移，而且国有资本的退出

(部分或全部)将有利于其他资本的进入,还可以让该行业产业的资本来源结构更加合理,资源配置更富效率,行业产业更具活力。以前,国有资本几乎覆盖所有行业所有领域,这导致国有资本利用效率低下,存量大但质量不高,对国有资本布局调整势在必行。事实上,国有资本只须在关系国家国民经济命脉的重要行业和关键领域占支配地位,而在其他领域通过资产重组和结构调整来加强重点,提高国有资产的整体质量,进行国民经济布局的战略性调整。但是目前,即使在关键领域和重要行业也在尝试部分引入非国有资本。

(三)股票期权与管理层收购的财权运作

1. 股票期权与管理层收购

伍教授认为:(1)债转股和国有资产减持是资本结构(含股权结构)的财权运作,它们从结构上改善企业治理。股票期权(SEO)及管理层收购(MBO)不仅是财务激励与约束机制设计的重要安排,而且是股权结构调整的重要出路。(2)经理股票期权实质上是对财务分配权的重新分割和瓜分,有利于建立开放式的股权结构,改变剩余索取权的单一归属,从而有利于建立人力资源所有者的财务分配制度。(3)企业价值最大化目标,使得经理人员和股东都是企业价值这块"蛋糕"的共同享有者,这样就完全可能让经理人员充分享受企业价值最大化带来的好处,从而达到激励相容的目的。

2. 国有企业管理层收购的财权运作

伍教授认为：(1) 企业实施MBO，公司内部控制权会由分散走向集中，激励机制由薪酬激励变为控制权和股权激励，经理层由代理人变为股东，有利于通过经营权和所有权的合一激励和监督内部人，最终有利于企业经营业绩的提高。(2) 中国上市公司存在的多重代理问题中，大小股东的代理冲突是除去经营者与所有者的代理冲突外最突出的问题。独立董事制度的建立为中小股东在董事会中找到了"代言人"，为从保护中小股东权益入手来完善公司治理结构提供了可行途径。

五、经典延续

(一) 产权财务与行为财务

——我的学术心路历程

张荣武（中国会计领军人才）

1. 学术启蒙：铭记两位恩师的教导

  2001年我以初试复试总分第一名被录取为湖南大学会计学硕士研究生，并与彭玉龙、邹立一起拜师于谢诗芬教授门下，由此开启了铿锵"三人行"。彭玉龙硕士毕业后赴上海财经大学师从王松年教授攻读博士学位，现任上海复星高科技（集团）有限公司保险板块副总裁；邹立硕士毕业后赴中国人民大学师从张瑞君教授攻读博士学位，现任国家电网公司副处长；唯独我对湖南大学情有独钟，本硕博、讲师、副教授均成于此，坚守长达12年。我钟情于湖南大学不仅因为它是国家"211工程"和"985工程"重点建设高校、国家"世界一流大学建设高校"、教育部直属全国重点综合性大学、享有"千年学府，百年名校"之誉，更因为我在这里遇到谢诗芬教授和伍中信教授这两位恩师。

谢诗芬老师著述颇丰，并凭借其代表作《会计计量中的现值研究》（西南财经大学出版社，2001）和《公允价值：国际会计前沿问题研究》（湖南人民出版社，2004），被公认为"公允价值会计审计和会计计量领域的权威大家"。谢老师是我的学术启蒙老师，她的前沿学术思想和专著《高级财务会计问题研究》《会计计量中的现值研究》《公允价值：国际会计前沿问题研究》对我产生了重要影响。在谢老师的指导下，我发表了《入世后中国特色财务会计概念框架的构建》（《财经理论与实践》2002年第5期）等7篇论文。

在我攻读硕士学位期间，时任湖南大学会计学院院长的伍中信老师给我们讲授产权财务与会计，这本是当时情境下内行人说不清外行人看不懂的学术前沿领域，但伍老师凭借扎实的理论功底、睿智清晰的思路、风趣幽默的授课风格，将产权财务与会计问题讲得引人入胜。我在认真听课和研读伍老师代表作《产权与会计》（中国产权会计学派的奠基之作）、《现代财务经济导论——产权、信息与社会资本分析》的基础上，开始涉足产权财务与会计问题理论研究。

在上述两位恩师的熏陶以及与师弟曹越的密切合作下，我发表了两篇代表性的产权会计论文：一篇是《产权范式的会计研究：回顾与展望》（伍中信、张荣武和曹越，《会计研究》2006年第7期），被中国人民大学复印报刊资料《财务与会计导刊》2006年第10期全文转载；另一篇是《产权保护、公允价值与会计稳健性》（张荣武和伍中信，《会计研究》2010年第1期），该文获中国会计学会优秀论文一等奖（2011年全国仅2篇获此殊荣），并被《中国会计年鉴2011》全文收录。

2. 产权财务探索之旅：跨越师门和迎接人生转折

2003年4月接学校通知，会计学专业有且仅有一个"直博"名额，指导教师是伍中信老师，有意向的硕士生可以申报。由于伍老师自己指导的硕士生都很优秀，我若跨越师门去申请伍老师的"直博"名额，难度可想而知。因为家庭原因，妻子希望我硕士毕业后就去工作，但伍老师的学术魅力和人格魅力让我必须前行。经过反复的思想斗争，我终于鼓足勇气递交了"直博"申请材料。令人喜出望外的是，伍老师竟然将这个唯一的指标给了我。意外成功跨越师门攻读博士学位，成为我人生的重要转折点，也正式开启了我的产权财务探索之旅。

《论财务与会计的关系兼评财权流思想的地位与作用》（张荣武，《财会通讯》2003年第5期）是我开展产权财务研究的学术原点。2004年4月，在伍老师的关怀下，我加盟湖南大学，成为一名教师；2006年5月，晋升为副教授，被聘为硕士生导师。2006年6月，母亲因病去世，父亲精神上遭受沉重打击。在与妻子两地分居的条件下，肩负着儿子、丈夫、父亲、博士生、教师多重角色的我，为了产权财务与会计研究的梦想而继续前行！

伍中信老师是我国产权财务与会计研究领域的奠基人和杰出代表人物。师从伍老师攻读博士学位，是我今生莫大的荣幸和骄傲。

在广泛研读《产权会计与财权流研究》(伍中信,西南财经大学出版社,2007)、《现代企业财务治理结构论——以财权为基础的财务理论研究》(伍中信,中国财政经济出版社,2010)、《本金起点论：财务研究逻辑起点的理性选择》(伍中信和李邦,《财政研究》1997年第4期)、《财权流：现代财务本质的恰当表述》(伍中信,《财政研究》1998年第2期)、《财务主体理论的经济学基础》(伍中信,《财政研究》1999年第4期)、《财务资金平衡与国民经济综合平衡：中国社会资金运动分析》(伍中信,《财政研究》2000年第3期)、《弥补国有企业出资人财务监督缺位的几个问题》(于长春和伍中信,《会计研究》2000年第6期)、《现代财务理论的产权基础》(伍中信,《财政研究》2000年第7期)、《国有资本减持的财务运作与风险控制》(伍中信,《会计研究》2001年第8期)、《财务理论研究与财务学科发展》(伍中信和吴战篪,《管理世界》2002年第10期)、《现代公司财务治理理论的形成与发展》(伍中信,《会计研究》2005年第10期)等重要产权财务相关论著的基础上,我力图拓展和发展产权财务理论研究。主要体现在以下系列论文和专著当中：

《人力资本观念变革与财务理论体系创新》(伍中信和张荣武,《财贸研究》2005年第2期)提出,人力资本所有者将与物质资本所有者共同分享企业剩余索取权,从而使人力资本所有者的激励与约束成为企业治理的关键问题。《产权保护：现代会计、财务与审计的共同使命》(张荣武和伍中信,《财经理论与实践》2005年第6期)明确指出,产权保护是现代会计、财务与审计的共同使命。《现代财务理论体系：基于价值与权力的融合研究》（伍中信、张荣武和贺正强，《财政研究》2006年第11期），被中国人民大学复印报刊资料《财务与会计导刊》2007年第3期全文转载。《财务动态治理论纲》（伍中信、曹越和张荣武，《财经理论与实践》2007年第2期），以不完全合同中的完备部分和不完备部分为标准，将财权划分为通用财权和剩余财权，并认为剩余财权配置是财务动态治理的核心。

经过多年产权财务领域的学术积累，我于2007年完成博士学位论文《财务治理效率论》，并在此基础上，经过认真修改完善出版了同名学术专著《财务治理效率论》（中国财政经济出版社，2010）。该书以"契约理论"和"财权理论"为学术硬核，以"财务治理效率"为逻辑主线，着重从财务治理环境、财务治理结构和财务治理机制三个方面，深入研究了财务治理效率的释放机理，得出了一系列重要结论：（1）财务治理是指因财权契约不完备和代理问题的存在引起的，在股东主导的利益相关者共同治理与相机治理耦合的基础上，通过剩余财权合理配置和通用财权契约有效履行，形成财务治理结构、财务治理机制与财务治理环境良性互动，促进财务冲突协调、财务决策科学化与财务核心竞争力提升，旨在实现财务治理效率最大化的一整套静态制度安排与动态制度演化。（2）提出"财务治理效率论说"，并将其精髓凝练为：在既定的财务治理环境及其变迁中，财务治理结构与财务治理机制的有效配搭能够以尽可能低的财务治理成本取得尽可能高的财务治理收益；财务治理效率是指实施了各种财务治理活动后所获得的收益（效用）总和与该财务治理活动所付出的成本总和之间的比较，即财务治理收益与财务治理成本的对比。(3) 财务治理环境是基石，财务治理结构是基础和内核，财务治理机制是引擎，财务治理效率是根本目标。(4) 财务治理效率内生于财务治理结构和治理机制，而财务治理结构和治理机制又基于特定的治理环境，因此，治理环境是财务治理效率体系的内生性要素。财务治理环境包括政府行为、法律制度、产权保护、市场化水平、信用体系、契约文化等要素，其中，政府行为是影响财务治理结构和治理机制进而影响治理效率的首要环境因素。(5) 公司财务的本质是产权价值流，产权价值流集中体现为财务价值链，而财务价值链的有效传导和流转离不开财务治理机制体系的协同运作。该书开创了一条逻辑清晰的财务治理效率研究线索，系统提出和论证了"财务治理效率论说"，打造了一个由财务治理环境、财务治理结构、财务治理机制与财务治理效率四者共同构成的全新的效率导向财务治理理论体系；重新界定了财务治理环境并剖析其对效率释放的影响机理，提出法律制度与法律外制度对财务治理效率的"双轮驱动"构想；深化了财务机制的内涵，构建了由核心机制、协调机制和保障机制组成的财务治理机制体系，并解构了其效率释放机理。

在经历了长达六年两地分居后，我于2007年7月由湖南大学调至广东财经大学，延续着我的产权财务之旅。学术贵在争鸣，重在交叉。《财权理论研究：动态演进与学术争鸣》（张荣武和曹越，《当代财经》2007年第11期）指出，财权理论作为我国近年来出现的一个开创性理论流派,已引起学界强烈共鸣,同时也引发了一场学术论争。该文从财权理论研究的动态演进、财权理论学术共鸣的恢宏图景、财权理论的社会反响与论争等方面进行了深入研究,以期给读者一个有关财权理论的整体认识,为财权理论争鸣及其深入发展提供一个坚实平台,为正确评价财权理论和澄清不必要的学术误解奠定基础。随后,我相继发表了《对财权理论的再评价——由一场学术争鸣引起》《法律制度、法律外制度与财务治理效率》《财务治理效率论纲》《论产权、竞争与财务治理效率》《财务治理机制体系构建及其效率释放机理研究》《企业最优剩余财权配置模型研究》(中国人民大学复印报刊资料《财务与会计导刊》2011年第2期全文转载)、《产权范式的企业收益分配问题研究》《企业并购产权分析》等13篇产权财务研究论文。

在中国博士后科学基金全额资助下,我于2009年2月开始在中南财经政法大学师从著名会计学家郭道扬教授从事博士后研究,并将博士后出站报告定名为《产权财务论》。产权财务研究是一个具有挑战性的复杂的系统工程,尽管它已超出我的学术能力,但由于它所具有的理论重要性和实践价值,令我对其抱有浓厚的学术兴趣。在写作过程中,时常感到力不从心,困惑、迷茫与疲惫,使我清晰地感到生命的"加速折旧法"写在脸上、刻在心里,但郭老师笔耕不辍、精益求精、迎难而上的精神使我不敢止步。衷心感谢郭老师给我的精心指导和悉心关怀。曾记得,在郭老师家里聆听产权、会计、财务、审计理论的情景;曾记得,郭老师谆谆教导我要以"做人第一"为原则，以"产生社会影响"作为治学高度的语重心长；曾记得，2009年11月下着冻雨的冬天，我陪同郭老师去南京大学参加第二届中国会计与财务国际论坛的动车上，郭老师摸摸我的衣服，问寒问暖的场景……一切犹如昨天，历历在目。郭老师浩荡为学、高尚做人，让我找到了生命的标杆与人生楷模；郭老师的殷切期望和深情嘱托，是我努力拼搏的永恒动力。2011年8月，著名财务学家、西南财经大学郭复初教授冒着酷暑担任我的博士后出站报告评审会主席，口传面授财务研究之道，厘清了我的诸多学术困惑，郭老给予我的关怀、抬爱和精神食粮，使我终身受益。

在博士后出站报告的基础上，我经过一年多的精心修订，出版了专著《产权财务论》（广东人民出版社，2013）。正如该书所言，产权的直观形式是人对物（财产）的关系，实质上是人与人之间围绕财产而建立的经济权利关系。从本质上讲，市场经济是产权经济，我国社会主义市场化改革的正确路径是由等级规则（或特权）向产权规则变迁。产权问题是我国社会主义市场经济建立与发展的核心问题，事关经济改革的全局，是现代企业制度建立的基石。产权制度是社会基础性的母制度，是其他相关制度衍生的源泉，换言之，产权制度是制度的制度。不管是发达国家还是发展中国家，尤其是在产权制度急剧变革的中国，产权制度及其变迁的财务效应十分显著。财务与产权之间的紧密关系是与生俱来的，产权、交易费用、契约与价值等核心范畴逐步融合，促进了产权财务观的萌动与发展。产权财务是反映和确认产权结构、协调和均衡产权关系、提升和保护产权利益的重要基础,是减少改革中的摩擦和冲突、解决好国有企业与民营企业产权问题的利器。财务发展史就是一部对产权价值网进行管控的历史。该书的贡献主要体现在以下四个方面:

(1) 以产权理论和价值网理论为基石,明确提出"产权价值网"核心范畴,将产权制度视为财务行为的内生变量,构建了以"产权价值网"为主线的产权财务研究新范式。

(2) 在凝练出复合人、产权制度内生性、财务行为社会嵌入性三大假设的基础上,提出了"产权财务论说"。其基本思想是:①产权是财务的永恒灯塔,价值是财务的根本特征;产权的内核是财产权利,价值是产权的量化表征;产权既具有实物性,又具有价值性,没有价值不是产权。②产权的载体是契约,契约的基础是产权;在纷繁复杂的契约关系中,最根本的契约关系是产权契约;当代企业的本质是利益相关者之间缔约形成的产权契约联结体。③企业契约网络中不同主体和不同层次之间的经济业务活动形成各种资金—价值链,这些资金—价值链在多个环节上形成网状的交易与交换关系就构成了企业资金—价值网络,而企业的资金—价值网络是表象,隐藏在资金—价值网络背后的则是产权价值运动及其所体现的产权经济网络关系。④企业财务包含财务活动和财务关系两个基本面,而财务活动本质上是一种产权价值运动,财务关系本质上是一种产权经济网络关系。因此,当代财务就是产权价值运动及其所形成的产权经济网络关系的耦合体,其本质是产权价值网。⑤产权价值网是一个动态的开放性系统,既受社会网络结构这个复杂大系统的限定，又对社会网络结构大系统的正常运行产生反作用。⑥产权财务范式的核心内容是企业财务资源配置的产权制度安排和基于产权制度安排的企业财务资源配置方式及机制。

（3）创新产权财务基础理论。当代财务本质是产权价值网；当代财务主体是股东、债权人、经营者、雇员、顾客、供应商、政府、社区以及产权价值网内部的客户、核心企业和节点企业等利益相关者；当代财务目标是利益相关者价值最大化与产权价值网最优化；当代财务基本职能是资源配置与价值创造。

（4）明确界定了"碳财务"范畴的内涵。碳财务是在世界各国发展低碳经济和建设低碳社会的大背景下，着力探讨与减少温室气体排放相关的低碳融资、低碳投资、低碳营运资金管理、低碳收益分配问题，以期达到物质资本所有者、人力资本所有者、社会资本所有者、环境资本所有者的综合价值最大化与产权价值网最优化目标的财务学前沿分支。碳财务是围绕减少温室气体排放而产生的一系列碳财务活动和碳财务关系的总称，而碳财务活动本质上是一种环境产权价值运动，碳财务关系本质上是一种环境产权经济网络关系，简言之，碳财务就是环境产权价值运动及其所形成的环境产权经济网络关系的耦合体，其本质就是环境产权价值网。

3.行为财务探索之旅：跨学科融合研究之魅力与学术研究领域之拓展

我关于行为财务的研究始于《管理者过度自信与盈余管理的实

证研究》（张荣武和刘文秀，《财经理论与实践》2008年第1期），该文实证结果表明：在实施股权激励的上市公司中，相对于短期过度自信而言，管理者更多的表现为长期过度自信；短期过度自信的管理者倾向于正向盈余管理，而长期过度自信的管理者更倾向于负向盈余管理。随后发表了《基于公平互惠理论的中小股东权益保护机制设计》和《基于行为经济学的上市公司经理层激励机制研究》。

2009年9月，我成功入选财政部"全国会计领军（后备）人才培养工程"，2016年11月获得"全国会计领军人才证书"。六年培养期内，与来自全国各地出类拔萃的优秀学者在厦门国家会计学院、北京国家会计学院和上海国家会计学院集训与研讨，收获很大。我在产权财务与会计研究的基础上，将研究方向扩展到行为与制度财务，并提高了科研成果的集约度和显示度。

作为项目负责人，我成功申报了国家社科基金项目"经济周期视角下投资者心理偏差对资产定价的影响研究"（10CGL043）、广东省普通高校省级重大科研项目"公司外部治理、投资者认知风险与盈余惯性研究"（2014WZDXM026）、广东省社科基金项目"中国情境下的公司外部治理、投资者认知风险与盈余惯性研究"（GD14CGL14）和"公司财务治理公平与效率的行为经济学研究"（07YO-02），这极大地激发了我对行为财务的研究热情。2010年11月，我顺利晋升为会计学教授，成为广东财经大学最年轻的教授。

2011年2~7月，我参加中山大学广州英语培训中心英语高级班培训，获得教育部出国留学人员培训部结业证书。2011年9月至2012年9月,在国家留学基金委全额资助下,赴美国顶尖会计名校University of Illinois at Urbana-Champaign做访问学者,该校在1922年颁发第一个会计专业学士学位,更在1939年颁发了全球第一个会计学博士学位。在访学期间,我与本科生、硕士生和博士生一起听课、讨论,因该校非常注重行为会计与审计研究,我也随同会计系博士生一起修读心理学课程。为期一年的访学经历,让我更加坚定走行为财务研究之路,并相继在《会计研究》等期刊发表了10篇行为财务研究论文,具体如下:

《经济周期、投资者心理偏差与资产定价》(张荣武、沈庆元和聂慧丽,《会计研究》2011年第7期)认为,新兴行为资产定价理论存在的重大缺陷是未全面、系统地研究投资者心理偏差的变动机理和行为偏差的形成根源以及它们对资产定价的影响,从而削弱了模型的解释力。投资者心理偏差随经济周期动态变化,不同周期阶段下呈现出不同态势(方向或强度),使得人们相应产生各种非理性程度不一的投资预期,进而导致资产价格偏离基础价值。而这种偏离又会反作用于投资者心理偏差与经济周期波动,从而相互影响,不规则地循环反复。该文将投资者心理偏差置于经济周期这一宏观背景下,提出"经济周期—心理偏差—行为偏差—资产定价"的研究新思路,以期揭示心理偏差影响下投资者行为与资产定价之间的作用与反作用机理,打开"心理偏差—资产定价"的"过程黑箱"。

《异质预期、群体演化与资产价格波动机制》(聂慧丽、张荣武和徐文仲,《会计研究》2012年第7期)认为,信息和心理偏差的非完全同质性导致投资者形成异质的主观预期,因而市场中的投资者可细分为持有不同主观预期的群体。当原群体成员主观预期发生调整时,该群体成员可能就会转移到与其新预期相似的群体中,或者与其他投资者组成一个新的群体,从而引发群体间规模的此消彼长或新预期类型群体的产生,最终实现群体间的演化。据此,文章提出"个体—群体—群体"的演化路径,系统阐述了资产价格波动的形成机制,现实市场中的群体演化必然引起不同资金流的合并或分化,从而导致市场资金流分布格局发生演变,进而推动资产价格波动。这一结论从社会互动这一独特视角进一步揭示了资产价格波动及资产价格泡沫形成机制。

《普通投资者关注对股市交易的量价影响——基于百度指数的实证研究》(张继德、廖微和张荣武,《会计研究》2014年第8期)认为,搜索引擎的广泛应用促使互联网成为普通投资者获取信息的重要渠道。百度指数体现关键词被搜索的频率,在一定程度上表征着投资者对信息的关注程度。该文以上证180指数样本股为研究对象,以百度指数用户关注度衡量普通投资者关注度,揭示普通投资者关注对股票流动性及股票收益的影响机制。实证结果表明:在控制其他影响因素后,普通投资者高关注度将伴随高市场流动性,注意力会驱动投资者进行交易;对信息的当期关注会对股票收益产生正向影响,但这一现象将在一段时间后发生反转。

《信息不确定性、投资者认知风险与盈余惯性》(张荣武和曾维新,《财务研究》2017年第5期)基于投资者认知风险理论,以2003年~2012年沪深两市A股上市公司为样本,检验了中国股市投资者认知风险对盈余惯性的影响以及在不同信息不确定性程度下两者之间的关系。研究发现,投资者认知风险与盈余惯性显著正相关;对于信息不确定性高的企业,投资者认知风险对盈余惯性的影响更为显著。此外,投资者认知风险还可以解释市场对好消息和坏消息的反应程度是非对称的。其研究结论对理解盈余惯性的产生原因和形成机制以及信息不确定性视角下投资者认知风险与盈余惯性的关系均具有良好的启示。

《投资者确认性偏差与信息反应机制的实证研究》(张荣武和沈庆元等,待发表)以对投资者先验信念的定量衡量为基础,首次检验了确认性偏差在中国股市投资者信息反应机制中的作用。结果表明,中国股市投资者的确认性偏差具有非对称性,在特定情况下影响其对新信息的反应方式。先验信念预期公司成长机会较好时,投资者存在确认性偏差,其对与公司相关新信息的搜集和处理会受到确认性偏差的影响,进而对好消息理性反应,对坏消息反应不足;而先验信念预期公司成长机会较差时,投资者则会对公司相关新信息进行理性分析,表现出理性反应。因此,投资者信息反应机制是一个复杂的过程,除了与信息类型、市场机制等因素密切相关外,还受到投资者确认性偏差及其先验信念的影响。

还有《经济周期、前景理论与BHS资产定价模型修正》(张荣武和赵行亮,《财经理论与实践》2011年第4期)、《投资者过度自信与股票价格的实证研究——基于经济周期视角》(张荣武、廖微和聂慧丽,《江汉论坛》2013年第2期)、《中国股市动量效应与反转效应形成机制研究》(张荣武、何丽娟和聂慧丽,《统计与决策》2013年第4期)、《投资者异质后验信念对股票价格影响的实证研究》(张荣武和曾维新,《财经理论与实践》2013年第3期)、《投资者关注对信息披露质量的影响研究——基于百度搜索指数的经验证据》(林玲和张荣武,《商业会计》2014年第10期)、《并购重组公告的短期财富效应研究——基于投资者有限注意的视角》(张继德、张荣武和徐文仲,《北京工商大学学报》2015年第6期)等6篇论文均属于行为财务研究范畴。

4. 学术"二次创业":从广东财经大学调至广州大学

在广东财经大学工作近十年后,伍中信老师那句"人的一生需要五六次华丽的跳槽"萦绕在我的耳边。进入不惑之年后,每当夜深人静的时候,常在思考"路在何方?"。秋天的羊城广州,紫荆花、簕杜鹃、异木棉、桂花等各种各样的鲜花盛开,新鲜的空气、蓝天白云和透过窗户照亮我家的暖阳令人心醉,我突然意识到"家是幸福的港湾和灵魂休息的驿站""既要埋头做事,也得抬头看路",于是我毅然决然做出一个决定:辞去广东财经大学学术委员会委员、管理学学术分委员会副主任委员、会计学院教授委员会主任委员、会计系主任的职务,从广东财经大学调至广州大学。尽管工作调动历经一年有余,过程格外艰辛,但还是于2017年4月如愿以偿。广州大学是广东省和广州市高水平大学建设高校，正在向国内一流、国际知名的高水平大学迈进，我所在的会计学科拥有工商管理一级学科博士点。我决定在新的更高的平台上不忘初心，重新出发！

岁月如梭，光阴荏苒。掐指一算，我已在产权财务与行为财务领域耕耘了十七年。在郭道扬老师、郭复初老师、伍中信老师、谢诗芬老师等前辈的关怀下，在妻子刘洁、女儿张文佳以及家人的支持和包容下，我取得了些许成绩：现为广州大学经济与统计学院会计学教授（三级）、管理学（会计学）博士、工商管理（会计学）博士后、硕士生导师，财政部全国会计领军人才，广东省"千百十人才培养工程"省级培养对象，美国University of Illinois at Urbana-Champaign国家公派访问学者。主持科研与教研项目16项（其中国家级和省部级8项），参与国家级和省部级科研项目14项，在《会计研究》《财政研究》《财务研究》等权威与核心期刊发表论文50余篇，出版专著和教材4部，获中国会计学会优秀论文一等奖等20余项奖励。兼任中国会计学会财务成本分会理事、教育部人文社会科学专家库专家、广东省财政厅综合性专家库专家、广东省高校教师专业技术资格评审高评委会评委、《会计研究》等期刊匿名审稿人、博敏电子等多家公司独立董事。

此学术心路历程成稿于我在中共中央党校学习期间。中央党校（国家行政学院）校长（院长）陈希同志在开学典礼上做了题为《做新时代的不懈奋斗者》的讲话，引述了习近平总书记反复强调的

"世界上没有坐享其成的好事,要幸福就要奋斗""奋斗本身就是一种幸福""新时代是奋斗者的时代""切实把奋斗精神贯彻到进行伟大斗争、建设伟大工程、推进伟大事业、实现伟大梦想全过程"。这些振聋发聩的重要论述,成为我在产权财务和行为财务等领域继续奋斗的强大精神力量。路漫漫其修远兮,吾将上下而求索!我将坚持不懈地努力奋斗,用工匠精神打造精品,彻底摈弃急功近利的浮躁心态,力求通过艰辛的奋斗获得发自心灵深处的颤栗、欣快、满足和超然的高峰体验。

(二)中国的产权会计学:继承与发展

我的产权会计探求之路

曹越(中国会计领军人才)

1. 学术启蒙:投入"精伍门"

我于2005年参加研究生入学考试,以初试第一名的成绩(401)考入湖南大学会计学院(当年的复试线是305分)。研究生入学考试前,我就浏览网页,对伍中信老师特别崇拜。这种崇拜不仅仅是网页上对他成就的描述,还有照片上他的清瘦、精神和儒雅给我一个真正学者之感。加之伍老师是湖南衡阳人,正好与我同乡,所以有志于做他的学生。

值得庆幸的是,之后有幸聆听伍老师的讲座(此时担任湖南大学会计学院院长)《中国的过渡会计学》,从中感受到了将产权与会计进行融合研究的魅力,经过伍老师幽默风趣的讲解,发现会计学中的很多问题可以用产权来解释,同时有许多产权问题也可以从会计学中寻求答案。2005年,伍老师调任湖南财经高等专科学校(现湖南财政经济学院)担任校长职务,工作十分繁忙。考研成绩出来之后我立刻联系伍老师,很意外得到他的接见,当时感动不已。记得当时,伍老师问我数学、英语和专业课分别考了多少分?同时,建议我暑假期间可以多读一些经典名著,为研究生阶段做准备。"能否成为我的学生,要看你的读书笔记"。听他这样一说,有点窃喜,至少没有拒绝我。我自认为还算比较勤奋,有信心将读书笔记写好。当时,在湖南大学北校区前街的慈鸟书屋买了伍老师的名著《产权与会计》(被誉为产权会计的奠基之作)和《现代财务经济导论——产权、信息与社会资本分析》。进入暑假,我跟很多同学一样,因为报考了CPA,所以一边在北校区梯教看复习资料,一边看《产权与会计》。一开始就被里面深邃而富有哲理的文字震撼了。如"会计对产权的贡献是与生俱来的,并一直成为产权思想的忠实随从。其产生、发展和变更的根本使命是:体现产权结构、反映产权关系、维护产权意志。会计理论和实务的环境无不充满产权主体的身影,会计从职能上看无不为界定产权和保护产权而效力,会计原则和制度的建立,无非是为了减少市场交易费用,保护各产权主体的平等权益,而会计报告的目的就在于解除产权主体的委托之责"(p.2)。"企业的价值运动又确实地表现为一种财产权利和责任的流动和变化,这种产权的流动和变化的目的无非是为了最终解除受托之责。因此我们说,用'产权流'代替'资金流',既能保留'资金流'原有的动态反映会计对象的优势,又克服了'资金'概念的不足,同时又体现了现代会计对'受托责任'观念的强化"(p.127)。这种表述令我感叹,原来本科四年学的会计专业还可以这样去深入理解。于是字字精读,遇到不懂的就慢慢品味,并在书上做了很多笔记。暑假中期,我哥患病来长沙住院24天,我每天奔走于校园与医院之间,身心俱疲,但丝毫没有忘记伍老师的嘱托。后来一想,CPA备考时间紧张,加之2005年新会计准则即将全面翻新,就索性放弃考试,专心研读伍老师的著作,终于在2005年8月2日完成《产权与会计》的第一遍阅读,并及时将自己的读书笔记与想法整理出来,通过邮件发给伍老师。很快得到回复"不错,继续加油"。我又抓紧时间精读《现代财务经济导论》,首先接触到财权理论,被"财权"这个概念的提出及解读所折服,因为我觉得逻辑上很严密,读起来有"层层剥茧"的快感。读完"上篇 财务经济基石理论"之后,我就暂停了。心想自己已经基本领会伍老师学术思想精华,但要深入领悟,必须要补充新制度经济学以及法律经济学的相关知识,这样才能慢慢消化。所以,请教经济学的朋友罗丙能学长推荐这个领域的入门级经典著作。他推荐了黄少安的《产权经济学导论》。很幸运又在慈乌书屋买到这本书,同时又买了盛洪主编的《现代制度经济学(上下册)》(68元太贵,不能单卖,心疼坏了),如获至宝。系统看完黄少安的专著之后,就到了9月份开学之时。有了这个基础之后,我觉得至少可以跟伍老师沟通基本的产权会计问题了。

开学后，很是忐忑伍老师能否收下自己。通过短信向他汇报了入学前做的准备工作之后，伍老师回复到"现在工作很忙，怕耽误指导你，如果你觉得没有问题，就选我吧"。终于得到认可，顺利进入"精伍门"。

2. 学术起步：创作第一篇《会计研究》

进入"精伍门"之后，2005年下半年，在完成学校安排的课程之余，自己认真研读盛洪主编的《现代制度经济学（上下卷）》。在精读过程中，见识了新制度经济学的大家，如科斯、阿尔钦、德姆塞茨、威廉姆森、张五常等文章，并从他们的思想中审视会计学和财务学的相关理论，获益良多。结合自己课堂任课教师的传授，我相继撰写了《产权会计发展的必然：公允价值计量》《从产权经济学角度看审计信息失真》《产权优化与企业财务动态治理》和《审计准则效率问题剖析》，并以独立作者身份发表在北大核心期刊《财会月刊》上。文章的发表给了自己很大信心。有一次，伍老师给博士生开会，叫我过去旁听，在场认识了张荣武和贺正强两位师兄，伍老师嘱咐张荣武师兄指导我写作的论文。与张师兄相识后，我们讨论准备写一篇产权会计的综述文章。说干就干，我系统搜集了期刊文章，认真读完伍老师主编的《产权理论与中国会计学》（中国人民大学出版社出版）一书，并定了题目为《我国产权会计研究：创新与发展》，随后就从产权会计的起源、重大开拓性与未来展望三个层面开始写作。写完之后交给张荣武师兄征求意见，他提了很多中肯的修改意见。为了修改到位，我又阅读了新制度经济学方面的其他著作，心想没有扎实的基础难以获得实质性进展。修改之后再交由师兄审阅，结果出乎意料地得到张师兄的肯定，说这次修改后文章质量得到跨越式提升。后面将语言打磨之后，按照师兄提供的建议进行格式调整，交由伍老师审阅。记得在北校区行政楼办公室，伍老师叫张师兄和我一起讨论文章，觉得整体上不错，同时建议将题目改为《产权范式的会计研究：创新与发展》，文章结尾稍作调整就可以定稿了。定稿后我们将文章投递给《会计研究》编辑部。后续的审稿意见仅要求对某些问题提供解释之后就顺利得到采纳，同时编辑部建议题目改为《产权范式的会计研究：回顾与展望》，刊于2006年第7期。文章将产权会计对传统会计的重大开拓性归纳为五个方面：一是产权分析法这一研究范式的重大突破；二是突出会计核心竞争力，强调界定和保护"相对产权"，实施"现代资本保全"战略；三是凸显会计进行产权经济控制的巨大贡献；四是从寻租和交易费用视角透视会计制度变迁的根本原因；五是从"设租"与"寻租"双管齐下维度提供治理虚假会计信息泛滥新策略。

经历过这次与师兄和伍老师的通力合作之后，发现学术需要讨论、需要引领者，要做出有影响的成果，孤军奋战太难了。文章发表之后，又被人大复印资料《财务与会计导刊（理论版）》全文转载，收获到任课老师和班上同学的赞许，初次在权威期刊发表的兴奋无以言表。更重要的是，通过这次写作，我感觉自己的写作水平确实有了大幅提升。

3. 学术创业：主攻产权财务（财务动态治理+财权配置）

研一学年课程结束之后，进入暑假。考虑到后续深造以及会计准则大变革，我舍弃了CPA考试，专心写文章。与张荣武师兄通力合作，完成《财务动态治理论纲》，这个选题一是源于自己硕士论文选题，二是受伍老师给我们上课内容《现代企业财务治理结构论》（博士后出站报告）的启发。很顺利，论文被CSSCI源刊《财经理论与实践》采纳，刊于2007年第2期。之后就准备硕士论文写作，认真研读完伍老师名著《现代财务经济导论》下篇以及《现代企业财务治理结构论》。同时，与金融学院的梁志兵同学一起备考北京大学（梁同学备考北京大学的博士研究生，后因有资格推免本校而放弃，他的导师为当时金融学院的副院长贺学会教授，研究生毕业后进入北京大学经济学院读博，毕业后工作于国家发改委）。2006年11月，学校研究生院发布硕博连读简章。当时与张荣武师兄沟通了自己的想法，师兄建议跟着伍老师继续在产权会计领域做，容易做出成果，要是去外校读，可能会放弃现有的研究方向，毕竟你为产权会计研究准备了很多。突然感觉很有道理，于是与伍老师沟通之后，报了硕博连读。但是，人生有戏剧性转折，向学院提交申请材料之后，2007年1月份，研究生院公布的硕博连读名单里面竟无我的名字，后来才知道是研究生管理秘书托人转交我的申请材料，结果弄丢了。当时，赶紧查看全国高校招生简章后发现，只有中国人民大学和中南财经政法大学还可以报考，其他学校都已经截止。那时学校网络不好，自己又没有开通网上银行支付。时间紧急，于是冒着严寒跟女友（我的研究生同窗，现在的妻子）一起去北校校医院后面我高中同学阳超的租房处，用他的电脑和女友的网银，完成人大网上报名和支付手续，那种踩点与时间赛跑的感觉至今仍萦绕心头。没有高中同学住处给力的网络、没有女友的网银，我就会错过中国人民大学。当时心想，要是考不上，就与女友一起毕业工作算了。硕博连读出了问题打乱了我整个学习安排，立马终止手头所有工作，买书备考人大。硕士论文的写作也不得不暂停。2007年3月初，女友陪我一起第一次去北京参加人民大学的初试。感谢命运眷顾，4月份收到录取结果，于是抓紧时间写作硕士论文，准备答辩。同时，修改完成《产权保护、"三域"秩序与审计信息真实性》（刊于《会计研究》2007年第12期）、合作完成《最优财权配置论纲》（刊于《会计研究》2007年第10期）。

  研究生毕业后的暑假，我们看到了暨南大学的白华与武汉大学的余国杰两位老师的合作文章《财务理论研究中的几个认识误区》（刊于《当代财经》2004年第9期），质疑伍中信老师"财权构成法人财产权的核心、企业本身属于财务主体、企业财务具有资源配置职能"等重要观点。我的师兄沈辉博士和肖小凤老师撰文《"财务理论研究中的几个认识误区"的认识误区》（刊于《当代财经》2006年第3期），予以回应，维护了伍老师的学术观点。一场学术争论由此拉开序幕。紧接着，武汉理工大学的石友蓉教授和黄寿星老师的合作文章《对财权理论的一个评价——由一场学术争论谈起》（刊于《当代财经》2006年第9期），再次质疑"财权"概念的科学性，认为"财权"概念属于计划经济时期的财政概念，不宜引入企业层面并赋予新的内涵。伍老师看到争论之后，找张荣武师兄和我商议如何回应。经商议，我与师兄合作，师兄执笔财权理论的文献综述，取名《财权理论研究：动态演进与学术争鸣》(刊于《当代财经》2007年第11期)；我执笔回应石友蓉的文章，予以全面回应，定名为《对财权理论的再评价——由一场学术争鸣引起》。但我的文章不知为何，并未被《当代财经》采纳。作为财权理论争论的大本营，未被该刊采纳多少有点遗憾。后被《财经理论与实践》采纳，刊于2008年第6期，也算聊以慰藉吧。至此，这场学术争鸣终于得到平息，同时我认为，很有必要系统梳理产权财务的发展脉络和理论创新，这也成为我后续研究的一个基点。通过写商榷文章，我系统研读了伍老师的新著《产权会计与财权流研究》(西南财经大学出版社出版)，让我对产权财务的基础理论及其核心的财权理论有了更深入和更全面的理解，为后续研究奠定了基础。

4.学术成长：主攻产权会计（产权的会计分析）

两年研究生毕业之后，2007年9月进入中国人民大学，开始攻读会计学博士学位。我的导师是赵西卜教授（财政部全国会计名家），他为人和蔼可亲，鼓励我根据自己的兴趣选题，做出高水平成果。博士研究生期间，伍老师说产权财务他自己和各位博士师兄研究得差不多了，建议我未来可以重点研究产权会计。博导的研究领域是会计理论与准则，包括企业会计和政府会计两个方面。我想，继续做产权会计与导师的企业会计理论方向相吻合。与赵老师沟通之后,得到他的支持,因为他发现我在这个领域已经有不少储备。继续研究产权会计对我来说是幸运的,也被赵老师的高风亮节所感动。当时,实证会计研究已经很盛行,班上同学无一例外在学计量方法、跑数据。我就是一个"另类",沉下心来,继续阅读会计名著、新制度经济学和法律经济学名著。会计类主要看了郭道扬老师的《会计史研究》(第一、二、三卷)、康均老师(郭道扬老师的博士)的《产权会计史研究》以及葛家澍老师的《会计理论》、查特菲尔德的《会计思想史》等。突然发现,郭老的会计史也是用产权思想在写作,其经典段落有:"自从产生了私有财产,私有财产的占有者便开始寻找维护私有财产的路径,由此产权思想也便成为支配社会经济发展的重要思想,并且成为一种具有持续性重要影响的思想。从今往后,在产权思想促进之下所产生的产权理论与规则,对会计的发展便产生了决定性影响,一方面它促进着会计理论与方法的发展变化,另一方面它使会计以维护和保障产权为工作中的既定目标,在会计方面的法律制度的构建中,无论发生何种变化都从始至终必然以维护和保障产权作为它所要规范与解决的核心问题"。这与伍老师《产权与会计》一书中将会计的职能定位于"界定产权和保护产权"不谋而合。R.瓦特(R. Watts)和J.齐默曼(J. Zimmerman)(1983)指出,"会计和审计都是产权结构变化的产物,是为监督企业契约签订和执行而产生的。"诺奖得主R. H. Coase(1990)写道,"会计数据对于企业行为而言是一个有价值的数据源,如果我是对的，那么人们对会计信息的使用能够极大地帮助发展一个有关企业的理论。然后，我认为会计理论是企业理论的一部分，如果这种观点被普遍认同，我们或许应该期望在经济学和会计学之间的交叉研究不断增加。我希望这会发生，这将给我带来极大的快乐去再一次从事经济学与会计学之间相互联系的考察。它是我和我的同事在50年或更长时间以前在伦敦政治经济学院想达到这个目标的最高愿景。"盛洪（1993）指出，"以产权理论为核心的新制度经济学不仅自身具有很强的理论魅力，而且对中国的具体问题和过渡过程的问题有着很强的解释力和指导意义。"上述观点的阐述也更坚定了我以前的思考，产权会计理应既包括从产权理论的角度来分析会计问题，又包括运用会计理论与方法来阐释产权问题。借鉴巴泽尔《产权的经济分析》和费方域《企业的产权分析》两本经典专著的命题范式，我将其总结为产权会计由"会计的产权分析"和"产权的会计分析"两个完整部分构成。鉴于现有文献侧重从产权角度解读会计，经与赵老师和伍老师商议后，我将博士论文题目定为《产权的会计分析》，侧重从会计的角度研究产权问题。值得庆幸的是，郭老的系列文章《论产权会计观与产权会计改革》（刊于《会计研究》2004年第2期）、《论产权改革与会计产权观》（刊于《财经论丛》2004年第1期）、《论两大法系的会计法律制度体系》（刊于《会计研究》2002年第9期）以及《论统一会计制度》（刊于《会计研究》2005年第1期）均成为我后续研究的重要思想来源。施先旺教授的《产权价值运动：基于会计对象视角的分析》（刊于《会计研究》2006年第6期）

和《财务会计基础概念：基于产权价值运动视角的分析》（刊于《会计研究》2010年第1期）给了我很多启发。这些文献资料对我博士论文的写作和后续研究影响深远。2008年上半年完成博士生课程之后，为了回应质疑新会计准则公允价值计量以及推动会计准则的有效实施，我开始撰写《产权保护、公允价值与会计改革》（刊于《会计研究》2009年第2期，此文被人大复印资料全文转载，同时获得财政部中国会计学会优秀论文三等奖）。为了回应社会热点，我运用产权理论与方法，相继撰写《国有资本经营预算编制主体：问题与争论》（刊于《生产力研究》2009年第2期）和《企业社会责任的产权分析》（刊于《商业研究》2009年第8期）。2009年上半年，完成《财权论纲：基于不完全契约理论的研究》（刊于《商业研究》2010年第1期）。上述文章都是运用产权理论与方法来分析财会及其相关问题的尝试。这些文章的顺利发表，令我感受到了跨学科融合、渗透研究的优势，在实证研究盛行的年代还能发表这些文章，自己很是知足。

2009年下半年，完成博士论文近25万字，这个过程中伍老师和赵老师都给予我悉心指导，提出很多建设性意见，从而使得论文的进展非常顺利。2010年上半年就是找工作、论文预答辩、盲审、答辩等事宜。当时，企事业单位求职并不顺利。国家电网能源研究院的面试官（清华大学会计学硕士毕业）跟我说"我们欢迎你加入，但是你的学术成果太好，进公司太浪费了"。考虑到妻子在长沙工作，最终还是应王善平教授之邀，选择去了湖南大学，一是母校情节，会计学科的发展凝聚了伍老师的心血；二是这里是我梦想开始的地方。2010年5月，湖南大学会计学院通知我被录用，同年7月1日工商管理学院（原会计学院已经并入）通知我报到。至此，实现了从学生到教师身份的转变。

5. 学术拓展：主攻产权会计（会计的产权分析）

入职湖南大学之后，暑假期间与伍中信、王建成老师一起参与湖南省财务学会的筹建工作。2010年10月，湖南省财务学会成立，郭道扬老师莅临会场做报告，有幸当面聆听郭老的报告，感受到了大气、大家和精湛。中午就餐期间，经伍老师介绍，当面向郭老表达想跟读博后的想法。同年11月，拿着博后阶段的研究设计去武汉拜见郭老师。郭老看了我的研究设计和以前在这个领域做的工作后，欣然接受了我，鼓励我继续深入研究产权会计，争取传世之作，并交流了产权会计领域有待挖掘的重要领域，受益匪浅。郭老家中书籍堆积成山，每天伏案写作会计史，我领悟到了"精品产生于精神"的哲理。同年年底，在郭老的推荐下，我顺利进入中南财经政法大学工商管理博士后流动站。考虑到自己年事已高，郭老建议由他和唐国平教授（财政部全国会计名家）共同指导我。感叹老先生考虑问题真是周全。博士后期间，最先拟定的题目是《会计的产权分析》。因为想将产权会计的两个完整构成部分做出来，博士论文是《产权的会计分析》，所以博后就想做《会计的产权分析》，即从产权的角度重新系统解释现有的会计理论与方法，评价现行会计实务。与伍老师讨论了研究内容的框架，他建议我集中研究内容。吸纳意见修改调整之后，我便去武汉参加博士后进站开题答辩了。开题答辩专家认为，我的研究内容很有意义，题目或许有歧义，但专家们暂时没有更好的题目建议。开题之后，我再次系统阅读了民商法学和制度经济学的名著，为出站报告的撰写打下坚实基础。写完出站报告的研究内容之后，交郭老审阅。郭老认真仔细看完之后，对报告中存在的问题折页并用红笔标记或修改文字。当他来电让我去武汉讨论出站报告时，看着审阅笔记，我惊叹于郭老的认真、负责和思考，这也是我日后带研究生时需要学习的榜样。讲完需要修改的细节之后，郭老建议将题目调整为《会计学发展的产权变革研究》。博士后期间，在撰写出站报告之余，我一边将自己博士论文中的相应章节整理成学术论文去投稿，一边着手写作《产权范式的财务研究：历史与逻辑勾画》（刊于《会计研究》2012年第5期），旨在系统总结以伍中信老师为代表的产权财务的理论贡献和思想精髓。文章指出：产权财务学派以"财权"为核心，遵循产权分析法范式，产生了两大极具中国特色的理论成果——财权理论与财务治理理论，对传统财务理论具有重大开创性。2012年，《现代会计理论的产权基础》《人类产权与会计起源及相关性分析》《产权保护导向会计改革成效测度标准研究》相继发表在《财经理论与实践》《经济问题探索》和《中央财经大学学报》上。2011年，学术界在《会计研究》上罕见争论公司财务概念框架问题。南京大学的李心合教授（制度财务学的代表人物）撰文《论公司财务概念框架》（刊于2011年第

7期),主张建立公司财务概念框架,以指导我国财务管理实践;而西北工业大学的成小云老师撰文《简评"公司财务概念框架"论》(刊于2011年第7期),认为企业财务是一种个性化行为,具有内部私密性、自主性和创造性特征,由此否定建立"公司财务概念框架"的必要性和可能性。考虑到自己之前在财务会计概念框架方面有些积累,于是运用产权保护思想,撰文《再论公司财务概念框架》(刊于《会计研究》2012年第4期),旨在从理论与实践层面论证在新兴市场经济国家建立财务概念框架的必要性与可行性。同年,财政部颁布《小企业会计准则》。为了指引会计准则实施过程中需要关注的问题,我与研究生合作撰写了《产权保护、二元准则与适应性效率》一文(刊于《中南财经政法大学学报》2012年第2期)。2012年,针对持续全面趋同战略实施引发的问题以及从理论层面厘清会计制度变迁的原因,我们撰写了《产权保护、会计准则趋同与经济后果》(刊于《管理现代化》2013年第4期)和《产权保护、公共领域与会计制度变迁》(刊于《会计研究》2013年第6期,人大复印资料全文转载,获财政部中国会计学会优秀论文三等奖)。2013年,完成博士后出站报告的修改与定稿,近26万字,准备答辩事宜,但因出站人数不够延期至2014年上半年。有了短暂的空闲时间后,将出站报告的部分文字整理投稿,如《两大法系会计法律制度:架构、特征与适应性效率》(刊于《会计研究》2014年第10期,获财政部中国会计学会优秀论文三等奖)。同时,跟学生合作撰写《产权保护导向的政府内部控制研究》(刊于《湖南大学学报(社会科学版)》

2014年第6期），为政府内部控制的实施提供政策建议。2014年上半年，博士后顺利出站，出站报告得到与会专家的高度肯定，一致认为作者在产权会计领域耕耘十年，取得了丰硕的成果，形成了自己的思想体系，出站报告内容厚实，体现了"板凳须坐十年冷，文章不写一句空"的科学态度，以"优秀"等级获得全票通过。合作导师郭道扬教授在总结发言中指出：中国的产权会计学派创建于20世纪九十年代中后期，以伍中信同志为代表的中青年学者在这个领域做出了开拓性分析，它是独具中国特色的会计理论，与民商法学、会计学、经济学和中国的产权改革进程紧密结合在一起。学术界（包括会计学界）和实务界认为，会计学没有理论可言。曹越博士的出站报告论证了会计要素就是产权要素，会计在市场经济的良序运行中处于基础性的控制地位，这对于提升会计学的学科地位和会计人员的社会地位而言大有裨益。希望作者继续深入研究，为创建中国特色的本土会计理论做出更大贡献。

6.学术收获：产权会计之成果获奖与思想传承

博士后出站之后，我们关注会计准则国际趋同引发的问题以及IASB财务报告概念框架的修订进程，相继撰写了《会计法律制度体系优化研究》(刊于《会计研究》2015年第12期)、《产权保护、双重计量与三重列报》(刊于《会计研究》2017年第8期)、《产权保护、二元计量与会计稳健性》(刊于《财贸研究》2017年第1期)以及《财务会计信任功能：原因、制度基础与维护路径》(暂未被期刊采纳）。同时，申报的《财产权利与会计制度》书稿获得国家社科基金后期资助立项，于2017年在中国人民大学出版社出版。为了给读者一个较系统了解我们从事产权会计研究的成果，我将自己十三年来与伍老师合作的相关文章结集出版，取名《产权、制度与会计变迁》，于2017年由中国财政经济出版社出版。出乎意料的是，我的博士论文《产权的会计分析》（中国财政经济出版社出版）获得了湖南省第十三届哲学社会科学优秀成果一等奖，是获奖作者中唯一的副教授（其他均为教授）。2016年11月，在湖南农业大学举办的湖南省财务学会年会做报告期间，湖南商学院会计学院院长朱开悉介绍我时，给了"我国产权会计研究领域，中青年学者的重要代表人物"这一令我受宠若惊的评价。

关于未来的产权会计研究，我的梦想是做三件事情：一是从会计的丰富历史史料中挖掘产权结构与会计变迁的一般规律，承袭演进理性主义和建构理性主义两条理路深入刻画会计发展及其变迁的规律，为当前和未来的会计准则体系建设和本土会计理论体系的创建提供理论支撑，暂定名为《经济史中的产权结构与会计变迁》；二是与伍中信老师一道，将我们在产权财务领域撰写的文章结集出版，从而为后生了解我们的学术思想提供一个窗口，也为自己在该领域的努力提供一个注解，拟定名为《产权范式的财务研究：创新与发展》；三是与伍中信老师通力合作，精选产权会计学派的经典文献，分别从产权会计、产权财务与产权审计三个专题领域梳理、整理出版，为学术界洞察中国产权会计学派的缘起与发展提供文献载体，同时也为本土会计理论体系的创建提供些许洞见，暂定名为《中国的产权会计学》。

时间如流水消逝，再一次想起校园、恩师和同学，他们是我走不出的背影。希望时间慢慢走，让曾经的热情、师生情和同学情在世俗的流淌中温存。自踏入产权会计领域至今，在导师的指导和前辈关怀下，自己取得了些许成绩：现为湖南大学工商管理学院副教授，博士生导师，财政部全国会计领军（后备）人才，中国注册会计师，中国注册税务师，中国会计学会高级会员，CPA命题专家库成员，湖南省高新技术企业认定财务专家，湖南省政府会计准则实施咨询专家，湖南省商务厅国家援外师资库成员，湖南省会计学会、财务学会理事，湖南财政与会计研究基地研究员，"企业财务信息与资本市场效应"湖南省重点实验室研究员；已在《会计研究》《审计研究》《财贸经济》《管理评论》《经济管理》和《China Economist》等CSSCI源刊上发表论文53篇，其中权威期刊《会计研究》上11篇，《新华文摘》、人大复印资料全文转载15篇，3篇入选高等学校文科学术文摘，1篇入选中国社会科学院哲学社会科学创新工程项目，1篇入选十八大献礼专刊《中国崛起》之《中国特色社会主义理论创新与发展论坛》卷；主持国家社科基金3项（其中重点项目1项），财政部全国会计重点课题1项，中国博士后科学基金特别资助1项，中国博士后科学基金1项，省级课题6项；出版《产权的会计分析》《财产权利与会计制度研究》和《产权、制度与会计变迁》等3部专著；曾获湖南省第十三届哲学社会科学优秀成果一等奖、湖南大学哲学社会科学突出贡献奖、财政部 中国会计学会优秀论文三等奖3次、中国人民大学"十大学术新星"、中国人民大学阎达五奖学金、湖南省普通高校教学竞赛三等奖、湖南省社科联优秀论文特等奖和一等奖、湖南大学教学成果二等奖（决策能力导向的卓越会计人才培养模式）、湖南大学"工管先锋—榜样力量"3次和湖南大学教学评价全校前50强等荣誉。

  在此，特别感谢一路上遇到的良师，他们的引导、宽容、理解、提携和孜孜以求的治学态度是我不懈奋斗的力量源泉。中国会计学会的周守华、田志心和刘国强等老师鼓励我们结合中国产权改革的制度背景和会计改革实践，做出能够指导会计改革、解决实践难题的理论成果，这成为自己论文选题和课题申报的重要指南。我的导师（伍中信、赵西卜、郭道扬和唐国平）都是财政部全国会计名家或学术泰斗，在他们那里，我学到了为人处世的均衡原则、待人接物的友善原则以及坚持与坚守做一件感兴趣事情所焕发的幸福。这些都是自己继续前行的宝贵财富。

附：《产权与会计》20年笔会

伍中信：《产权与会计》轶事

这不是我的处女作，但一定是我的成名作。

1995年9月，我考上了西南财经大学的博士生，师从郭复初教授。郭老师是研究财务的，而我还在研究会计，且主要集中在产权会计。我没有读硕士，对财务与会计的理论没有系统学习过，但还是粗略知道财务和会计是有分歧的，而且还有几种不同的观点。我清楚知道郭老师持的是"并列论"。作为弟子，显然不能在"财务"底下偷偷的搞"会计"，毕业论文选题更应该是财务学方向。

于是我便产生了一个念头并得到导师的理解和认可，尽快把产权会计的研究做个了结，然后安心投入到财务学研究上来。于是我一边跟导师系统学习财务学，一边整理产权会计已发表文章和比较成熟的研究思路，再结合阅读国内外相关文献，一篇专著的写作大纲在当年的寒假前得以完成。收到信后，我异常兴奋出过不少经济学家的好书，财大研究生的书架上除了人手一册的萨缪尔森和刘诗白的《产权新论》，就是三联出版社的经典专著。与此同时，出版界百年老店上海立信会计出版社也推出了系列经济学专著，同样深受读者关注，这些专著有很多跟产权经济学有关。

我写好专著大纲后，第一想法就是投到这两家出版社，经过分析，三联出版社基本不出版会计学专著，何况我的还只是个大纲；立信乃百年老店，而且是国内唯一以会计命名的出版社，有会计情结,加上他们刚刚推出的丛书有不少"产权"含量,但没有一个是"产权会计"的,想必投过去一定是一拍即合的事情。就这样,我在寒假前从成都把"大纲"寄到了立信会计出版社,然后安心回到湖南湘潭的学校度假。

没想到假期才开始不久,就收到了上海寄来的信件,说选题很好,希望尽快写完,明年三月开春希望去成都一起见个面,写信的是出版社常务副总编曹均伟先生(当时缺总编)。在当时而言,出版一本书大多是需要买书号的,而且自己包销(自买自销),这种情况不仅花钱,而且传播度很低。如果是出版社免费出版,每一本书都是读者自己花钱从书架上取走的,百分之百的被利用或者收藏。想到这些,作为无名学子能得此厚待,我异常兴奋,很有一种尽快完成创作的冲动,寒假也变得极有意义。

成都的三月,春和景明,万物怡情,立信社长和曹先生一行如约而至。我作为"无名之辈",不敢一人前往会晤,只好惊动郭老师和几大师兄共同作陪。见面中,得到了领导的鼓励,同时受到催稿,也在出版社与师生中间建立了深厚的友情和信任。

1996年的上半年,我一直在创作此书。在我的学术简历里,1996年是空缺的,没有一篇发表的文章或者成果(其实反而可能是人生最丰盛的)。当时为了赶时间,我曾经想过跟一个师弟合作,大师兄赵德武作为"过来人"告诫道:合著难以成为代表作。就这样我放弃了合作的念头,继续负重前行。

想让作品成为"名著",自己必须要多看名著,为此,我几乎以每天一本的速度"阅览"名著,以眼睛作为探测器,搜寻名家在著作里关于产权会计的点滴思维(要是现在,通过找关键词搜索应该有效率的多），然后充实到自己专著的字里行间。

为了不让自己的作品被经济学界"笑话"，我经常跟住在对面的经济学博士生切磋，谈论经济学思想，交流创作体会。他们是张书帮、李佳洪、范恒森等博士。与他们交流，极大地丰富了我的理论经济学思维和宏观视野。

在此期间，我不停地与曹均伟老师联系，探讨进展和其他学术问题。其中印象最深刻的是关于书名，最初是在"会计产权论"和"产权会计论"之间选择，想来想去好像都不能概括全书的内涵，最后还是曹老师见多识广，"干脆就叫《产权与会计》吧"，越简单也就越真实，我们就这样把题目敲定了。

时至六月，妻儿探访，正值专著快要结尾。当时的博士楼条件算是不错的了，一个人单间。但要住三个人还是有点艰苦，一张书桌，一张床，自己买了一张沙发供儿子睡。除了这些房间就基本没有别的空间了。记得有次黄昏，我写到后记情难自已，要他们出去散步，结果没过多久他们就回来了，我问怎么这么快就回来了，他们说外面好多蚊子。我说好吧，你们呆着，我出去写。我端个蛤蟆凳（小凳），推开纱门，坐在房外的阳台上。就这样我们隔着纱门，享受着室内的灯光和亲情，站在"没有交易费用的孤岛上"，继续做着自己甜蜜的梦。

这梦很实，日子很甜！

六月底，专著脱稿，暑假开始，一家人回湘度假。

那时电脑不发达，我几乎所有的稿件都是经妻子抄写然后投递出去的。我创作的手稿因为大多是即兴之作，是草书，别人一般是没有办法辨认的，妻子在一起久了就慢慢认识了，其他人很难替代。

书稿就是在这个暑假寄出的。

九月开学季，出版社曹均伟老师、沈傲大老师（时任总编助理）一行要来成都跟我谈定稿事宜。

那是一个秋高气爽的下午（中秋前日），曹老师他们约我去某个地方会面，由于他们从外地赶来，时间难以确定，那时通讯也不发达，不知道是否需要一起用晚餐。恰好那天正值我三十岁生日，因外出有事，不方便请身边朋友相聚。于是在晚餐前匆匆吃了点中午剩下的饭菜，准备赶往"约会"地点，于是有了我写在博士论文"后记"里的文字：

"立信的总编同志来成都商议定稿，那天正值我三十岁生日。晚餐前，我匆匆吃了点中午的剩饭准备赶去与上海友人会谈，师妹敲门进来，为我递来了妻儿的音乐贺卡，此时，我展开卡片，聆听那从'心底流出'的祝福，我无法抑制'百感交集'的思绪，忍不住躲进洗手间嚎啕大哭。我为学术的清苦而哭！为最珍贵的妻儿祝福而哭！更为上海友人印证我'三十而立'的厚礼而哭！我无法平静地面对那天所发生的一切！"

时过经年，这该是我一辈子哭的"最开心"的一次！也算是最具有综合意义的一次"洗礼"！

该书没有辜负出版社的期望，出版一个月即全部脱销重印。当时湖南财院同事邓小洋在上海财大读博士，给我寄来了第一版的"新生婴儿"，他告诉我，财大书店上架一批就抢走一批。曹均伟老师也打来电话，这本书销路很好，经济学家买的比会计学家还多，因为他们很想学习会计，但单纯看会计书很难懂，通过他们熟知的产权引入就很方便了。

原湖南财院同事、百篇博士论文获得者雷光勇受到启迪后专攻"会计契约论",他说,伍博士这本书现在看起来浅显易懂,但在当时而言却是句句珠玑。博士后联系人、导师郭道扬教授在已有法理基础上引入产权思想追溯会计发展与制度变迁;学生张荣武继续研究产权财务学,曹越继续沿着产权与会计的相互依存展开博士和博士后研究工作,成效十分显著。两位同学均已成为我国会计领军人才。在会计研究崇尚"方法"的时代,靠"思想"成家实属罕见!

光阴荏苒,该书已出版二十余年。记得曹均伟先生在十年前就希望我修订,学界也有不少朋友如此建言。毕竟研究者更多了,可参考的成果也多了,搜索文献也方便了。

但时过境迁,自己的阅历、心态和爱好的变迁以及各种因素都在左右着我,该从头再来还是改弦易辙尚在未定之天。

也许读者的心声能够让我听见,并鼓励我选择!但无论如何研究,会计的使命依然在不变的召唤:

体现产权结构,反映产权关系,维护产权意志!

会计为产权而生,为产权而死!

为产权结构变化而变化!

曹均伟：来自澳洲的感动

伍老师好！你的微文也引起我的追忆。我在三十多年编辑生涯中审读若干本书，看到的好书很少。你的大作是其中一本难得的好书。当时一口气看完，觉得值得出版，讨论选题时努力说服班子成员同意无资助出版，而后用心写了修改意见，并决意去成都与你见面。见面交流后，更觉得你是个才子，相信自己的眼光没错。果然此书出版后反响很好。比如，现任复旦经济学院院长张军专门来要书。他还与我交谈了读后感，稍后他在三联书店出版了《产权经济学》一书。你的大作是产权会计学的基石之作，在国内开拓了一门新的学科，成为该学科的鼻祖。我为认识你这样一位才子学者感到荣幸。像你这样通过编辑工作认识的开拓型学科带头人还有不少。如经济哲学的开拓者张雄，经济学范式研究的马涛等。

（本文作者为时任立信会计出版社总编）

徐莉萍：重读《产权与会计》

今年是我国改革开放40周年，也正是我博士生导师伍中信教授出版《产权与会计》20年。今天，重温导师的著作寓意深远。

伍中信老师是影响我人生轨迹的人，也是我进入会计学术殿堂的领路人。这本书在教学与科研中不仅影响着我，也传承到我的学生。

"会计对产权的贡献是与生俱来的，并一直成为产权思想的忠实随从。其产生、发展和变更的根本使命是：体现产权结构、反映产权关系、维护产权意志。"

"国有企业肩负着国家给予的对国有资产进行优化配置的重要使命，具体包括对国有经济的产业结构、地区结构、贫富结构进行重组和调整。国家财务作为一个重要的经济杠杆（财务杠杆）与其他杠杆——税收杠杆、货币杠杆一道，共同为政府的宏观调控担负自己应尽的职责。"

跟随导师研究国有企业产权制度改革，让我学会了观察社会问题并进行科学问题提炼。这为我的后续研究打下很好的基础。

还记得，在完成《基于企业理论的"农民工"权益保护研究》一文并发表在《财贸研究》时，导师给我的鼓励与肯定。

当我读到"受托责任产生于一定的产权结构，但其履行情况反过来又会影响原有的产权结构，使其发生分离或重组。受托责任对产权结构的能动作用，主要表现在：一方面，在所有者对代理人的受托责任履行不满意的情况下，他可能作出两种选择。要么通过董事会或股东大会辞退代理人，要么转让自己的产权，放弃自己的所有权地位，这样势必引起企业产权结构的调整，这一选择比前者要正常和频繁得多；另一方面，当所有者对代理人的责任绩效非常满意，对企业的前景充满信心时，他往往会增加资本投入，同时还会吸引潜在投资者的兴趣，这也会使原有的产权结构发生一定的调整。"至今还不失为经典妙语。

回忆起我与师妹在湘江边上深夜讨论学术问题的时光，导师一语点破财务治理的逻辑，让我们茅塞顿开。此后，我围绕上市公司并购案例，特别是医疗行业的并购案例，有多篇收录发表在中国会计专业硕士案例库中。

当我读到"用社会学法构建会计理论，强调会计信息要能反映企业经营活动对社会的影响或对社会的责任即社会福利""在福利性会计理论下，受托责任观念得到了进一步加强，'托付人'范围从原来现实的投资者发展到潜在的投资者即广大的社会公众，受托之责也发展到对社会的责任。在这一观念影响下，社会责任会计也随之产生。""不少学者应用社会学法试图构建一个财务会计的新分支社会责任会计，其基本目标是鼓励在自由市场中运行的企业，通过财务报表来反映其对社会环境的影响，即要明确企业的'社会成本'和'社会利益'的内在特性，形成多种形式的社会责任会计与报告。这一理论与产权中的"外部效应"概念在观念上不谋而合，两者结合起来将具有更为强大的生命力"。而我，如今已成为这不少学者中的一员。

回忆起向师爷请教的情形，拿着国家课题申请书与导师讨论的情形。在导师的引领之下，从企业预算到财权预算，从生态预算到企业社会责任、企业不负责任，我已经精准找到科学研究的方向。

光阴似箭，如今我已经是博士生导师，也组建了自己的研究团队,成为让恩师自豪的人。感谢老师的"产权会计"思想照耀着我,让我能坚持在学术的道路上勇敢前行。就像恩师说的一样,我将一直为会计的"产权"使命奋斗不息!

(本文作者为伍中信所带博士生,现湖南大学教授、博士生导师)

丁方飞：《产权与会计》：一盏学术的渔火

十六年前的秋天，我在财院水上教学楼的研究生课堂上第一次看到了伍老师。在这之前，我们全班就对这位会计界的"大牛"充满了期待，因为到处都流传着他的传说：中国财务学第一位博士后、湖南大学会计学院首任院长、首席博士生导师，各种耀眼的光环使我们以仰视的姿态迎接老师的到来。伍老师高高瘦瘦，眼神中充满睿智和力量，手持一本薄薄的《产权与会计》，侃侃而谈……

"没有产权就不要谈会计""会计为产权而生，为产权而死，为产权结构变化而变化""会计的产生、发展和变更的根本使命是：体现产权结构、反映产权关系、维护产权意志"，第一次课整整一个上午，但大家的目光从未离开过老师，注意力都聚焦于这一本尺寸虽小，却蕴含着中国会计学界从未有过的颠覆性创新的著作上。感觉里面的观点虽从未听到过，但却如此新奇，充满哲理；也感觉从未有人如此来解析会计，但却又感觉一下子就把握住了会计最根本的特质和框架。

后来，为了能理解老师的《产权与会计》，我又进一步去读了新制度学派科斯、诺思、德姆塞慈、张五常等海外名家的书籍，初步了解交易成本和产权的概念后，我才发现，如果说诸多制度经济学的名家建立了一个简约而朴素的分析经济世界的框架的话，那么老师把这个框架在会计学里演绎成了一篇优美而充满魅力的骈体散文，述说着会计的前世今生……

2007年，我有幸进入"精伍门"攻读博士学位。后来我在博士论文的致谢中充满感情地写道："伍老师奠定的产权会计学丰碑，犹如黑暗中的一盏明灯,在我彷徨无助的时候,指引着我学术前进的道路"。每每在自己的学术研究中找不到思路和方向的时候,就会拿起老师的《产权与会计》,汲取其中虽历久却愈显其经典和深邃的学术思想,每每又会在仰慕和赞叹中找到新的启迪和方向。

除了爱看伍老师学术著作的正文,更爱读正文后面的后记和致谢:"对于产权,我还是一个'外行人听不懂'的人,但是一旦进入这一'内行人说不清'的世界,便有一种曾经偏爱朦胧诗一般的感念""我为学术的清苦而哭,为最珍贵的妻儿的祝福而哭,更为上海友人为印证我'三十而立'的厚礼而哭""我从湘中一隅游荡到成都,继续寻找我的梦,却发现这里还有许许多多的先辈和同仁都做着同样的梦,我感到欣慰和自安,并愿意与他们一同做下去,那怕永无梦醒时分"……读着这些珠玑文字,一个年青学者的辛酸、自强、性情、灵气和智慧跃然纸上,宛如老师行云流水,却百转千回的书法,一笔一画,一勾一勒,尽是诗意和故事。

十六年前的我正值而立,却毅然辞职,怀着对学术的憧憬来到湖南大学读研,对于学术正处于"外行人听不懂""内行人说不清"的迷茫状态。当时每个周末都要奔波于长沙与乡下的老家之间,颠簸的乡村公路上,破破烂烂的中巴车里,斑驳的阳光透过车窗,映照着车内的灰尘和污迹。这一段持续多年的旅程似乎是我很长一段时间里迷惘与辛酸的写照。然而,正是老师《产权与会计》里一段段对会计充满哲理和智慧的解析,在后记里一个个感人至深的情节,让我在这样充满煎熬和枯燥的行程中沉浸在无究无尽的遐想中,追想老师走过的历程,成为自己学术道路上最大的安慰和激励。

(本文作者为伍中信所带博士生,现湖南大学教授、博士生导师)

冯力涛：《产权与会计》是一座灯塔

伍中信老师的《产权与会计》，是对我一生学习影响最大的一本书。

第一次见到伍老师，是1997年秋天的一个下午。伍老师穿着一件白色的休闲西服上衣，头扬得高高的，偶尔会将手插进裤兜，站在讲台上自我介绍，"你们今年二年级，我是博士三年级，相当于十年级……"这是来自于民国的先生吧？我觉得他有点飘逸，有点特别，脑海里略过风清扬、徐志摩、胡适这几个人的样子。

那一年的暑假，学校要求每名学生写一篇暑假论文，我大概是写了一篇有关"盈亏平衡点"的文章，文中或有一些企业理论的片段，被伍老师评选为一等奖。后来我写了一篇关于风险投资基金的文章，得到伍老师的指导，发表在《财会通讯》上，当时我特别高兴，由此也萌生了对学术的憧憬和向往。

1999年，我考取伍中信老师的研究生。伍老师赠我《产权与会计》一书，并写下"力涛同学惠存"六字，从此，这本书成为我阅读经济学、会计学书籍的索引与方向。

为了读懂产权与治理结构，我开始广泛阅读新制度学派科斯、诺思、威廉姆森、阿尔钦、张五常等海外名家的书籍。与此同时，我也认真学习国内产权学派刘诗白、刘伟、张军、张维迎、黄少安、李维安、杨瑞龙的专著或论文。受伍老师的影响，1999级会计学研究生的书架上摆满了经济学的书籍，很多人经济学专业书籍的数量超过了会计学专业书籍的数量。以至于研究生毕业的时候，我们经常开玩笑我们读了会计学和产权经济学两个专业的硕士。

在伍老师的影响下，国内很多学者加入到从产权的角度用产权、博弈论的方法研究会计问题、研究会计制度建设的行列,相继在《经济研究》《会计研究》上发表相关论文。那时候,《经济研究》很像是《会计研究》,一部分是采用实证会计方法研究资本市场的文章,另一部分是采用产权、博弈论的方法研究会计、审计制度建设的文章。

在教书、授课之余,伍老师经常会给同学们做一些讲座,用产权与会计的思想深入浅出地分析一些社会、经济问题。印象比较深刻的是伍老师有关"信号弹与红绿灯"的讲座。他将汇率、利率比喻为信号弹,把资产收益率等财务指标比喻为信号灯,简单、明了地描述了会计信息在资源优化配置过程中的方式与作用。

伍老师解读"会""计"二字,"聚集、会合为会""核算、筹划为计"。受到伍老师的启发,1999年CUBA比赛期间,我提出将"会荆楚才俊、计天下财富"作为会计学院的宣传口号,经伍老师修改为"会湘楚才俊、计天下财富",后又修改为"会八方才俊、计天下财富"。从那时起,这十个字一直作为会计学院的宣传口号。

毕业十五年,经历了很多人与事。如今重读《产权与会计》,令我感慨万千的是该书的创作历程。它就像一座灯塔,照亮了导师自己,也照亮了弟子及众多会计学子。

重读《产权与会计》,我仿佛看到伍老师写作过程中的点点滴滴。本科毕业,在一个工科学校工作,学术研究必定是困难重重。"昨夜西风凋碧树,独上高楼,望尽天涯路",对真理的追求,对学术的向往激励着他写下一段段热情洋溢的文字。"十年磨一剑",透过充满思辨的文字,我看见了一个热血青年执着的目光、坚定的步伐与潇洒的背影。

重读《产权与会计》，我读到了简单的幸福。或许从物质生活上来讲，那段日子是清贫的，但对于伍老师、肖老师而言是充实、幸福的时光。幸福或是这样：有一件事，愿意尽心尽力去做，有一个人，可以简简单单地爱！

（本文作者为伍中信早期所带硕士生，现为自由投资人）

曾峻：重温《产权与会计》

二十年前，即公元1998年，我刚大学毕业，对会计理论的研究还处在原始的懵懂阶段，把死记硬背会计分录当作刻苦学习的最高境界。

而这一年，一个大不了我几岁的青年满哥却已经在思考"会计是什么？会计因什么而萌动？其发展、变更的根本动因是什么？会计理论的基本框架是由什么所支撑？会计的未来又将呈何等景观？"这些深刻而玄妙的问题。正是对这些问题的思考，他博士还没毕业就出版了专著《产权与会计》，书里新颖而大胆的观点，让学术界为之一震。出版商完全没有料到这部学术著作的火爆程度，新书刚一上架就被抢购一空，不得不紧急加印。后来我看到他那时候的一张照片，清瘦、长发，一副很宽大的眼镜，完全符合我对那个时代才华横溢、激情飞扬知识分子的印象。

几年后，当我终于考上研究生，开始系统学习会计理论时，却发现学校图书馆里的《产权与会计》根本借不到，上一位借阅者刚还来就又被借走了，图书登记卡上总是一行行长长的借阅记录……

好不容易从师兄那里借到了这本书，囫囵吞枣般急匆匆地读了一遍，第一感觉就是：不像别的理论书籍那样枯燥无味，好懂，有趣！写作思路清晰，语言通俗幽默，"为产权而生，为产权而死，为产权结构变化而变化""会计的产生、发展和变更的根本使命是：体现产权结构、反映产权关系、维护产权意志"，朗朗上口，好似当时流行的短信段子。书中内容既有对杨时展、郭复初等老一辈会计学家思想的继承，又有对科斯、德姆塞兹等新制度经济学家及其思想的介绍和阐述，当然最重要的是书中关于会计与产权依存关系的原创性研究，难怪这位青年满哥三十来岁就已经名动江湖了。

再后来，我师从这位青年满哥学习会计与财务理论，尊敬地称他为"伍老师"。虽然他既是我学业上导师，也是我工作上的领导，但我仍然觉得只有"老师"这一简单而朴实的称谓最能表达我的崇敬之情。在伍老师的指导下，再次来读《产权与会计》，平实的语言中讲述着会计最本质的理论。随着年龄的增长和阅历的丰富，我才逐渐认识到，最深刻的理论往往是用最简单的语言来表述的，而那些花里胡哨、故弄玄虚的流行观点往往经不起时间的考验。就好像牛顿三大运动定律是17世纪最尖端、最前沿的科研成果，但到现在已经精炼成三句最简单不过的语言，我们在初中就已学过，成为普通人都能弄懂的常识。

对于现代会计而言，记录和反映产权交易的增减变动，是其天然的职责和存在的使命。然而，在伍老师之前，却没人能透过纷繁复杂的会计实务发现这个理直气壮的本质。因此我觉得，应该把产权会计理论的思想，编入我们的《会计基础》教材，让一届届学生能够从一开始就对会计的本质、产权与会计相互促进，相互发展的关系有个正确的认识。近来很热闹的会计机器人、会计共享中心、共享产权等概念不断涌现，但万变不离其宗，会计永远都是为了产权主体的受托责任服务，甭管他是机器人做账还是外星人做账。

(本文作者为伍中信所带博士生，现为湖南财政经济学院教师)

丁胜红：毕业寄语——前景胜红霞

斜依落霞辉映窗，半思抬首视寄语。一样的暮雪纷纷，"精伍门"学子喜聚于湖南财政学院左伴"望湘园"酒楼一厅，恭贺我爱人周红霞以湖南大学最短博士学制毕业。此时，我已入"精伍门"，终成伍老师的博士后。觥筹交错之后，伍老师携众学子在谈笑中进入他的书房，伍老师应允红霞恭求老师墨宝，老师提笔稍思，挥墨泼毫："前景胜红霞"。这个寄语背后演绎出我们和伍老师之间的师生之"缘"。

我毕业于安徽财经大学留校任教，于硕士期间自创"人本资本"，研究以人权为本的会计，在课堂中王建刚副校长讲述我国产权学派奠基人伍中信教授所著述《产权与会计》一书，莫名崇拜，预拜师伍老师为博士生导师，可惜英语差一分无缘"精伍门"。第二年我和爱人同时报考伍老师的博士，我被东南大学经济管理学院录取，进入吴应宇老师师门，我爱人作为第一名跨专业生被湖南大学工商管理学院录取，延续我和伍老师间接师生之"缘"。我提前半年毕业，以在职博士后身份终入"精伍门"，而我爱人博士毕业走出"精伍门"。我喜欢诗歌，伍老师也热爱。在吸收伍老师产权学派观点后我拓展了自己的人权会计研究，并出版《企业人本资本会计理论创新研究》，获得全国会计学科唯一一项教育部哲学社会科学后期资助项目。

在学术研究之外，我羡慕曾经落魄的伍老师与身处高等学府的良师师母间那一生挚热的爱情，并以此为样，经营我与爱人今生之感情。

我的名字叫丁胜红,爱人名字叫周红霞,一个"红"字,一生"红缘"相牵,你中有我,我中有你。既表达我们师生之"缘",又表达伍老师与师母之间,我和周红霞之间,都有一样挚爱的"情"。"前景胜红霞"之寄语,既是留念往事,也是鞭策学子前进。

窗外寒雁一声嘶,唤醒我的独思,兴余之际,留记于日记,今伍老师出书留吾故事,随呈于恩师。

(本文作者为伍中信所带博士后,现为南京某大学教师)

附：会计名家结题报告会

财权流：从一种学说到不变初心

各位老师、同学们，大家上午好！好久不见，甚是想念！

大家不要对我这么客气，因为我们根本不认识，我知道，你们是冲着刘峰老师和宋献中老师来的。

我只想念各位评委，大家近来可好？

我甚至不想念田志心老师和喻灵老师，因为我们经常在全国性大会上偶遇。田老师和喻老师缺席的会议不是中国的会计学术会议！

今天的汇报让我左右为难，不知道该不该吹牛？吹牛吧，同学们开心了，可评委们不开心（怎么比我还牛？），直接后果就是评审过不去。不吹牛吧，同学们又不乐意了，大老远跑来，没有学到东西，未免遗憾。无论如何，今天都有点难过！

幸亏今天不是现场投票，宋老师是东道主，刘老师也曾是中山大学教授，宋老师懂我，把我安排在他前面汇报，否则我会摔得更惨。宋老师还提前给我打了预防针，要我多带几个人助阵，感谢你们！我的信援团，我的粉丝们。

我今天演讲的题目是，财权流：从一种学说到不变初心。

先讲"一种学说"：产权中国进程中的会计与财务变革

今年是改革开放40年，我们讲"改到深处是产权"，这句话是很有道理的。四十年前是不讲个人产权的，其主题是没收私人财产，倡导"一大二公"，大家应该听说过"无产阶级"吧！请问在座的谁没有听过"无产阶级"的，没有听过的请举手！哦，没有！看来我们今天的交流没有代沟。

1978年，党的十一届三中全会召开，提出了社会主义初级阶段的基本经济制度"坚持公有制经济为主体，非公有制经济为补充"的指导思想，国家开始考虑支持民间和私人拥有财产。1979年，安徽省"小岗村"开始尝试家庭联产承包责任制（不太了解的同学可以看看最近热播的《大江大河》），就这样，我国的农村比城市率先实行以承包制为内容的"产权改革"，随后，城市开始轰轰烈烈地开展以所有权与经营权分离为内容的"两权分离"承包制改革。相比之下，农村的联产承包责任制属于"帕累托改进"，这一改革不影响其他人（农民或者工人）的利益，所以比较容易实施和推进，对社会财富增加也很有促进作用。而城市的"承包制"则是建立在一系列的"讨价还价"和非此即彼的利益均衡之中，属典型的"非帕累托改变"，其难度远超农村的改革，其效果也一直处于"混沌"状态。究其原因，就是两者的改革性质不同，而我们却用了同样的方式进行——"放权让利"，没有也不敢真正触及产权变革，这种状况一直延续到九十年代初。

还好，英明的党中央及时发现了问题。1992年春，邓小平同志南巡并发表重要讲话。其中最为关键的主题就是解决一直争议的"姓资还是姓社"的问题，要求尽快建立社会主义市场经济和现代企业制度，大力培育市场主体。这里的市场主体也就是有独立产权的产权主体，这一"讲话"真正开始触及产权改革，它像一股春风吹绿了祖国的大江南北。到2004年,十届全国人大二次会议通过宪法修正案,首次把"公民的合法私有财产不受侵犯"写进了宪法,而这一内容从1998年便开始起草。在此基础上,2007年初,十届全国人大五次会议通过了《物权法》,使得民众的财产权进一步得以保障。与此同时,针对居民财产权偏少的现实,2007年下半年,党的十七大报告首次提出"创造条件让更多群众拥有财产性收入"。为了更多的藏富于民,2013年党的十八大报告进一步提到"努力实现居民收入增长和经济发展同步"。直到2017年10月,党的十九大再次提出"继续拓宽居民财产性收入渠道",并针对农村居民财产性收入偏低的情况,提出农村土地承包权在原基础上增加30年。在十九大前后,党中央连续两次密集发布两个"三权分置"的一号文件,即2017年关于土地流转的"所有权、承包权、经营权"三权分置和2018年关于宅基地的"落实宅基地集体所有权、保障宅基地农户资格权、适度放活宅基地使用权"三权分置。

建国以来,以1978年为分水岭,前面讲收权、讲公有制,后面讲放权、推行产权;1978年以后的改革,1992年又是一个分水岭,之前讲两权分离,放权让利,之后真正触及产权改革。可以说,我们党始终坚持与时俱进,从收权到放权,从计划到市场,从"无产阶级专政"到尊重、保护和增加居民财产权收入,从公有产权向共有产权的理念转变,最后实现"共享发展"的目的。

众所周知,"公有"是大家都有或大家都没有,"共有"才是大家都享有,更体现了"共产党"和"共产主义"的思想精髓。

本人的研究刚好始于1992年,更幸运的是,从此介入了产权经济学与会计的综合研究。

1992年春天，小平同志南巡讲话，提出了著名的社会主义市场经济论断。其实那年春天我也"南巡"了，只是没有讲话，当时的流行歌曲《把根留住》中"为了生活，人们四处奔波，却在命运中交错"，道出了我所有的情感。当我准备在广东安顿下来的时候，广东的同学罗波劝我说：伍中信，我们班只有你有可能在学术上有所建树，你还是回去好好做学问吧！

不得不佩服罗波同学，竟然预见了26年后的我，可以成为会计名家！

于是，我乖乖的回来继续做研究，就这样，惊喜的与"产权"不期而遇。我跟"产权"之间的感觉就是，很朦胧，也很美好。大家觉得这是否就是初恋般的感觉？

是的，一旦深入就难以自拔，我深深的被她吸引，甚至达到忘我的境界。随之，她慢慢的深入了我的骨髓，成为我思考问题和处世的基本哲学。就在这一年，正当我和"产权"相处的如胶似漆的时候，我"认识"了刘峰教授。只是我认识他，他肯定不认识我，这个应该叫暗恋吧！

那一年，他跟黄少安教授在《会计研究》上发表了一篇"科斯定理与会计准则"的文章，文字不多但很精炼，我翻来覆去读了很多遍，很有收获，但总觉得犹豫未尽。

于是我产生了一股冲动，给刘老师写了一封信，就像所有的粉丝一样，不一定需要偶像回信的那种。就像《如果有来生》唱的那样：我给你写信，你不用回信，就这样吧。

那时刘峰和宋献中老师都是名人，我是他们的粉丝。可以说，我是看着他们的书长大的。原来以为是长辈，其实只大一两岁。

今年是我的专著《产权与会计》出版20周年，该书出版一个月就很快脱销并重印，很多经济学家（据出版社检测，50%以上的经济学读者，其中包括复旦大学张军教授）都抢购我的书。因为他们希望通过自己熟知的领域——产权来认识会计，这样比通过借贷记账法认识会计要容易很多。

下面摘选当年产权会计的部分论述：

——经济越发展，会计越重要。实际上就是指的"产权越复杂，会计越重要"。也就是：简单的产权关系不需要会计或者只需要简单的会计；复杂的产权关系需要精细的会计。

——会计与产权的功能不谋而合。产权功能是"外部性问题内在化"；会计有一个"配比性原则"，即在既定的会计主体范围内（产权边界），相应的收入要和相应的费用相配合，尽量减少外部性问题，也就是使外部性问题内在化。

——会计从根本上来说，就是通过对"生产费用"和"交易费用"的量化来完成产权功能，并使得自身发展和完善的。

——会计的本质就在于：认定和解除"受托责任"，其中所受的主体是产权主体。

——复式记账法充满了产权思想。复式记账法的概念包含如下几个要素：相互联系的（对应关系，即产权关系），两个或以上（产权平等的双方或者多方），相同金额（产权价值平等），同时登记（产权在时间上平等）。以上四点都是产权思想的具体表现。

——经济增长有几个要素：生产、技术、制度等。会计在"技术""制度"上对经济增长产生重大影响。

——会计的基本职能是核算和监督，从产权角度，就是界定产权和保护产权。

——一个时代的产权状况体现着同时代的社会文明程度。从一定程度上，产权秩序便是社会秩序。在社会秩序维护上，包含界定产权和保护产权。

会计学在界定产权上是独一无二的，其他的学科最多是再界定。从保护产权的角度，会计（自我监督，CPA）与警察和法律共同承担。从产权秩序的两个维度看，只有会计同时具备界定产权和保护产权双重功能。所以说，会计秩序也就是产权秩序。会计既是该时代产权保护的卫士又是文明的使者。

同学们，我们的会计学，是不是比警察和法律更伟大？是不是比其他学科更伟大？你们是否感觉到责任更重大了？自己使命更神圣了？

这里没有其他专业的吧，否则就会吃醋了。

遗憾的是，我们的会计学还一直停留在二级学科，你们知道为什么吗？因为我们太重要了！

为什么太重要了，因为我们的老大——"工商管理"不让我们离开，我们一离开，他们的心就空荡荡的了。财政部门领导也不愿意我们离开，毕竟长期生活在一起习惯了，连"财政学"还是二级学科呢。

我在全国两会曾经多次呼吁，也曾经创建了综合性大学里的第一个会计学院——湖南大学会计学院，西安交大会计学院也随之成立，但终因不是一级学科而先后被取缔。

《中国会计报》在前年做了个专门报道：会计学离一级学科还有

"一公里"？也许这一公里的路会很长很长！

从财务学来看，我们都知道，财务的起源来自于商品经济。我国的商品经济是在1992年小平同志南巡讲话以后。从那时起，才开始提及培育市场主体（即产权主体）和建立现代企业制度（即公司制）。

企业在没有成为产权主体之前，就不可能成为财务主体。此时关于产权与财权的结合研究也就显得极为及时和重要。我以"财权"为基础的财务理论体系的研究，恰如其分的成为与我国建设现代企业制度相匹配的财务学理论与实践研究的标志性成果。通过研究，较好的与会计学（主体、职能等）、财政学（职能、本金基金分类）、金融学（本金范畴分工）等其他学科划分了界区。更为重要的是，我们恰到好处地运用了经济学中最前沿的产权经济学理论和思想，做到了财务学与经济学研究的同步，创新了现代财务经济学。

1998年，我以《现代财务经济学导论》为题，顺利通过了博士论文答辩。随后我开始以财权配置为核心提出"财务治理结构"理念，并把它作为博士后阶段研究的主攻方向。

作为研究成果，我把财务学研究分为财务管理与财务治理两部分，恰逢其时地与当时的企业管理与企业治理理论分开研究相一致。在当时"企业管理以财务管理为中心"的基础上，我们进一步提出了"企业治理以财务治理为中心"的理念，得到财务学者的纷纷响应，此后所有关于财务治理的研究都没有脱离"财权配置"的范畴。

我们的研究是在国外没有借鉴的前提下，根据国内的具体实情总结出来的。我们的研究与同时代经济学、管理学研究同步，并在本学科领域处于领先地位。如果不研究财权，财务学理论就会落后于（产权）经济学研究；如果不研究财权配置，我们的财务学就会落后于企业管理学的研究。可以说，我们的研究大大提升了财务学在经济学和管理学中的地位。

下面汇报第二个问题：不变初心

什么是初心？这要回到《周易》，她是中华文化之源、哲学之根——号称"群经之首，大道之源"。她经过伏羲、周文王，然后到孔子集大成。

前几天，习近平主席到暨南大学发表了"把中华优秀传统文化传播到五湖四海"的演讲。

大家知道，大学有教学、科研、服务社会和文化传承等办学宗旨，作为暨大的学子，你们也肩负着把中华优秀传统文化传播到五湖四海的光荣使命，所以我特意从文化传承的角度来谈我们的专业、事业和人生。

大家熟悉的太极图，其太极的含义是：其大无外，其小无内，也称无极。其中两个黑白的鱼眼表示"你中有我，我中有你"。

太极生两仪，即阳与阴。他们之间具有三个特性，①相对性；②变动性，即相互转化，如白天与黑夜不是静止的，而是可以转化的；③合一性，即"你中有我，我中有你"。两仪又生四象：即少阳、老阳、少阴、老阴。如一年春夏秋冬的四季就可以分别对应上述四象，周而复始，循环往复。四象再生八卦，八卦又生六十四卦。这里的"卦"是一种科学的预测，而不是"迷信"，就像孔子所言"不占而已矣"。

从《周易》中，我们可以领悟到更多的宇宙奥秘和人生哲学。如两仪中的阳和阴，孔子从"阳"入手，提出"中庸之道（阳）"的入世哲学，老子则从"阴"入手，提出"道法自然（阴）""无为而治"的处世哲学。两者都是绝佳"哲学"，道尽了人间万事万物，并最终殊途同归，达到"你中有我，我中有你"的境界。

比如实与虚就是一对阳和阴。就像我们所见的房子，其地基和砖瓦是房子的"实"（即有用之用），被这些围起来的"虚"才是我们需要用的地方（即无用之用）。

我们祖先说"上无片瓦，下无立锥之地"，是为了说明没有实的就没有空的，同时也说明空的往往是我们需要的东西，两者充满了"你中有我，我中有你"的辩证关系。

在一定程度上，阴比阳更有意义，正如庄子所言：人皆知有用之用，而莫知无用之用也。就像我们使用的电脑和手机，里面装了硬件和软件，留下一些"空"让我们运转和使用，在既定的硬件和软件环境下，"空"越多就越好用，当使用时间越久、被占用的空间越多，手机就越卡。人脑也是如此，所学的知识是实（阳），在一定的知识量装配大脑后，如何运转这些知识就是智慧（虚，阴）了。跟电脑、手机一样，人脑中的知识含量不可少，但含量高不一定是好事，反而会影响智慧的运转，会"卡机"。同样，随着时代的发展，人脑也要经常加强知识更新，就像软件需要更新升级。

明白了这一点，我们就懂得了"无用"之用（道），所以庄子进一步明确：知无用而始可与言用矣。难道是真的无用吗？显然不是，他是抓住了更有用的东西。

我们经常讲"阴阳失调""阴阳中和"，为什么把"阴"字说在前面？正是说明了"阴"的重要性。

复旦大学以前的校训是"自由而无用"，是一个很好的校训。但很多人搞不懂，又怕误会，后改成"博学而笃志，切问而近思"。

我们再来分析一下"物质"和"精神"这一对阳和阴的关系。物质，确切地说可进一步分为"权"和"钱"，即名和利。财、权都是有局限性的，一块钱就是一块钱的用途。现在流行一句话叫搬砖，搬一块算一块，是可以量化，是有限的。权力也是一样，为官一任，造福一方。

精神就不一定了，有"乘数效应"，思想的传播超越时空，广深而久远。一个好的教育家或者"精神传递者"对社会教育的意义和影响甚至与其死亡无关。想到这些，作为人民教师，无上光荣，甚至是死而无憾！这就是马云为什么要选在教师节宣布一年后退休的真实原因！他不是来蹭教师节的热度，而是在取得了足够的"物质"之后，不忘初心，重操教师旧业，看到了"精神"的力量。

我们都知道"物质第一，精神第二"的道理。当物质缺乏的时候，物质肯定是第一位；但当大家物质都不缺的时候，精神就显得更重要了。进一步理解，当物质不存在的时候，比如人去楼空之后，精神就是唯一留下来的财富了！因为从人类历史长河看，流传下来往往不是说某某历史人物留下了多少财产，而往往是精神层面的财富。马云毕竟是个聪明人，钱捞够了，就回过头来捞精神财富了，我们且拭目以待。

除了对人生的思考，周易的两仪（阳和阴）思维可以诠释很多经济学思想，甚至可以成为经济学中的哲学。

比如生产与交易这一对阳和阴，有阳就有阴，有实就有虚，如果只研究生产显然是难以解决问题的，科斯们看到与生产对应的"阴"，即交易。不管科斯们见没见过《周易》，但他们确确实实地抓住了更有意义的"阴"面，使得研究问题分析问题更全面，解决问题更精准。这便是"交易"产生的"初心"，遗憾的是，这些理论竟然都是反过来从国外传回中国。

我们知道，科斯认为企业产生的理由是为了节约市场交易费用。但企业不是越大越好，而是有边界的。企业内部管理和监督也会产生交易费用。当自身因扩大产生的交易费用等于节约的市场交易费用时，企业就要停止扩张，这就是企业的边界，也是企业与市场理论的"中庸之道"。

科斯开始受马克思主义的影响，认为企业越大越好，甚至把整个社会变成一个企业（一大二公），"以为自己是个十足的布尔什维克"。等他研究了企业边界理论以后，很快改变了这一看法。

很可惜，那时马克思已经不在人世，其他研究学者也没有顾及这个理论（科斯长时间都不出名）。所以出现了我国从解放后到1978年前这一段时间一直坚持的"一大二公"。

可以说，从1978年尤其是1992年以后的改革，就是一个逐渐弥补"一大二公"缺陷的过程，也就是改到深处是产权。

遗憾的是，科斯又走了另外一个极端：凡事以交易费用最低为原则。没有充分考虑"生产"方面的费用。忘记了"你中有我，我中有你"的阴阳协调与转换。所以说，"凡事没有绝对价值"是中庸之道在经济学中的具体体现，是一个伟大的经济哲学！也应是为学和为人之道！

我们再来看看会计的哲学。

产权与会计是一对阳和阴，产权是阳，会计是阴，也是会计自产生以来最原始也最根本的依存关系。

原始社会末期，资源稀缺，这是产权出现的前提。此时，无论是氏族内部需要分工还是外部需要交易，都需要确立"会计主体"并进行计量。

所以我们说，只要需要确立产权，就必然需要会计，会计为产权而生。当未来社会财富足够多，产权归谁都无所谓了，产权失去了价值，会计也就失去了意义，会计也将为产权而死。

相反，作为"阴"面的会计，其重要程度可想而知，没有会计也就没有产权。从这个角度，产权是会计的初心，产权会计不是流派，也不是一种学说，而是会计学的灵魂！我们会计学人都是为会计学而生，但最后必将为产权而死，为人类公平和正义而献身！

会计与财务的关系一直是财会界的"学术之争"，其实两者不外乎鸡和蛋的关系，会计在先，应该是鸡（阳），相应地，财务则是蛋（阴），会计理所当然成为财务的"初心"。至于两者的关系，依然遵循"你中有我，我中有你"、相互依存、相互转化的辩证法。也就是我们常说的"并列论"，别无选择。

关于会计基本职能的论述也非常符合辩证法思维：在核算中监督，在监督中核算，两者"你中有我，我中有你"。

财务界对财务职能有众多论述，从三职能说到七职能的都有，但都难以服众。我们仿效会计基本职能的论述，从价值（阳，实）和权力（阴，虚）两方面入手，提出两大基本职能，即资源配置与财权配置。作为阳阴两方面的资源配置和财权配置"你中有我，我中有你"，在资源配置中进行财权配置，在财权配置中进行资源配置，两者相互依存、相互转化。有了这一理论，财务学的整个逻辑体系和框架自然有了强有力的哲学基础。

财务学的基本内涵和方法无不体现"中庸之道"的哲学。资本结构、资产组合等理论经过那么多的推演，无非就是说明其最佳点是在中间的某个点上，而不是某一个极端（100%）或者是"不要把鸡蛋放在一个篮子里"，此外，财务学中的诸多思想，如收益与风险的对称性、激励与约束的对称性，无不体现了中庸之道的关系。

我们用两仪思维再来剖析人生的哲学，以本人的发展历程为例。

我的少年：道法自然——真实的、诗意的活着。

记得我读高中三年级时，同学们都在写作业、复习功课，而我的课桌还是摆着毛笔和墨汁，班主任老师走过来说：伍中信啊，别人都在学习，你还在练字，还练的是草书，你练得越好，阅卷老师就越不认识，分数就越低。我送你一句话吧，"中（第四声，命中之意）者，方可信也！"希望你考上大学，方可有所作为啊！

后来考上大学，以及后来参加工作，我都是真实的、自我的活着。

直到读博士，人生面临诸多选择，我开始用交易费用思想来思考人生："是仕途化（政府），市场化（市场）还是坐在研究室里（企业）做评判他们的看官，我依然找不到交易费用量化的标准！"

我的中青年：中庸之道——刚柔相济。

随着时间的推移，我发现如果一味地追求自我，甚至锋芒毕露，必然会得罪人，成为事业发展的障碍。此时，我有幸阅读了《曾国藩》，书中讲到曾国藩一生从屡战屡败到屡败屡战的奋斗历程，实在让人感动和敬佩，但他锋芒毕露的性格也成了他临终前总结的重要"教训"，他在给自己总结时提出了"求柔"二字。它说明，人太刚了就应该"求柔"，相反，如果人太柔了也应该"求刚"，这就是刚柔相济的中庸之道。

在我读博期间思考人生"找不到交易费用量化标准"的时候，"我梦见自己站在一个没有交易费用的孤岛上，在岛的尽头，隐隐约约看到一盏学术的渔火在向我招引，在渔火的那端，一句熟悉的"平平淡淡才是真"的歌谣飘向我的耳际"。此时，我已经开始走向"中庸"，有了随遇而安的心灵追求。

于是，在1997年年底，我来到湖南财经学院担任财政会计系主任，时年31岁。作为学校中层干部，学科带头人，可谓"有点权、有点钱、有点闲"，拥有大量时间搞科研，还可随便发点言（人大政协工作，积极建言献策）。按交易费用理论，我在企业、市场、政府之间动态地均衡着。

随后，我一直按这个原则选择自己的道路，进而得出三个自由的标准：身体自由、心灵自由、财务自由。

2000年初，我任三一重工财务总监，梁稳根先生给我的待遇是最高的，让我财务自由，心灵也算自由，但身体不自由，需要起早贪黑，还要经常加班，我对此极不习惯，尤其是早起，简直就是要我的命，我在经过一番挣扎后，还是放弃了，赶紧回去当老师。按照现在抢红包的说法，眼睛一眨，几个亿不见了。

2002年，我到湖南省财政厅担任厅长助理，有机会"见识"了官场。经过一段时间了解，发现官场让我三者都难以自由，实非本人所愿，又赶紧回去当老师。

2005年3月，我来到湖南财经高等专科学校担任校长。在我看来，我去那里就是为了把学校办好，为的是教育事业，希望跟在湖南大学会计学院一样，在自己"三个自由"的原则下，通过狠抓教学和科研促进学校升格提级。但在体制上，我从一上任就被套上了

"官帽"。渐渐地，三个自由都做不到了，所以，我长期呼吁高校去行政化。如果不去行政化，我不知道怎么去选择了，这也许是我近年来最大的困惑。

我现在的选择：道法自然。

大家也许对老树画画很熟悉，他是中央财经大学教师，很自我，他写的诗、画的画都很有原生态的味道。早在三年前，我看过他的一个演讲视频，很有感触，以至于深夜失眠，赋打油诗一首：

昨晚一夜无眠，

总在想着隐退，

老树画画能行，

我也不是不会。

今年二月，我又在朋友圈发表感慨：

最近心态很差，

真想赶紧退下，

种点花花草草，

没事写写画画。

中国人民大学的王化成教授看到我的感慨，继而留言：

即使已经退下，

还会忙成乱麻，

没有功夫种草，

也没时间画画。

我回复说：朋友，别闹了！他就更起劲了：

不管退是不退，

该睡必须得睡，

老弟画技甚高，

可惜我是不会。

我也是醉了，无言以对。幸好郭复初老师出来解围：

自信人生一百年，

不畏艰险勇向前，

财务学科需建设，

理论史上多留言。

你看，多好的鼓励！这才是我的亲导师呀！

我还能找回自我、活回自我么？回想起二十年前《产权与会计》后记的那句话：如今，面对我要的前途，我依然找不到"交易费用"量化的标准！我再次陷入对人生道路的选择。

如果我选择了求"财"或者"权"，应该不如我现在这样传递精神可以帮助更多人。因为精神传递的力量远远超越了物质时空。

历经两年的纠结，于2018年8月我终于辞掉了行政，做一个纯粹的"精神"传递者。从这个角度看，我对不起会计名家培养工程，不但四年里没有进步，反而把"权力"都搞丢了。但是有一点，我绝没有把自己弄丢！只是越过了一座山丘！

同样是教育工作者，我认为校长主要应该从宽的层面（即文化等方面）、教师则主要从深的层面（学历越高就越深）来影响和教育学生。今天，无论我是否是校长，我都是教育工作者。要成为教育家，作为校长，没有合适的评价标准和机构；但作为专业教师，从深度来看，我离教育家只差一公里了，今天"会计名家"报告会算是这一公里的最后冲刺。如果评委老师觉得还行，我今天就可以算是一个"家"了。

同学们，我混到五十有余，终于可以"成家"了！教育家也许是我人生最容易达到的目标。

最后回到我演讲的主题，财权流：从一种学说到不变初心

大家熟悉这样一句话，说"少年时，看山是山，看水是水（愤青）；中年时，看山不是山，看水不是水（过了愤青）；老年时，看山仍是山，看水仍是水（回归自我）"。其实，它正好是按照从"道法自然"到"中庸之道"再到"道法自然"的"阴—阳—阴"的规律运行着，它是否定之否定规律在人生道路上的运用，这就是人生辩证法！

我们在各种念旧的聚会上经常提及"归来，仍是少年！"，便是对这一人生辩证法最好的诠释。

阳和阴，儒和道，一个矛盾的两个方面。既有斗争性也有同一性（你中有我，我中有你）。人在年轻时做人就很现实、很"成熟"、懂得中庸之道，是很吓人的；到了一定年纪还那么愤青、还不会中庸之道，也是难以取得事业进步的，中庸之道甚至成为一个人事业成功的必要途径（除非有各种背景资源）；当过了"将就"的年纪、事业成功进入一个平台期，人们可以选择再次回归自我，但不是所有人都能够做到。

这样，就要求人们在处于中间状态、需要中庸之道时，还要时时不忘初心，采取阴阳结合、"你中有我，我中有你"的方式处事，这样才不会在成功的路上迷失自我，性格和"初心"才不会被时间磨去棱角。

很多贪官在悔恨时说，我从小家境很穷，父母对我要求也很严，

参加工作后也很节俭，怎么发展到现在，看到别人送给自己一个亿都不会心跳加速了呢？这就是迷失！把自己迷失在成功的路上！

这也是辩证法！在人生取得事业成功的路上，需要"中庸"和"自我"同时存在，才能确保"方得始终"。否则，事业也许会更加成功，但"自我"是再也找不回来了。

大家都知道"修行"两字，按初心的标准随时修正自己的行为和人生轨迹，而不是间断式的、按年龄段来选择性地修正，否则就可能会带来灾难，正如《周易》第63卦所言"防患未然，慎终如始"。我们现在讲的"不忘初心，方得始终"即源于此，《周易》便是我们最初的初心。

我就是这样，正常的生活在人生辩证法的道路上，少年快乐过，青年奋斗过，中年放下过。

对我名字"中信"的解读，似乎映射出我生命的"三部曲"：

高三时，老师送我"中者，方可信也"，似乎在告诫我需要从道法自然的"自我"中走向"入世"；

进入奋斗期，"人要有自信，不可狂妄自大，亦不可妄自菲薄，不卑不亢，是为中信也"。是自信成就了我，不卑不亢，中庸取胜；

事业平台期，"中锋行事（儒），信手为人（道），无（"伍"音）愧于心（释）"，儒、道、释三者完美结合。

有人说，人生的最高境界莫过于"儒家做事、道家做人、佛家修心"。也有人按年龄进行了划分，"少道（自然）、青儒、中道、老佛"，这些都说明了一个问题，人活着不能太单调，一生只取其一是对不起自己的"人生"的，也可能是难有建树的。这就是人生辩证法，也是"凡事没有绝对价值"的经济哲学在人生价值衡量中的具体运用。

为此，作为"会计名家"对社会的贡献，应该主要是"精神"上的，而不只是物质上的；应该主要是"思想"上的，而不只是方法上的；应该主要是"哲学"上的，而不只是专业上的；不仅仅当世有效，更应该影响深远。

很多教授专业水平比我高（实），但思想可能不如我（虚），此乃"知无用之用也！"

2018年7月30日，我旅行在中国最大的塔克拉玛干沙漠，来到正中央的"塔中"，前后左右几百公里荒无人烟，只好留下过夜。下车后，看到排楼上赫然写着"只有荒芜的沙漠，没有荒芜的人生"，极为励志。

就在这时，我接到了被批准辞职的电话通知。此时，除了因等待近两年而终于如愿以偿带来的兴奋，我似乎又感觉到自己一下子就像沙漠一样荒芜了！在那样一个荒芜的境地，还是在那个荒芜的中央，再加上平时热情的沙漠竟然下起了冷雨！我心生一股凉意，望着无边的荒芜，借着酒意，脑海瞬间跳出苏轼的两首词，非常切合我当时的心境，我把它们进行合并改造，随口吟道：

世事一场春梦，

人生几度秋凉，

问汝平生功业，

产权财权民权。

为了初心，我放弃了单一追求的"财"；为了初心，我放弃了单一追求的"权"；没有想到的是，"财权流"——我二十多年前的研究，仅是一种单纯的学说，却预示了自己的"未来"："财权一时空。"

"流"者，流走之意，空也！

显然，能够把"财""权"看空，已有不少的禅味，也当是众人难以企及的境界!

面向未来,我的生活应该是,真心诗意的生活,做一个随性有趣的人。

面向未来,我的事业应该是,以会计教育为高度,以书法文艺为宽度,用生命之笔,浸泡生活之色彩,书写双色灿烂之人生!

财权一时空,文章千古流!

(本文为作者在暨南大学"会计名家结题报告会"上的演讲,2018年10月29日)

我听到了美
——记财政部会计名家成果报告会

　　广州的深秋,是一年中最美的季节。阳光退却了夏日的暴烈,清秋的微风,摇曳着暨南大学参差深浅浓淡高低的绿、星星点点热烈自信的红,出其不意斜逸旁出的黄。刚刚送走习大大的校友楼,又迎来了刘峰、伍中信、宋献中三位财政部认证的会计名家。

　　2018年10月29日下午,是个值得纪念的日子。我,一位20年前岳麓山下伍门的财务学子,怀着听大师讲经的心情,来到了美丽的暨大校园。远离学术圈日久,能聆听一位大师讲经已是幸事,何况是三位大师?更何况是聆听大师在的三个小时讲他们各自精彩的学术与人生?还何况我是伍门第一届弟子,曾是伍中信老师锦绣华年学术成果次第盛放的见证人?

　　盛装是必须的,我穿上了那件色彩斑斓而不失优雅的真丝短袖及踝秋裙,配一件黑色镂空针织衫;

　　全程录音是必须的,充电宝已经备好,手机电力满格;

　　广而告知是必须的,亲友群已经收到我的预告,等待着我的直播;

　　观后感是必须的,我斟酌日久,迟迟不能拟定一个标题。是"学术与人生"?我分明听到的是"艺术和人生",甚或是"道法与人生",更或是"文化与人生";是"名家讲坛"?我分明听到的是"杂家讲坛",既有会计与财务领域各大名山开宗立派之高之深之厚,又有儒家之入世、道家之出世、佛家之内观、法家之公谨、唐诗之音韵、书法之酣畅、紫砂造壶镌刻的精美、诗书田园的悠闲;既有学术研究甘坐冷板凳十年如一日的艰辛,又有终一日登临泰山一览众山豁然开朗的喜悦；既有为师、为官、协政、下海的丰富，又有阅尽繁华财务自由回归初心甘为人师的恬淡；既窥见到刘峰大师西学素养深厚的魅力；又领略到伍中信大师深植中国传统文化西为中用的潇洒自信；还感受到宋献中大师几十年如一日始终站在改革的洪流铁肩担道义的责任。

是的，标题得了，我听到和看到的，分明是美，没有比这个字更适合形容我的感受了。我找到了某种沉淀在记忆深处的感觉。那是我八岁时第一次被大师启蒙"美"的经历：京剧大师李炳淑来到我的家乡湘北小城巡回演出，文艺中年的我爸好不容易弄到两张票，带上我这个前世小情人，亲临现场聆听大师唱京剧。记得唱的是《凤凰巢》，八岁的小女孩，惊呆了，第一次领略到的美就是"性感"二字。

美是相通的，我很愿意用举手投足皆是风情来形容大师的风采，然而也许竟然不被习惯所容，那么就用这句话来形容三位大师吧：一言一语皆是功夫。

我听到了学术之美。会计是对产权的界定，反映的是产权的意志；财务管理是企业管理的核心，财务治理是企业治理的核心；财务结构的调整反映的是产权结构的调整，必然伴随着财权的分配……每一句话，都是那么振聋发聩，深深引起我的共鸣，如果科斯先生泉下有知，怕也会料想不到在中国岳麓山下，他震动全世界的制度经济学与产权理论，被一位英语说不大利索的名叫伍中信的学者移植到中国的会计与财务领域，开出了娇艳的鲜花吧？大师，是学科的建筑规划、设计与建造者，他们打下学科的地基，树立梁柱，建造屋顶，加盖楼层，进行美轮美奂地装修，然后引领后辈登堂入室。

我悟到了人性之美。刘峰大师屡屡害怕超时占用下一位演讲者时间的担忧；伍中信大师幽默风趣谦逊圆融，似在不经意间表达的对各位学术道路上并肩同行人的惺惺相惜，对后辈的宽厚仁和；宋献中大师发自肺腑对后辈的提携与告诫……我想起来之前读过的伍中信老师的《我与大师的约会》，回忆他几十年前求学于杨纪琬和郭复初两位宗师门下的经历，细节与对话动作竟历历在目。不具备一份刻骨感恩的心，怎么可能对几十年前的对话记忆如此清晰？也是从这篇文章中，我知道了这份人性之美是有传承的，知道了在文人届相轻、金融届山头林立的当下，财务与会计界如此团结之缘由。

我看到了中国传统文化与现代学术研究传承与融合之美。阴与阳，财务与会计，产权与财权；中庸，财务管理与财务治理，财权与资源结构的调整与分配的平衡；会稽地名的由来；文字的创造，追根溯源是生产力发展使得产品出现剩余，出现计量和分配需求，于是会计必然伴随着产生了，计量（计数）产生了，文字产生了……由此可见，文字的发明者是早期承担了人类社会会计职能的人。这一研究结论既让我有耳目一新之感，又让我深深认同，作为一位曾经的小奥数娃的家长，从数学史的角度，这一结论也能得到印证……

三个小时，太匆匆。我贪婪地听，每一句话都包含着丰富的信息量，不容我细细思考。我把录音发送到同门群，一群未能来到现场的师弟师妹们正嗷嗷待哺；发到亲友群，暗自期待亲友群中两位全国中学生机器人大赛一等奖获得者在高考前能提前领略到财务与会计学术之美，接受到最顶级的启蒙。

伍中信老师是性情中人，学术之外，喜欢诗词，书法、陶艺、镌刻、歌唱。我也曾是一位文青，钟情诗词，练过书法，喜欢唱歌。如今，老师学术上已经成了名家，书法亦自成流派，潇洒飘逸。而我也成了家，只是此家非彼家，羞称衣钵传人。惟愿血脉里的一点东西，能稍稍影响到我的下一代罢。

精伍门广州二师姐字

2018 年 11 月 1 日

（本文作者为杨碧玲，湖南财经学院1998级研究生）

不忘初心，传承前行

　　10月29号，我和同门们踏着清晨第一缕桂花香，乘车去往广州参加财政部会计名家培养工程成果报告会。与长沙不同，广州仍是盛夏天气，似是对我们表示热烈欢迎。

　　下午两点，会议正式开始。与会的嘉宾都是财务与会计界耳熟能详的名人名家，我不禁更为崇敬，也非常感激能有此次参会的机会。成为精伍门中的一员，大概是小卷耳这几年来经历的最幸运的事。

　　这次报告会的演讲嘉宾分别是刘峰教授、伍中信教授和宋献中教授。三位教授的演讲风格不尽相同，刘峰教授全程娓娓道来，由古而今搭起会计理论框架，勉励我们时刻要"从零开始"；伍中信教授将产权会计的学术观点和自己的人生感悟相结合，幽默风趣、深入浅出的演讲激起阵阵掌声；宋献中教授着眼于环境管理，孜孜不倦的向我们传授着研究方法和未来方向。三位教授将自己数十年的研究浓缩和萃取，形成精华汩汩流向在座的学术宗师、业界精英和老师同学，我也真正感受到"精神食粮"的强大和力量，不禁愈发想沿着学术道路前行，去追随这些名家的脚步，为提升会计在学术研究中的地位奉献自己的一份力量。

　　伍老师在演讲中反复提到"初心"，其他两位教授的演讲主题也无不透露着他们的"初心"。我们平日里也总听到这样一句话："不忘初心，方得始终。"何谓初心？儒家、道家、佛家都有释义，通俗地说，做一件事最初的原因谓之初心。名家们即使已成名家仍然对学术抱着敬畏和谦卑的态度，不忘自己当初还是初学者时的经验教训，谓之不忘初心。

写到这里，突然回忆起高中班主任谭老师留给我们的毕业赠言："牧羊少年最初的愿望很简单，就是做个快乐的牧羊少年，娶个牧羊女孩，生儿育女；也曾想过做个卖爆米花的，可免除日晒雨淋，但最终难抵内心的呼唤，即便历尽艰险，即便利益相诱，仍选择一步一步往前走，直至收获人生的奇美宝藏。人生而有梦，接受天命的引导，人人可为。牧羊少年用自己的奇幻之旅成就了自己的'奇幻人生'，这是天命之花的怒放，更是人生价值所在。人生途中，始终不曾放弃，因为有一个梦想根植在了你的灵魂里。不为名利，只因为这是自己的天命。"梦想和天命，大概是初心的另一种说法吧。

不禁感佩，自己在人生之路的各个阶段，总能受到智者的指引，一步步意识和提醒着自己的"初心"。前阵子还在迷茫阶段的卷耳今天豁然开朗起来，既然一开始就选择好了要走什么样的道路，就应当不畏艰险、始终如一坚持前行。希望自己能一直，防患未然、慎终如始。共勉。

2018 年 11 月于岳麓山北

（本文作者为黄嘉怡，2017 级研究生）

第五篇 我和大师的「约会」

一、杨纪琬教授：终生未了师生缘

我和大师的约会，第一场就是最顶级的，那是1994年，北京的深秋。

此前听到杨纪琬教授的名字，是在大学的课堂里，那时候就听说会计两大派别，南派和北派，其中北派的老大就是杨先生。大学毕业时，我以过硬的英语和娇好计算机（BASIC语言成绩98分）水平，报考了财政部财政科学研究所电算会计专业，当时是我国唯一招电算会计专业的硕士点，由杨纪琬教授担任导师。因各种原因，报考未果，与杨先生的约会算是"暗恋一场"。

到了1994年，我因获得讲师职称而取得报考博士的资格。第一件事就是联系杨教授"再续前缘"，但如果无缘无故的自己去联系，肯定得不到好的结果。于是便通过在商务部《商业会计》编辑部工作的师弟徐加爱同学打探一下，他便联系了在北京商学院工作的湖南老乡，也是杨老师的在职博士生谢志华老师，谢老师欣然答应了我们的请求，决定带我去拜见杨纪琬教授。

那年的秋天，秋高气爽，我买好了北上的火车票，这是我平生第一次去北京，就要经历如此重大的面试，我心里除了忐忑还是忐忑。

晚上住到徐加爱同学家里，我拨通了杨老师家里的电话，心脏跳到了嗓子眼。对方口语非常清晰，语调也是和蔼可亲，表达了欢迎报考的意思，同时对第二天的"约会"提出了要求：第一，由于年事已高，时间最好控制在一刻钟左右；第二，不能带任何礼物。这种要求对我而言很不适应，似乎感觉有点不近人情，甚至让我觉得机会渺茫，于是产生了打退堂鼓的念头。

徐加爱跟我说，你来都来了，看看大师也是好的，很多人一辈子都见不到他。在他的鼓励下，我按原计划找到了谢志华老师。

我跟谢志华老师也是第一次见面，因为有约在先，我们只做了些简单的寒暄。随后，他交给我一辆"破"单车，两人各自骑车，抄近道向杨老师家驶去。

快到家门时谢老师跟我说，你最好别先"坦白"自己的学历（我是本科生，这是弱点），我说，好的，尽量不说。

敲门，砰砰砰，我的心也是这样跳着。杨先生开门欢迎，我便跟在谢老师后面走了进去。

杨先生戴着眼镜，精神矍铄，一看就让我想到"泰山北斗"。

一进门还在"过道"（以前也叫客厅，但由于小，一般家庭把大一点的房间用来接待客人）没有进会客厅，杨老师就节约时间，开始发话："你的学历是什么？"我有所准备，答非所问地回答："我是1988年毕业的。"他抬头看了看我的脸，似乎可以判定我这张"稚嫩"的脸不可能是1988年毕业的研究生，于是进一步追问"我是问你研究生呢！"我一下子脸就红了，幸亏"过道"光线暗淡，我不得不说出实话"我没有读研究生",为了套个近乎,我加了一句"我1988年考了您的电算会计,没考上"。此时,我整个人都不好了,心想,这种交流哪里用得着一刻钟呀!马上就可以出门的节奏。

毕竟谢老师是杨先生得意的弟子,这个面子还是要给,杨先生还是给了我机会,说"把资料给我看看",就这样,我们才开始进入会客室,我也才坐下来等待杨先生看我的材料,然后"宣判"!

为了拜见杨先生,我还是做了一些功课。当时我已经发表了四十多篇文章,和徐加爱也合作出版了两部著作。考虑到杨先生在国家宏观管理部门工作,也是"会计管理论"的代表,我把自己所研究的带宏观的成果(产权会计、宏观管理会计等)汇编打印成册,自己用毛笔在封面题写"宏观会计研究汇报"字样,同时把我们研究"会计制度"的专著呈上,表明可以跟随导师一起探求中国会计制度变革。

就这样,在翻看我材料的过程中,他不时与我进行交流,问到当时时兴的"公司制(现代企业制度)"等概念,恰好我一直在研究公司制与会计变革以及产权经济学作为新制度经济学对会计制度建设的指导意义,对杨老师而言,也许有视角上的新鲜感,而我也侃侃而谈,对答如流,讨论在十分轻松愉悦的气氛中进行,大家似有"酒逢知己"之感。

那天上午,阳光很好,天气格外的清爽,师母也出来跟我们一起交流。杨先生对我的学术状况做出简要的评述:知识面广,切合改革前沿,在"湘潭"那个小地方,在"矿院"那个既非综合院校也非财经类院校，能够做出这样的成绩，实属不易！

于是，他以极为负责的态度给我传授考试的"秘籍"。他说专业课没有什么问题，他可以说了算，英语就全要靠自己了，你作为本科生，更应该加强对英语的学习和训练，去年还有专门从美国过来考试的，英语都没有及格。针对英语听力，他很风趣地说，给你放录音，听一遍不行再来，再不行还可以听，还不行，再听也没有什么用啊。针对英语面试，他说面试官不比录音机，人都是有感情的，只要你学几句客套话，还是比较容易通过的。

杨先生的话极大地鼓舞了我这个"井底之蛙"，从杨老师的耐心程度和语气，我第一次感受到自己可以跨入会计研究的"国家队"行列了，可以为国家的会计事业出点力了！

时间过得太快，不知不觉早过了杨先生约定的"一刻钟"时间，到了十一点半，两小时有余，我们再也不好意思滞留，打扰"二老"休养，也许杨先生自己已经忘记了时间。于是我们主动提出来离开。

从杨老师家出来后，谢老师找来几个师兄弟（也是杨老师的学生）一起吃中饭，他们都是我听起来如雷贯耳的名字。吃饭时大伙问我的感受，我说我没有比较不好形容，这时谢志华接着说："可以这么讲，应该是我们这些弟子们第一次跟杨老师见面效果最好的"，他还细说了自己当年拜访杨老师时，杨老师在十五分钟左右时提醒他的情景。从这个角度上看，杨老师对时间和效率的把握是非常值得我们学习的。至于是"效果最好的"一说，也许是杨老师好久不见了谢老师这位"大弟子"，加之谢老师又非常健谈，再配上秋高气爽、阳光灿烂等原因，才会有那天的"长谈"。

　　说真的，那天我领会到了"春风得意马蹄疾"的意境，恨不得"一日看尽长安花"。

　　由于没有约好具体时间，不知道在北京要呆多久，我只买了"去"的车票，没有想到第二天上午就把"事情"办了，当天我得知本单位的两位同事晚上要坐火车回家，我们便约好利用下午的时间去一个地方逛逛。

　　按常理，第一次来北京，加上时间很短，一般人会选择去故宫、天安门走走。而我却选择了偏远的、以自然景观为主的香山。

　　十月底的香山，正是深秋时节，也是赏红枫的最佳季节。我们一行三人一路游玩，见路边有拍照送红叶过塑压膜的，很有情调，行人排队拍照留影，要求店主题字纪念。我见题字太差，影响画面，便自主前去帮忙。记得印象最深的是两个美女请我题写的"在枫中"和"等待的女孩"，其中一个女孩还问了我的地址和号码，可我那时没有电话号码，她告诉我说她就住在王府井，在我想来，那就是"皇城根"，一定是个高大上的地方。

　　见我题字不错，排队拍照的人越来越多，我们急于赶路不得不停下手里的活。店主为了感谢我的付出，免费送我一张照片。我为自己即兴挥毫，记录了当时特有的心情："香山一叶舟，难为北京人"。

　　此作品两句都一语双关。第一句，既对香山一叶红舟进行写实，也表达自己来到北京大都市的漂泊和孤独之情。第二句，"难为"一解"不想做北京人",表达对第一次来北京的陌生、孤独感甚至自身历来就有的自卑感;二解"难以成为北京人",表达了自己对读博既有信心又充满困难的矛盾心理。

经过几次搬家,这一作品已不知身在何处。对她的记忆,连同两位"在枫中""等待的姑娘"一同消失在时间的长河里,也沉淀在我以个性堆积的事业河床上,难以触摸和探寻,却又十分真实的存在着!

那一天,如果我选择去故宫、天安门而不是香山,如果我不是写"难为北京人",而是如鱼得水、"乐为北京人",我肯定不是现在的我,当然,肯定也不是"初心"的我了!

此后,我一直保持着与杨老师信件和电话联系,包括普通的问候和学术上的请教。那年为了保证一年内读上博士,我还同时报考了西南财经大学和中南财经大学。当我按时序来到西南财经大学并得到郭复初老师的认可和接纳后,我面临着一个如何在几个博士点和导师之间选择的难题。

我又一次通过校园排队交费的电话亭拨通了杨老师的电话,他再一次表示了欢迎并就英语考试提出建议(这也是我们共同担心的问题),我也跟杨老师汇报了我在西南财大的情况。杨老师尊重我的选择,并说西南财大如果能取,也许更有意义。

过了几天,谢志华老师带着我还有杨老师的"叮嘱",一同来到郭老师家,一同在场的还有西南财大副校长、时任湖南财经学院教务处处长樊行健教授和郭老师第一届弟子赵德武,大家就我的读书一事展开了交流。谢老师首先转达了杨老师的问候,并表示从学科需要和对我培养的角度，希望我在郭老师的带领下做出更多的成绩。郭老师表达了谢意并就培养问题做了十分诚恳的承诺。

郭老师说"中信如果考的好，一定可以录取，如果没有指标就动用明年的指标，没有考好也先读，我会去跟校长汇报，我快六十岁的人了，财务学需要人接班"，当他看到赵德武也在场，毕竟是在身边学业深厚的大弟子，马上补充一句"德武主要是举会计学的大旗"。

老一辈的"人梯"精神、社会责任和严谨的学风，深深地印在我的脑海里，我唯有肝脑涂地、努力奋发方可报答他们对我的期望。

就这样，我留下来跟随郭老师继续探求学问。偶尔去北京，也跟谢志华老师、汤谷良老师一起去看望杨老师。最后一次看望杨老师是在他老人家住院的病床上，至今不觉已有二十余年，杨老的音容笑貌，犹历历在目，恍如昨日。

二、郭复初教授：经纶满"腹"，素心若"初"

见到郭复初老师，你绝不会想起泰山，而一定是四川盆地上那绵延不绝的山脉，婉转、持久、温文而厚道，伴随细水长流，润物细无声。

我第一次"认识"郭老师，是在《四川会计》杂志上。从1991年起，我开始涉足学术研究，《四川会计》是必不可少的"核心"杂志，在该刊物上也屡有斩获，于是也常把"得意之作"往这边寄。令我印象最深的是，我的"财务公共关系初探"一文，需要我在概念初始化和理论系统化方面实施创新，这对于没有读过研究生，身边也缺少学术伙伴的我来说，是一件非常困难的事情。在经过一番艰苦的努力之后，我把"手写稿"（那时都是手写的）寄给了《四川会计》，可能算得上是我较早的一篇长文。几个月之后，竟然收到了全文刊出的"大作"。很惊讶的是，我在初稿中令人纠结的词语和段落被编辑改的非常顺畅，这不得不让我把欣赏的目光转移到了责任编辑，文末的括号处写着："（责任编辑：郭复初）"。于是我便在《四川会计》上寻找他的信息，从他发表的一篇文章中得知作者是西南财经大学的一名老师。

就这样，我和郭老师以一篇文章结缘。据他后来解释，由于比较晦涩，这篇文章本来被编辑部否决了，他在二审中发现文章很有创新，可以修改发表，编辑部也便同意了他的意见。缘分总在一念之间啊！

到了1994年，由于我在财务公共关系方面写过不少文章，于是准备写一部专著。在写完初稿之后，我想起来，请郭老师为我作序。既然是财务公共关系，我就请了一个财务方面的和一个公共关系方面的专家分别作序。记得当时另一个请的是深圳大学出版公共关系学教材的权威老师，他没有回复我，也许是觉得我太"跨界"了吧！

我接到郭老师的信也是数月有余。他在信中说：中信老师，您的来信收悉，由于上半年需要本科答辩、硕士生答辩和博士生答辩，忙得无法给你作序，现将"序"寄来，想必您的大作已经出版，能否给我寄来一本，以供学习之用。

此时我的书确实已经出版。在那个信息不发达的年代，给一个素不相识的老师发出请求，本来就是怀着侥幸的心理。

从郭老师的信件中，我感受到了老师的务实和亲切，从字里行间，我还琢磨出郭老师还是一位可以带硕士，可能还带博士的"老师"，绝非仅仅是一个专任的责任编辑。

虽然未能用上郭老师的"序言"，但能够收到他的来信已是让人激动不已，这可是第一个博导给我回信。我仔细选了一本好的"专著"，怀着感激之情，用书法笔在扉页上题写了"心中的太阳"，再附上一封信，一起寄了过去。此时，我还不知道郭老师是博士生导师。

信件寄出后不久，我收到了郭老师的回复，他勉励我能够继续在宏观方面做一些探究，说实在话，我那时对郭老师研究的内容还没有怎么了解，于是我把最新发表在《财会通讯》上的一篇宏观管理会计的研究文章寄给了他，并就一些相关观点向郭老师进行了请教。后面的交流得知，郭老师自身一直研究宏观财务即国家财务论，并于当年下半年开始带博士研究生。

经过几次信件的"神交"，我在有意地向郭老师"靠近"，郭老师也好像有意识地在"栽培"，师生之情进展十分默契。

如果长期如此，不"捅破这层纸"，也是不合适的，不利于事情的发展。于是，在一个合适的时间，我想好了"台词"，准备用"打电话"的方式跟郭老师好好"表白"。说实话，那时我已经很想能够听到郭老师的声音了！

在拨通电话前，我开始猜想即将到来的情景：一位气宇轩昂的长者，身穿长袍、脚踏布艺拖鞋，款款走向"摇式"电话机。

此时，电话铃开始振响，我激动的心需要平复。"喂！""郭老师吗？我是伍中信""我是我是，伍中信啊！你好啊！"郭老师从四川话中跳出来，但明显的还是四川的味道。

一阵寒暄过后，我开始提出考他博士的请求，他也答应了下来，并提出了以后努力学习的方向。挂断电话之后，我的心久久没有平息。

后来得知的现场情况是，我想象中的场景其实也就是一个普通教师的家庭，完全没有想象中的那么"高大"。值得老师回忆的是，那天我打去电话，郭老师正在家里给四位博士上课，他接完电话之后，回到学生面前，用四川话说："刚才湖南有个叫伍中信的给我打个电话，想考我的博士"。四个博士听后，都希望老师尽快招进来。

对我而言，那时发表了四十多篇文章，也算是"小有名气"了。

这样，我就开始努力备考，由于本科生需要在考博士之前补考硕士研究生的内容，我在那边没有熟人，我需要补考的硕士课程的教材，全部都是郭老师帮我邮寄过来的。看着一捆沉甸甸的书，又一次感动于一位老师对学生的"普通"情谊。

转眼到了1995年的春天，由于需要提前考试七门硕士生课程，郭老师要求我至少提前一个月过去复习应考。就这样，我买好了去成都的车票，踏上了西进的列车，告诉了郭老师大概到校的时间，他也告诉我所住的栋号和单元。

拖着行囊，见得校门，并不非常起眼，但见厚重和庄严。进了校门，一排高人的雪松站立路的两旁，就像一个个学术"大咖"为从这里进出的学子保驾护航。时有少男少女游离期间，正是我印象中的"大学"形象。再走过去，一对男女青春偶像的艺术雕塑立于眼前，戏说该对男女一往苏坡桥，一往青羊宫，劳燕分飞，也许这才是青春的真实模样。

再往前行，是我们的主教学楼，她横亘于学校的中心轴上，要去家属区，可抄近道穿过教学楼。此时，我好像已经走了好长一段距离，有点疲惫不堪。后来才知，西财就是一条狭长的通道，校门是起点，教学楼是中点，导师家是求学的终极目的地。

穿过教学楼，一株高大沧桑的铁树"挡"住了去路，我停下来，定睛一看，上书"光华铁树"。原来是一个有故事的"树爷爷"，不然怎么会占据这么有利的地势。

再往前走，人流开始多起来，视线也开阔了许多。有很多学生奔走于食堂与宿舍、澡堂之间，也有家属带着孩子在园子里嬉闹。我想家属区应该快到了！

走过食堂门外，见便是家属宿舍群，我便询问了一下郭老师所在的栋号，直奔而去！

走到该栋，见一个五十岁左右的"老人"和一个比他"更老"的长者在一个单元门外寒暄，有送客离别之景。

我按照郭老师给的单元号数过去，他们聊天的地方好像就是老师所在的单元，我从未见过老师的照片，甚至不知道老师的真实年龄。

我来到他们跟前，完全不敢打扰也不敢偷听，保持了必要的距离。

一切都是刚刚好，等我快靠近他们的时候，他们也正好告别完毕，"更老者"转身，"老人"准备转身回家。

就在这一瞬间，我出现在老人的面前。问道"请问？"他几乎就在同时，回答道"你就是！"

这是我和郭老师共同拥有的历史瞬间！无需指姓道名，就是在那个时间，那个美妙的黄昏，我们相遇了。

据我们后来的回忆，我是以那个地点猜想他就是郭老师，他是以那个时间猜想我就是伍中信。郭老师告诉我,那天跟他聊天的是他的老师张国干教授,他们讨论了一个学术问题,正好送走。没想到,我们三代人以这样的方式相见又这样擦肩而过。

进了家门,见过师母。一顿热气腾腾的川式"家宴"已经准备就绪,我没有准备自己去外面吃饭,就像回到了久别的家。郭老师拿出了自己家乡的美酒"五粮液"(老师每次都以家乡酒自豪),不管我是否可以喝酒就倒了上来,我也以此为依据以为郭老师是一位善酒之人(其实不然)。就这样,我们"师徒二人"开始喝上了几盅,郭老师见我脸红耳赤也就打住了(论酒精度的脸上反应)。

随后,我在老师家洗了个澡(真敢把老师家当自己家了),带上行李,跟随郭老师去学校的招待所。一路上,郭老师帮我拿上从自己家准备的"铁饭碗"和一双筷子(可能家里没有吃食堂用的勺子),到了招待所,他已经帮我办了一个月的手续,随后又把订了一个月的餐票交到我手里。这一切,我都看在眼里,记在心里,我自己的父亲也没有这么细心啊!

我何德何能该得到老师的厚爱?该以怎样的方式来报答前辈对我的爱?又该以怎样的方式来传承这种爱?安顿好后,我带着一系列的感动和疑问继续按老师的"计划",跟随他去拜访我的"师兄","师兄"们住的高,要爬六层楼,看到郭老师气喘吁吁的样子,我再一次加重了一笔"负债",也陷入了内疚和自责!

当晚,我跟妻子通了电话,报了个平安,也描述了当天与郭老师的奇遇和种种感动,这种感动一直传递至今,温暖而动人。

图35　与郭复初教授及师母

三、杨时展教授：永恒的受托责任之魂

　　1992年，我在会计学术界出道伊始，一篇关于"财务公共关系"的文章被中南财大的一个学术会议选用，并要求做大会交流。这是我第一次参加全国性的学术会议，对大会交流还是有点"恐惧感"的。我和湖南的朱开悉老师都参加了会议，双方在互不认识对方的情况下认出了对方。

　　大会的第一个节目就是杨时展教授的学术报告，由于离的太远，听不清讲了什么，相貌也是属于那种头发花白，精神矍铄的学者形象。听杨老师的演讲，有如时下听大咖的大型演唱会，哪怕看不见、听不清，坐在下面感受一下就已经非常的幸福。

　　随后，由于自己从财务公共关系转向产权会计研究，发现受托责任与会计有着不可隔离的内在关系。于是便开始关注杨时展教授的相关论述，其中发表在《中南财经大学学报》和《财会通讯》上的"现代会计的特质"（上、下）和《会计信息系统说三评》等文章对我影响最深，我几乎是一句一句多次看、多次体会，可谓是字字珠玑，很想从字里行间寻找老师想说还没有说到的东西。杨老师的文章非常精炼，富有激情，甚至带有散文式的论述，文采飞扬，令我百

看不厌。如"天下欲乱计先乱,天下欲治计乃治"的历史论断以及"做一个大写的会计人,不要做资不抵债的人"等会计职业道德论述,至今在会计界广为流传。在我看来,在会计界,文章的文采和思想性没有几个超过他的。不知不觉间,我对杨老师有了一种崇敬和向往。

时至1994年,我有了考博士的资格,为了能在一年内解决问题,我同时联系了三个地方(另两个是财政部和西南财大)。中南财大离家近,我的产权会计研究内容也跟杨时展老师的受托责任靠近,我便把自己研究产权会计的文章打印汇集成册,在封面上用毛笔字书写"产权会计研究",附上我对杨老师的报考信。

意想不到的是,从我寄出信件不到一个礼拜的时间,竟然就收到了杨老师给我的回函,这几乎是我的通信生涯中为数不多的快递(另外还有"两地书")。杨老师是用软笔给我回的信,他在信中写道:"中信弟台:非常欢迎你报考我校博士生,由于我今年八十有三,年事已高,不能再带博士,我已经将材料交给郭道扬教授,他会及时与你取得联系,祝好!杨时展。"

此后,郭道扬老师因病住院未能及时回信,而我因西南财大需要提前赶考,虽然也报了中南财大,终因顾及不暇而中断了在中南财大的考试,直到1997年10月10日杨老师去世,也未能与杨老师见上一面。

我跟杨时展老师的约会,仅限于一次大会的"远望"和一次书信来往。从他的字里行间,可以看出先生严谨的治学态度和对晚辈的关切爱护之情。而我,对他的理论、文风以及从字里行间折射出来的人格崇敬有加，把他对"受托责任"学说的呼唤，利用产权理论加以升华，从会计定义和目标上升到会计本质的认识高度，发表在《会计研究》1996年11期上。

1998年下半年，我有幸成为中南财经大学郭道扬老师的博士后，在杨老师去世三周年和五周年，我分别在《财会通讯》和《财务与会计》杂志上发表了纪念杨时展教授的文章，以表达对会计先哲的无尽思念。

附：永恒的会计受托之责——杨时展教授的会计理论思想研究

"受托责任"作为一种思想，在西方已形成一个学派，即受托责任学派，其代表人物有井尻雄士（YujiIjiri）、恩里斯特·帕罗科（E. J. Parlock）等。该学派在发展过程中与决策有用学派竞争，导致学术界和实务界对会计目标认识产生差异，继而使对会计目标的不同认识成为西方会计理论研究的"楚河汉界"。

与之迥异的是，我国会计理论界讨论的焦点源于南北会计界关于会计本质的两论之事，并随之出现了对财务与会计关系问题的研判。著名会计学家杨时展教授以其中立的地理位置和观念立场，为消解南北之争摇旗呐喊，所举的旗帜便是西方的"受托责任学说"。他把受托责任当作会计最核心和最本质的内涵来理解，并孕育了系统化的理论体系。

作为西方"会计目标"理论的重要流派，在中国"受托责任"

也被视为"会计目的"。较之而言，笔者认为"受托责任"更是会计的本质所在。

从理论上看，"受托责任"恰当表述了会计内在的矛盾运动，它既要保护委托者的权利，又要体现受托者的利益，会计理论的发展便是在这种"折中"的矛盾运动中走"平衡线"。从产权视角来看，"受托责任"则是满足了不同产权主体的平等要求，如美国会计准则的"公认"二字就有此含义，它不仅要得到政府与权威机构的认可和广大资源托付人的支持，又要使社会各经营者——受托人普遍"愿意接受"，这样制度运行起来才会顺利。而会计理论或制度的建立便是在委托人与受托人之间不断的"重复博弈"中逐渐形成和完善起来的，并最终使会计理论或制度发展到"进化稳定均衡"状态。

就会计实务而言，如何合理"认定"和"解除"受托责任，如何协调两者关系是会计实务界需应对的重大现实问题。目前我国会计工作中出现的"二套账"现象，即"认定"是一套账，"解除"又是一套账的做法，隐含"弊"大于"利"。在受托责任会计本质理论光芒的照耀下，这一做法的缺陷暴露无遗。

进一步地，从会计人员在企业委托代理关系中的角色和地位来看，随着现代经济的发展，现代企业的"受托责任"已发展成为"法人治理结构"。会计人员的立场是受托者，而责任则要求他对委托人做出交代，会计人员便是在受托者的"立场"和对委托人解除"责任"的矛盾运动中成长和发展起来的。"会计双重身份论"只看重了矛盾的对立性，认为会计人员既代表所有者，又代表经营者，乃至陷入"两难之地"，于是想出"抽刀断水"式的派出制，试图中断这一矛盾，其结果可想而知。而"会计独立论"者则迈向了另一个极端，即只注重了矛盾运动的同一性，而忽视了对立性，试图把

"立场"和"责任"统一在第三者身上,从而达到矛盾的消失,其结果同样是无济于事。因此,只有让会计人员回归企业现实,认清其立场与责任,才是辩证地看待和处理会计人员"立场"和"责任"的正确方法。由此可见,会计不断依循认定和解除"受托责任"而存在和演化,会计的本质即为受托责任会计。正是"受托"与"责任"两者在身份和作用上的矛盾运动,才使会计界对会计立场、管理体制及由此而产生的会计职能软化等问题争论不休;也正因为这一矛盾运动,才使会计理论百花齐放并日臻完善。

"天下未乱计先乱,天下欲治计乃治。"杨时展教授的精辟名言道出了会计在经济管理及社会稳定中的重要意义,而受托责任作为会计与生俱来的重要思想源泉,则是会计理论产生、发展和变更的理论基石。所有的会计活动都是因受托责任而起,所有的会计工作从其本质来说,均是"受托责任"之会计。可见,受托责任着实为所有会计工作的一个最恰当的表述。

(原载《财务与会计》2013.7)

四、郭道扬教授：道存海内，名扬四方

知道郭道扬老师的名字，大约是在大学《中国会计史》的课堂上，著名会计史学家李孝林老师主讲该课，用的是自己编写的大开油印件。李教授在课堂上提及了郭道扬老师及其《中国会计史稿》的故事。

跟郭道扬老师的联系缘于我对中南财经大学杨时展教授的追捧。1995年我准备报考杨时展教授的博士生，但因杨老年事已高，把我推荐给了郭道扬老师。过了一段时间，收到了郭老师弟子康均等两位同学来信。说郭老师最近身体不适，在病床上吩咐他们尽快给我回信，等老师好后再与我联系。我看到来信，既兴奋又担心。于是马上给郭老师写了一封回信，以示敬仰和报考的愿望。

寄出不久就收到了郭老师的亲笔回信，郭老师在信里详细告知了考试用书和考试范围，希望我认真备考。

由于我当年报考了三个博士点，西南财经大学最早需要考试，因精力有限，放弃了郭道扬老师这边的考试，跟郭老师的缘分暂告段落。

在读博期间，我一直惦记着郭道扬老师那边的师生情缘未了，

但总因自己没有去考试，感到些许愧疚。直到1997年底，自己的"大作"《产权与会计》成稿，部分作品在重点期刊发表，我才有了跟郭道扬老师交流的勇气和"资本"。在郭复初老师的认可、鼓励和推荐下，我向郭道扬老师写信，申请在博士毕业后去郭道扬老师处继续从事博士后流动站工作。

郭道扬老师收到信件后，要求我尽快去一趟武汉面谈。当时，中南财经大学才招完第一届博士后（一个名额），是经济学的。依郭老师的名望，1998年应该可以轮流到他的管理学，但一切都难以确定。郭老师还拿出了中国人民大学著名会计学家阎达五教授的推荐信，推荐他的优秀弟子杜胜利过来。不过郭老师继续说，看到我的各种情况，还是愿意优先安排我。

1998年9月，我如愿成为了郭道扬老师的第一位博士后，也是中南财经大学第一位管理学博士后。我被安排了二室一厅的工作用房和一些工作经费。

郭老师的家离学校不远，记得第一次去见他是经过了一个铁门，然后按响门铃，一个戴着眼镜、穿着得体、发型整齐的学者出来开门，一见便知就是想象中的"大师"范。后来每次见他，他的仪表都是"一丝不苟"，有如他对学术的态度。每次去看他都被要求谈一些研究进展，尤其是写出站报告前，必须要先试写一章交给他审阅，方可继续进行。

在我做博士后期间，郭老师担任了在武汉的《财会通讯》主编，我也时常跑去做一些编辑工作，得到了一些锻炼。记得我在2000年第 3 期上还为其 20 周年写了一篇题为"民刊、明人、名作"的纪念性文章。

每次师生有聚会，郭老师都是十分的好客和开心，总要喝些小酒助兴，偶尔在 KTV 丢一首"草原之夜"之类的歌曲。但每次在他简单地"表现"之后，为了不让我们扫兴，他都会"偷偷"的溜走，为的是他对自己"每天爬格 2000 字"的不变承诺。每天爬格 2000 字，郭老师到现在还在坚持。我们到他家"参观"，可以看到一袋一袋手写的"书稿"，这才是真正的"史稿"啊！

从认识郭老师到现在，见他搬过两次家，也就是见过郭老师三个"家"，应该可以说，一次比一次面积要大，甚至后面搬家时还有两层。但客观地说，我一点都没有感觉到一次比一次宽敞，而可能是拥挤！究其原因，那就是藏书太多。

经了解，老师新旧房子几百平米，几乎每间房都是"书房"，墙上、地上、桌上全是书，总六万余册。问其书海浩渺如何归类查找，答曰，目录皆在心中，一念便可触及。

来到老师书桌前，留给自己不到两平米"周转"空间，桌上极为简陋，没有装饰品和任何摆件，没有"现代"装备，只看到几支不同颜色的笔和一个简单的看似用久了的"茶缸"。老师自定一日完成两千字的"爬行"任务，就是在这个"空间"里"运转"完成的。为学如此，实为后生之楷模！

年龄、病痛挡不住工作的执著，一天八个小时，两千字，每天必须完成规定页数才睡觉。从青年写到老年，从黑发写到白发。除了写会计史，他已经没有任何其他爱好。

穷尽一生，只做一件事，是对他老人家的真实写照！

其严谨的治学态度和指导方式是晚辈学习的榜样，同时也可能因枯燥或者时间分心甚至就是毅力，而难以被我们模仿。

"道存海内，名扬四方"是在郭老师六十岁生日时我发言"说"出来的；在他七十岁生日时，我又把这八个字"写"出来送了过去；时间太快，过几年就是老人家八十大寿了，我一定要按照导师的要求好好地"唱"出来！

图36　与郭道杨教授

五、黄菊波教授：人淡如菊，水深波浅

黄菊波老师是时任财政部财科所副所长，主要从事财务管理方面研究的博士生导师，我到西南财经大学主攻财务学之后，便随郭复初老师了解和认识了黄菊波教授。

记得有一次，郭老师兴冲冲地敲开我的宿舍门，递来一篇《会计研究》上关于"会计中心论"的文章，有一些不利于财务学发展的言论。郭老师要我写一篇文章进行商榷。我便用产权经济学（新制度经济学）中的交易费用理论对财务与会计制度建设进行了系统的分析，写成了《有关"财务通则"的存废问题》。经与郭老师商量，寄给了黄菊波老师，请他指正并推荐给《财政研究》的财务学栏目。

随后，《财政研究》很快得以见刊，我与黄老师的书信联系也慢慢得以自然和顺畅，我对财务学理论研究的兴趣也就越来越浓。我的博士论文主要章节和理论观点分六次连续发表在《财政研究》上，《财政研究》成为我"财权流"得以推出的重要阵地。

黄菊波老师对晚辈的提携可谓不遗余力，但他也不是逢人都愿意"帮忙"的，得是"可雕之玉"才行，我就是这样幸运地成为黄

第五篇 我和大师的"约会"

老师的手中之"玉"。他就像是我的编外导师，无时不刻指导和指引着我前行。1998年7月，他主持了我的博士论文答辩，对我的"财权流"现代财务理论体系褒奖有加。2001年6月，他和郭复初老师一道，主持了我的博士后出站报告，对我以"财权配置"为基础开创性地建立"现代企业财务治理结构"给予充分肯定。博士后出站报告结束后，郭道扬导师和我一起送黄老师到了机场。在去机场的路上，黄老师对国内几个搞财务学研究的"年轻人"进行了点评，黄老师对我们的研究如数家珍，我在惊叹之余，又增添了几分自信。

黄老师已然是学术大家，对我们一无所求，却又呵护有加，润物无声。

2002年夏天，为申报博士点，我们会计学院在张家界举办了全国第九届财务学科研讨会，当时邀请了众多财务和会计界的"神仙"，王庆成老师、黄菊波老师、郭道扬老师、王松年老师、郭复初老师等等都来到张家界的"云海"中相会。

会议开幕前夜，我们按惯例开了个筹备会。在我的印象中，我国还没有开过像这样"长老"云集、毫无官方特色的"神仙会"。在"长老们"的主持下，筹备会取得了"历史性"成果。第一，改以前的财务学科研讨会为"财务学年会"，秘书处设在西南财经大学，把2003年在西南财经大学举办的会议定为年会"元年"，称为"第十届"年会；第二，参会的所有"老"同志都退出年会领导组织，全部改称"顾问"；第三，年会由年轻人担任共同主席，在本次筹委会上，由"长老们"推举了西南财大的赵德武教授、中国人民大学的王化成教授和我三人担任共同主席。

  黄菊波老师是其中重要的"长老"之一。那一次，我们提前邀请了黄老师来校（长沙）考察和指导，跟老师们开了座谈会，然后一起赶去张家界召开财务学年会。

  就在那一年的冬天，2002年11月15日，黄菊波老师在湖北荆州调研途中，因心脏病突发病逝，我最敬佩的黄老师就这样悄无声息地离开了我们。

  事后一周，我才收到来自财政部财科所的电报信息，打开一看，我惊倒在办公桌上，悲痛之余，我深感惋惜，已经错过了最后为黄老师送行的时间！

  当我中午回家，跟爱人提及此事，我们仍然哀惋不已。我随便吃了几口饭便倒在床上睡下了。就在我半梦半醒之间，我径直走进了与黄老师在一起的梦乡，梦里我嚎啕大哭，直到把自己哭醒，此时，泪水已经沾湿了被角。醒了，梦里梦外都依然清晰——黄老师已切切实实地离开了我们！

  这是我一生中第一次让我在梦中哭醒的"案例"，此后，只有父母亲走后的偶尔梦境。

  我想，这种哭，是极为珍稀和宝贵的，也是最为幸福的！

六、葛家澍教授：大"家"垂范，玉"澍"临风

葛家澍教授是我敬仰的最早的会计学泰斗，那时我还是个大学生。

读书期间，我经常泡图书馆，经常看不同的杂志，葛家澍教授的文章要么不发，要么肯定就是第一篇，在我"年幼"的心里，自然就是泰斗级了！

后来老师们上课经常提及葛家澍教授，我慢慢知道，原来他是会计界"南派""信息论"的首领，敬仰之情坚定不移了！

1988年上半年，安徽财贸学院第一届研究生毕业，邀请了葛家澍、裘宗舜、王文彬三位教授坐镇主持答辩。那年也正是我本科毕业，听说葛教授要来，我硬是想尽办法挤进了极小的答辩教室。

记得当年有个研究生的选题跟我极为相似，都是关于价值工程与质量会计的，我对此非常关注。葛教授给这位同学提了一个问题，说《财会通讯》上有一篇关于这方面的调研类文章，你有什么看法？该同学有点不知所措。此时此刻，我真的很想走过去帮助他，把我抄下来的笔记借给他，但还是憋住了，毕竟这是他们之

间的事情。

在那个岁月，要检索一篇文章，只能靠笔记，做卡片，没有复印机，更没有现在的网络，一搜关键词就全出来了。那位同学没有见到这篇文章在情理之中，但也是不应该，毕竟是发表在当时非常"核心"的期刊，毕竟葛教授都关注到了，而且连一个本科生"师弟"都可以对答如流。

答辩快结束时，葛家澍开始总结，问大家是否还有什么问题，我在这位同学答辩过程中正好有一个疑惑，没想到葛教授这么讲究学术精神：公开、民主、自由，这么"善解人意"，真是学术大师啊！

就在我准备站起来提问的时候，身边的同学赶紧把我扯住了：你这不是给同学添麻烦吗？万一他答不好，没有通过答辩怎么办？我一听，问题还很大呀！于是我赶紧又坐了下来，静待大人们宣读结果。

那一次，我给自己做了个"参照式"的答辩，检验了自己的学术水平和答辩能力。尤其是见到了葛家澍等教授的风采，给了自己极大的鼓舞和信心。虽然我只是仰视，但他们就像灯塔一样，足以照亮我的前程！虽然，葛家澍并没有认识我，甚至连看一眼都谈不上，但他就像丢下一枚玉印，深深印在我求知求真的脑海里！

这就是榜样的力量！

毕业后，我一直没有机会读研究生，也难以有机会见到葛教授，但我所在的学校（湘潭矿业学院）还是陆陆续续去了好几个同事到厦门大学进修，尔后考研读博，每每听到他们提及见到葛教授的感受，我都羡慕不已，同时恨自己，为什么没有找到去厦门的机会？

2003 年，我在湖南大学会计学院主政期间，为了申报博士点在全国各地寻求专家指点。由于学院分工问题，另一位同事在下面拜访了葛老师，当时他们极力建议我去面拜葛老师，但却因"档期"难改，我们只是通了一会电话，还是错失了与大师的见面"约会"！

到了 2007 年，我到厦门国家会计学院开会，会议安排了葛家澍教授前来跟大家见面，并共进午餐。

此时，我非常珍惜并"策划"了与葛教授的"真实约会"。我担心葛老师不认识我，直接冲上去给老师请安太唐突，特意请葛老师的弟子刘峰帮我做介绍，然后请安会合适一些。于是，情节就这样开始了：

刘峰：葛老师，这是伍中信。

葛老师：哦，久仰大名！

此时此刻，我完全无词了！因为葛老师把我要用的"久仰大名"给用了，我还有什么词比这个更好呢？比这个更能体现我对他的敬仰之情呢！

此时，容不得我思考，必须马上回话！

伍中信：我无地自容！

我进一步对葛家澍用"久仰大名"的用词表示无地自容，同时对晚来的拜访而深表愧疚！

随后，刘峰老师给我们来了个合影。

2013年11月25日，中国会计学会在南京审计大学开会。会上，我们见到曲晓辉老师，问及葛教授身体状况，她说葛老师身体不佳，低烧不退，恐难久矣！

此时，我们全体老师心情顿感沉重，次日葛教授的噩耗传来，盍然长辞，会计界一面巨旗轰然倒下，业界哀叹！

七、我与"精神导师"的约会：你是我的真理——永恒的纳什均衡哲学

2015年5月24日，诺贝尔经济学奖得主·纳什和妻子因车祸去世，终年86岁。又一个精神导师离我而去，发生在昨天那场与汽车"非合作博弈"的瞬间！

我的第一个精神导师是产权大师科斯教授。1992年中国开始走社会主义市场经济道路，产权改革是必经之路。当时我刚大学毕业四年，没有读硕士，跟几位同事共同接触了科斯及其《企业的性质》。在翻阅科斯与其他产权经济学大师的著作后，我越来越觉得自己进入了一个"外行人听不懂，内行人说不清"的朦胧世界，一个哲学王国。会计学的诸多理论和方法在产权的透视下显得越来越透明，也越来越清晰和简单。于是我便走上了直接利用产权理论来指导和解释会计学的道路，成为国内产权会计学派第一人。

科斯教授们的交易费用理论与科斯定理，不仅可以指导一些学科研究，还可以用来指导人生的规划。比如，他关于企业产生的原因以及资源在企业、市场、政府三者之间均衡配置的优越性（交易费用最低原则）等。我在读完博士步入社会的第一步就按此原则

来选择人生的道路：从政，从学，从商，三者只居其一，不是交易费用最低、也不是规划最优的选择，三者均衡才是最完美最幸福的人生。

在我如饥似渴地学习产权经济学并努力将其用到会计学和人生事业研究的时候，又一位精神导师不期而至。

那是我读博士期间的某天（1996年），邮递员送来了一封来自家乡爱人的信件，信里夹了一张裁剪下来的报纸（从产权角度，可能是从公家资料室"偷偷"裁下来的，但鲁迅又说了"窃书不算偷"，何况是报纸!），是樊纲老师写的一篇关于纳什及其博弈论的介绍性短文，我再一次如饥似渴地一口气阅读完其中的内涵，觉得与产权经济学有着许多异曲同工之处，但又无法找到其中的奥秘，当时便问学理论经济学的博士同学，他们说还不太接触博弈论（感谢老婆，让我竟然成为国内较早学习到博弈论的经济学学生），随后张维迎博士来西财讲学，专题讲解了博弈论和信息经济学（后来在上海三联书店出版成书）。

经过一段时间对产权经济学、博弈论、信息经济学的融合学习，我领会了其中的相互关系和内容实质：产权经济学又称新制度经济学，博弈是"游戏"，制度又称"游戏规则"，博弈分对称信息和不对称信息两种情况，因而他们的研究必然要相互渗透才能更有效，这便是理论经济学能够成为一个家族、能够抱成团合作研究的理由。

将理论经济学嫁接到会计学研究是最有意义的：会计学研究的根本任务是会计中的"制度"（准则）；制度的制定与执行，以及会计信息的供应者与使用者存在诸多非对称信息的博弈场。于是我写了一篇"信息、产权与博弈：会计监督的经济学"，发表在《会计研究》（1997年第12期）上，标题还上了杂志封面，但遗憾的是封面上的"博弈"写成了"博奕"，也许这是《会计研究》不可多得的错误，也正说明了博弈论在当时是多么的陌生！记得1998年我第一次拜访郭道扬老师时，他还特意提及此事。二十年后的2018年春节，周守华教授回长沙过年，在席间，他特意提及这篇文章，他那时刚到编辑部不久，当时一看到题目就使他眼前一亮，他还说，这是他从事编辑工作这么多年来少有的感到"眼前一亮"文章中的一篇。

我认为，把会计制度建设纳入制度经济学研究范畴，用制度经济学来分析会计制度建设比分析其他制度更有代表性，对中国乃至全世界经济发展将具有重大意义（会计乃国际通用商业语言）。

这一见解得到茅于轼等制度经济学家的认可和赞许，为此，茅于轼教授特意为我的《产权理论与中国会计学：问题与争论》一书作序，题为"中国会计学产权学派的兴起"。

纳什教授最让我难忘的还是他的"纳什均衡"思想，在经过无数次理解渗透之后，发现纳什均衡与科斯定理及交易费用最低原则的思想精髓不谋而合。凡事讲究相互配置，结构搭配，单一配置难以成为最优的选择。引伸到财务学，我们发现"资本结构""资产组合"等基本理论也不过是讲究结构匹配，单一配置是没有效率的基本道理。MM定理关于负债100%是最佳资本结构的观点是建立在没有税收挡板等"交易费用为0"的假设上，假设一旦为正，必然要讲究结构，这一论点与科斯、纳什教授的观点依然如出一辙。

在学习过程中，我进一步发现原来经济学的最高境界便是哲学，产权理论、博弈论、信息经济学、财务学理论都是哲学的细化，只要懂得"凡事没有绝对价值"的经济哲理，就可以用来分析经济和生活的方方面面。原来我们先哲的"中庸之道"是如此提早道破了天机，"大音希声，大道至简"便是如此。所谓科斯定理、纳什均衡、资本结构理论只不过是它的一个运用罢了！

我们常用跷跷板来比喻人生：玩跷跷板其实就是一种"游戏"，双方从不断的"动态均衡"中求得乐趣，双方依体重和技巧来调整中间的"均衡点"。如果一方想得到享受更多（即占便宜），就会使重心失衡，这样游戏恐怕也只能重新开始了！

其实，人生就如跷跷板，均衡点就是最高点，再往前走便是下坡路！

我便是用这种思维规划了自己的人生，亦学亦政亦商三者动态均衡，兼而得之。我在1998年出版的《产权与会计》后记这样记录着我当时的选择："如今，我面对着几种人生的选择：是仕途化还是市场化，亦或是坐在研究室里做评判他们的看官，我依然找不到交易费用量化的标准。我梦见自己站在没有交易费用的孤岛上，在岛的尽头，隐隐约约看到一盏学术的渔火在向我招引，在渔火的那端，一句熟悉的'平平淡淡才是真'的歌谣飘向我的耳际。这时，我仿佛才真正领会到经济学中凡事没有绝对价值的人生哲理，也感悟到一个活在均衡点上的人生幸福与满足！"

如果数学不是哲学的,他不会过早的精神分裂,他也不会从自然王国走向必然王国;如果他不是哲学的,他不会在颁奖会上这样感言:"我一直相信数字、方程式和逻辑关系。因为它们总是为我指引真理。但在追求了一生的真理之后,我问自己,什么是真正的逻辑关系?真理又是由谁来决定?对于这些问题的思索让我经历了从生理上到精神上再到幻觉上的洗礼。最终,我还是回到了现实中,我找到了一生中最重要的发现,在爱的支持下,任何逻辑关系和真理都会被发掘。今晚,我能站在这里领奖都是因为你,你不离不弃的陪伴才成就了今天的我。你就是我的真理。"

从一个人对人类的贡献来说,精神上的财富才是长久的、永恒的。这种精神财富的存在与其本人的"生与死"没有绝对的产权界区,否则我们就不会说某某永远活在我们心中。这也是我们活着的每个人为什么要努力为社会留下精神财富的根本原因!

斯人已逝,精神永存!

你就是我的真理,纳什均衡!

(此文载于《湖南财政经济学院学报》,写于2015年5月25日,后略有改动。)

第六篇 理想、命运与选择

一、"理想"也骨感

谈起理想,我还真是有的。

1. 长大后有放不完的鞭炮

小时候过年,家境都贫寒。鞭炮是家家户户必须要有的,主要用于三个方面,除夕晚餐前、初一"开门响"和接待客人时。我很喜欢闻到它的香味,听到它充耳带来的刺激。

那时,"开门响"成为人们过年比赛的首要内容,看谁家放得多放得久,还要看谁家在除夕转钟后放得早,即最早开门(开了门当天就不能闭的)。那时,我们大人小孩经常相互聚在一起"守岁",然后一家一户去"听"每一家的鞭炮声。主要不是去听,而是去捡没有放完的、没有被点燃和没有爆炸的鞭炮。稍微富裕一点的家庭,为了得到好的"彩头",会有意提前在地上撒一些零散的鞭炮,等孩子们去抢放完后的鞭炮时,不至于空手而归,孩子们在捡到完好的鞭炮时还会不时地念道"好财气,好运气",后来我才明白,其实不是自己运气好,而是主人有意而为。

捡到鞭炮后,我们把它们作为战利品分级使用。完好无损的,我们会一个一个地点燃，慢慢放，慢慢过瘾；没有引线的、就从别处找来引线，把鞭炮中间折出一道口子，流出火药，然后把引线放在其中夹住，再点燃，这是我们当地有名的"耗子嫁女"；如果这样还不响，那就把里面的火药倒出来集中放在报纸上，然后点上火，让它们活出一道闪光，我们就聚在一起欢呼雀跃一阵。可以说，鞭炮是我们过年时最重要的精神食粮！

那是我童年最快乐最刺激的时光，于是在我幼小的心灵里产生了一个"理想"——长大后一定要有鞭炮放，一定要能放个够！

随着年龄的长大，鞭炮的香味已经习以为常，响声也慢慢充耳不闻，加上人们也慢慢买得起鞭炮，看起来一时难以实现的梦想随着童年的远去而烟消云散！

不过，我至今还保留着一个习惯，每次回家过年都要去买一些烟花爆竹，让孩子们随意玩耍。每到那时我都会在想，万一他们中的哪一位孩子也有像我曾经一样的理想呢？这不一下子就可以实现了吗！

2. 一定要当个诗人

大一时回家过年，做生意的大姐也从云南赶了回来。我们俩一起去逛街。不经意间，她突然问我：你的理想是什么？

我竟然毫不犹豫答道：想做一个诗人！

她听后异常失落，不解地叨叨：一个学会计的，不去经商，怎么会想去当个诗人？

为何作此回答，我自己也不得而知，也许是她问得太突然了，我不想顺着她的思路走，也许仅是不经意间透露了我的"初心"。那时，我是很喜欢诗，但是也很知道自己的"底细"。

我想，不论做不做诗人，"诗心"也许是一个人最需要坚持的理想吧！

3. 能够买到卧铺票

大学毕业进入社会后，商品经济开始涌动，交通尤其是火车拥挤成为当时的难题。1992年春运期间，衡阳火车站就发生了挤压死人的事件，那时我也坐在南下的"火车"上。该车原本不是用来装人的，连装动物都不是，没有窗户、没有厕所、没有灯光。只在一个角落用东西围了一个圈，算是厕所，在圈的上方挂一个"马灯"。从理论上讲，整个车厢的人是可以"走过去"方便的，但事实是只有附近的人才"方便"。整个车厢的人被塞的水泄不通，如果需要换一下"站姿"都要旁边的人往外面挤一挤才能完成。如果有男人往下蹲，那一定就是就地"方便"了，女人蹲下去也没有用，只好在自己身上解决。记得我在就地"方便"时，下面都是一股刺鼻的味道，必须赶紧"上浮"。

此时，我站立在人群中，怀揣着刚刚发表的第九篇论文——《商业会计》1992年第一期杂志，紧跟小平同志"南巡"的足迹，心里默默地念叨童安格《把根留住》的歌词"为了生活，人们四处奔波，却在命运中交错"，心里不禁产生一丝茫然和伤感！

为了全车人的安全，火车中途没有停靠，以最快的速度（九个小时）赶到了广州。

在那个资源稀缺的年代，很多是需要单位开证明才可以得到"享受"的，其中坐火车就是一种。尤其是卧铺车票，据说是需要有级别的干部通过证明才可以买到。经历无数次挤车，身体瘦弱、周身劳顿的我，开始思考人生：一定要努力成为可以买到卧铺票的人！

随着国家对铁路建设的投入以及民用航空的发展，普通老百姓很快就可以坐上卧铺和飞机了，这一理想还没有兑现就作废了。

我的三次人生理想，不算什么宏远，但对一个农家孩子已是难得，算是接了"地气"的。其中第一个是父辈们在当时都难以兑现的；第二个也算是体现了"初心"，不那么世俗；第三个还是想"出人头地"，做个"人上人"，是一个比较实在的理想。

所以说，"理想总是要有的，万一实现了呢"还是很有道理的，我的理想大多在不经意间实现了，只剩下一个不太现实的"诗人梦"，而我也不会太刻意去真正做一个诗人。

此后的生涯谈不上有什么理想，最多就是与现实靠近的设想或者规划。

原来理想不需要那么丰满，它与现实相连，一样可以骨感！

二、命运有安排

偶尔有机会去算命，说准了就信，但绝不"迷"信。

第一次算命是最关键的，在高考结束后，分数没有出来前，处于前途未卜的边缘，妈妈把算命先生请到了家里。

先生详细的询问了生庚八字，开始默默念叨。随后说："这个命很好，不出国也要出省，不出省也要出县，反正不会在家里呆着。"他紧接着拿出一个什么镜子，比划了一下，"你家的祖坟也很好，是一个龙头，金光闪闪，你们看，还真开裂了。"大人过去看了看，我当时不知道是因为害怕还是需要"回避"，没有去见证"奇迹"，我也不知道大人们是否真的可以看到，毕竟凡人和仙人的眼光是有差异的。

我爷爷叫伍锡龙，我从未见过。他名字里就有"龙"，葬的地点也确实像龙头，后来村里人得知那是龙头，都纷纷把祖坟迁到爷爷边上，甚至还有人把新出生的儿子直接叫"伍龙"。不管怎样，也没有看到他们哪个家发达了，不过也可能会影响到我们家的"风水"。

算命先生还说，"你今年要走桃花运"。那时我还不知道什么是桃花运，大人说是可能要有爱情了。对于一个不敢正眼看人的小男生来说，我自我感觉有点天方夜谭，当时真想就此断定这个"命"没有算准。

先生算完后，要求以高于准备几倍的价格向我妈收钱（不知道是两块还是五块），反正我妈是毫不犹豫的，心里还乐滋滋的。先生很讲职业道德，那天跟我一同算命时，有一个不好的命，说是"下雨天挑稻草，越挑越沉"，他就没有收她的钱，事后应验也确实如此。

关于爱情，我还是输了。就在我进大学后不久，真的开始预见了爱情，我并不是特意按命运的步伐去走，反而一切都在命运的安排之中。

第二阶段是1994年，我考博士前。那年秋天，我在中南财大开会时与朱开悉一同溜走（那时他比我滑），来到归元寺。归元寺有个很灵的"游戏"，就是我们随意选一道门进去开始数罗汉，数到第108个罗汉，他的形象就是你的职业。我按照这个方法开始进门数，第108个罗汉是一个执教鞭的。我觉得有点神奇，那里的书生罗汉并不多啊！于是我再找一个门进去重新数，按道理，这次是有刻意之嫌，不会灵了，没有想到的是，竟然是一尊手拿书本的罗汉！我不得不佩服地迈出了归元寺。那一年，我回老家又算了一次命，给我的答案是"30岁前有贵人打伞，30岁后有小子添饭"。在那个保姆还不盛行的年代，能够让"小子"装饭伺候还是有点奢侈的。至于30岁前预见贵人（时年28），我还是切身感受到了。比如当年，在素不相识的情况下，我跟郭复初老师密切的"书信"往来，还有拜访过的杨纪琬老师、谢志华老师，都是受宠若惊的感受。

1996年，我读博士的第二年，正处于事业发展的选择"迷惑期"，听说湘潭附近的板塘铺有个妇女算命很准，需要排队才能轮上的那种。她真给我30多岁的道路指点了迷津，包括选择离开湘潭、36岁需要注意身体等等。同时她冒出了一句"你49岁时如果遇到什么情况可以来找我"，当时我觉得那时离49岁还有那么远，我又怎么知道49岁会发生什么大事，是好事还是坏事？我心里对49岁产生了些丝惧怕。一路走来，也还一直惦记着这句话。

到了49岁，果然出现了新的"迷茫"，从"四十不惑"反而走到了"五十尚惑"。我突然想起来妇人说的那句话，想去寻她，跟曾经一路同行的朋友问，路怎么走，大伙都说搞不清了！是啊，世事本来就变化太快，原来的郊区农村，现在都完全变成了城区，原来的路早已不在了。我仿佛觉得二十年前的那场算命只是一个梦境，似乎并不存在于现实中。

有人说，那时妇人给你算命时已经是老人了，也许他只算到你49岁时需要找她，却可能没有算到自己是否还存在于世吧！

也许这就是最好的解答！

也许这个迷惑我自己也可以解答，老妇只是善意提醒了我一下时间而已！

如此，甚好！

担任湖南大学会计学院院长期间，我和同事们一起去了一趟安徽，其中九华山给了我很深的印象。那里的蝉声（同禅）十分"刺耳",黄色(佛教黄)的建筑成为主色调,印象最深的是这里的"真身"菩萨,我以前对尸体感到害怕,但看到这些菩萨却觉得异常和蔼可亲,甚至对他们的"不死"有一种羡慕!

这一次,我怀着崇敬,抽了一签,签云"枝头甘露正盈盈,一滴能回大地春,劝君抛却繁冗事,随我清静住密林"。

这里的"大师"竟然知道我的职业是教师(与归元寺一致),而且知道我"春风化雨,润物无声",既然如此,有何不让我好好干下去呢!

我不信,换个地方,再抽一回,结果竟然奇迹般的一致!

清静虽我所愿,但也不能因为世事繁冗,避而了之呀!

也许"大师"只是点出我"繁冗"的现状,希望我调整一下当时的节奏和心态。

我佛慈悲!善哉善哉!

三、站在"海"岸边

一个人的职业选择，有天数，也有初心！

我从小就养成了睡懒觉、爱自由的性格，不愿跟陌生人说话，万事不求人，这一系列的个性特质说明，我最佳的职业选择就是教师。

我从大学毕业时就想找个教师职业，毕业后也一直在找，直到来到湘潭矿业学院，有如鱼得水之感！

1992年和1994年，我两次来到惠州，那时是"下海"潮，其中一次是找的惠州市会计师事务所。当准备安心留下时，我在惠州的大学同班同学罗波很慎重地对我说，"伍中信啊，我们班目前只有你一个人还有机会在会计界做点大事，你下海了，收入肯定会好，但从人生的角度，你觉得值得吗？"他的提醒，让我给了自己一个人生选择题：其一，在惠州发展做实业会有钱但以后会因放弃了学术而时常后悔甚至悔恨终生；其二，回到湖南或者找个更好的大学继续从事学术研究，其乐无穷，钱可能会少，但人生应该不会后悔。我在"肯定会后悔"和"应该不会后悔"之间进行了选择，那就是继续从事学术研究。当天我从惠州直接到长沙，去湖南财经学院找到刘贵生聊天吃饭，这也成为我后来入主财院会计的前奏。博士毕业前夕，按科斯教授的原理来到了财院，过起了"有点权有点钱有点闲"的均衡生活。

第二次跟"金钱"的相遇是在 2000 年，湖大和财院合并前，为了增加合并后组建会计学院的砝码以及无法满足后的退路，我来到了三一集团担任财务总监。收入可能是我一生中最多的。其实我那时完全可以在金钱和学术之间选择前者，可以不顾学院老师的感受，不看他们对我期待的目光。但我还是依内心责任驱使、按均衡原则回到了教师行列。

无论是理想，命运还是选择，都是有规律可循的。他们看似分离，实则融为一体。教书匠应该是我一生不二的主旋律，诗意的生活也定然会伴随着我的未来。

第六篇 理想、命运与选择

图37 远方

四、沿着"初心"的足迹

1. 真性情:"初心"的价值

初心是来自内心的天性、个性,是人最原始的状态,是某人最原始的种子和基因。在人的一生中,初心需要培育和坚持。其土壤包括"礼义仁智信"(柔)和"刚强勇毅新"(刚)两种刚柔相济的元素,达到茁壮成长和综合平衡的目的。

《周易》在第63卦中提及"初心",说到需要"防患未然,慎终如始",它表明:人们并不是要到"终"才跟"始"一致,而是要在行进的过程中始终保持"不变的初心",这样才会"防患未然"。

根据对"初心"的理解,所谓"不忘初心"就是时刻保持自己最原生态的"真性情"。

真性情是所有艺术的最高境界!比如书法,是用生命的全部激情去拥抱它,还是用僵硬的技法去雕琢它,其结果是完全不同的。前者是"道法自然"的书法家,后者是"循规蹈矩"的写字匠。

一幅好的书法作品应该是技术、性情(天赋)、阅历和心情(当时流露的真性情)四个要素的综合表达,历代名家王羲之《兰亭序》、颜真卿《祭侄文稿》和苏轼的《寒食帖》都是表达当时"真性情"的绝佳典范。

对于绘画，梵高曾经说"我以生命为赌注作画，为了它，我已经丧失了正常人的理智"，只有生命与作品水乳交融，他的躯壳才有被悼念的价值。

"真性情"就像神圣的风，可以穿越所有艺术的山峰，哪怕拥有再高的技术，只要用上了"假"的性情，总是会"一钱不值"；相反，"真性情"往往能弥补很多的不足。朴树在演唱时，唱到动情处，总是会情不自禁地"哽咽"，以致"失声"，观众们都能理解、都懂，这本身就是一种欣赏、一种享受和幸福，此时无声胜有声！

我不害怕所有的歌唱家、不害怕所有的书画家、不害怕所有的文学家、诗人，因为我有真性情！

我敬仰歌唱家、敬仰书画家、敬仰文学家，因为他们有真性情！在我"追星"的合影里，主要是这些有真性情的人。"真性情"也是人生是否按初心进行选择的评判标准！你是愿意本真但又悲情地活，还是选择违心而又快活的的活着？

在历史上，同是哲学家的叔本华与黑格尔算是"一对"同世可比的，前者在当世活的比后者"悲情"，但其作品《悲剧的诞生》在其死后五十年火了起来。画家梵高与毕加索同样如此，后者宣传自己的作品，画买的很好，在当下也活的精彩，前者却不屑一顾，靠兄弟接济度日，最后悲惨的离去。

从历史的角度，靠真性情体现的作品和价值显然会更被后人认可，但"活在当下"的感受更容易被当世人接受和追寻！这显然是一个人生的"初心"修养问题以及由此带来人生的选择难题。

其实我们完全可以不走极端，对其进行"动态均衡"，比如我曾经的选择。

2."初心"的标准："专业、职业、爱好"的一致性原则

20世纪九十年代初，"专业、职业、爱好"的一致性原则深深影响了我，随后我在会计专业和书法爱好之间进行了"抉择"，把会计专业变成了爱好，放弃了书法爱好。从当时"求生存"和"求发展"两个层面来理解都是合理的选择（当时具有生存能力的局限，也就是说，如果事业需要快速发展，必须要在爱好和专业之间选择一个作为发展方向。就当时而言，显然只有专业可以让我作为"饭碗"进一步发展，而且要把专业替代现有的书法爱好，专业成为新的爱好）。从历史的角度，古人生活在"专业、职业和爱好"一致的幸福时代，他们吟诗作赋、琴棋书画和做官一样都不耽误，之所以他们把"三者"放在一起才觉得不累，而且乐此不疲，正是因为体现了坚持"初心"的幸福感；现代人崇尚"分工产生经济效益"，在时间上经常需要在专业（职业）和"业余爱好"中转换"频道"。从个人角度而言，其效率比以前更低、感到更累，因为不能做到"乐此不疲"。因为这一偏差，使得现代人离自己的"初心"渐行渐远，以致很多人发表感慨：等我退休了一定要到乡下盖一个属于自己的院子，种花种草。其实，你为什么不能中途修正自己偏离了"初心"

的行为呢？

追求"专业、职业和爱好"三者的一致性，依然是寻求初心、找回自我的必要良方。

3. "交易费用"最低原则

我曾经用交易费用经济学分析了我的人生选择，按照交易费用理论，企业、市场和政府都会发生交易费用，任何一项制度安排和事项选择应以交易费用最低为原则，交易费用最低是在三者权力组合的某一种结构的均衡点上，任何一种单一的权力安排都不是最低的选择。为此，我把它拿来做评价人生职业选择和事业幸福的标准。

按此标准，从政、从学和从商，其中的某一种单独的选择都不是最优的，只有三者兼而得之，在三者之间"动态均衡"，方可取得最佳人生价值和乐趣。于是在1997年，我博士毕业前夕，我选择了湖南财院财政会计系主任，有点权、有点钱，有点闲，三者兼而得之，我感到了人生事业的幸福和满足。

4. "三个自由"原则

随后，我进而有了对人生理解的"三个自由"：时间自由（身体自由）、心灵自由（随心所欲不逾矩）和财务自由（即足够的资金保证时间和心灵自由）。并不自觉地时刻按此标准修正自己的行为。

5."三一"让我财务自由，心灵自由，但时间不自由

2000年的春天，湖南大学和湖南财经学院讨论合并事宜，我借在中南财大做博士后的机会在"三一集团"担任财务总监一职，以备两校合并时给自己留下"退路"。

按公司的要求，六点要起来做早操，七点开早餐会，周末也不能随意回家。这一制度严重影响到"人身自由"，我曾经跟梁稳根先生讨论：我只要把"心"放在公司，让我自由努力。他回答说：这是公司的文化，我不能因为你一个人而改变，你可以开完会后继续睡觉，只要我打你电话可以及时赶来即可。梁先生对我其实还是很"宽容"的，但我还是没有坚持下来。

当然，我离开三一集团，还有两层社会效益的原因：一是为了培养更多像我这样的财务总监，这是我当时最深切的感悟；二是如果我回湖大就会成立会计学院，很多双眼睛都会盯着我，如果我选择离开湖大，会让他们失望。这一切，让我义无反顾地回来了。

我不是没有看到钱，而是看到了足够多的钱，梁稳根也说了我是引进人才中待遇最高的。但我不能因为自己的经济利益而放弃我能够产生的社会效益。

6.官场让我三者都不自由

2002年，我到财政厅挂职一年。从时间上，需要按时上下班，很不自由；从收入上，不能兼职赚钱，收入比教授少一大块；从心灵上，趋炎附势之徒都来"称兄道弟"，真正的朋友都不敢靠近，相

见的难以见面，不想见的难以赶走。

唯有学者均可自由：有点钱，有点权，有点闲，还可随便发点言（但不是随便发言，不是妄议，所发之言均乃忧国忧民）。

但当我真正从会计学院院长"爬"到校长位置以后，我才发现自己已不是一个纯粹的学者，一不小心做成了"官"。虽然按国际惯例不是官，在蔡元培时代也不是官。国家也在推行国家治理现代化，主张高校去行政化。

在十年的全国"两会"期间，本人也长期呼吁高校去行政化。从交易费用理论角度，社会治理被恰当地分为行政治理、企业治理和高校治理，只有这样，高校治理才能有别于行政治理和企业治理，才能办好我们的现代大学，这也是我当初选择高校教师并愿意当上校长的内心追求。

因为各种原因，国家的方针和社会的"集体选择"往往难以同步。如此，如果高校不能及时去行政化，我的"三个自由"必将受到影响，我离"初心"也渐行渐远，这便是我目前最大的困惑。

大家熟知的"老树画画"，是中央财经大学的刘树勇教师，他的诗画都很有原生态的味道，还有自己的陶艺工作室，我也经常去景德镇、宜兴和长沙的铜官窑，也准备把自己工作室甚至品牌取名"宜景观"，但现实却往往可能是事与愿违。

我本来也是一直按"三个自由"来规划人生，现在好像偏离了，我还能找回自我，活回自我么？

为此，我经常彻夜难眠，偶尔也按老树的风格写了一些打油诗：

一

  昨晚一夜没睡
  总在想着隐退
  老树画画能行
  我也不是不会

二

  最近心态很差
  真想赶紧退下
  种点花花草草
  没事写写画画

道尽了我不忘初心、愿意回归自我、追求"三个自由"的美好愿望。这种迷茫,仿佛又回到了我二十年前《产权与会计》后记的那句话:

如今,面对我要的前途,我依然找不到"交易费用"量化的标准!

7. 寻找"初心"的真谛

每个人特质不同,但都应该有各自的"初心",其"初心"成长和发展的轨迹也自然不同,此所谓"各美其美,美美与共"是也。

李叔同(弘一法师)是怎么由艺术升华到宗教呢?当时人都诧异,以为李先生受了什么刺激,忽然"遁入空门"了。我却能理解他"初心"的足迹。人的生活分作三层:一是物质生活,就是衣食住行;二是精神生活,即学术和文艺;三是灵魂生活,就是宗教。

"人生"就是这样的一个三层楼。懒得（或无力）走楼梯的，就住在第一层，即把物质生活弄得很好，锦衣玉食，尊荣富贵，孝子慈孙，这样就满足了。抱这样人生观的人，在世间占大多数；高兴（或有力）走楼梯的，就爬上二层楼去玩玩，或者久居在里头，这就是专心学术和文艺的人。他们把全力贡献于学问的研究，把全心寄托于文艺的创作和欣赏。这样的人，在世间也很多，即所谓"知识分子""学者""艺术家"；还有一种人，"人生欲"很强，脚力很大，对二层楼还不满足，就再走楼梯，爬上三层楼去。这就是宗教徒了。他们做人很认真，满足了"物质欲"还不够，满足了"精神欲"还不够（当然，也许是这两种"欲"难以得到满足），必须探求人生的究竟。他们以为财产子孙都是身外之物，学术文艺都是暂时的美景，连自己的身体都是虚幻的存在。他们不肯做本能的奴隶，必须追究灵魂的来源，宇宙的根本，这才能满足他们的"人生欲"。这就是宗教徒。世间就不过这三种人。我虽用三层楼为比喻，但并非必须从第一层到第二层，然后得到第三层。

　　有很多人，从第一层直上第三层，并不需要在第二层逗留。还有许多人连第一层也不住，一口气跑上三层楼。不过我们的弘一法师，是一层一层的走上去的。弘一法师的"人生欲"非常之强！他的做人，一定要做得彻底。他早年对母尽孝，对妻子尽爱，安住在第一层楼中。中年专心研究艺术，发挥多方面的天才，便是迁居在二层楼了。强大的"人生欲"不能使他满足于二层楼，于是爬上三层楼去，做和尚，修净土，研戒律，这是当然的事，毫不足怪。

做人好比喝酒；酒量小的，喝一杯花雕酒已经醉了，酒量大的，喝花雕嫌淡，必须喝高粱酒才能过瘾。文艺好比是花雕，宗教好比是高粱。弘一法师酒量很大，喝花雕不能过瘾，必须喝高粱。我酒量很小，只能喝花雕，难得喝一口高粱而已。但喝花雕的人，颇能理解喝高粱者的心。故我对于弘一法师的由艺术升华到宗教，一向认为当然，只是人各有特质，不必盲目模仿。

李叔同的经历似乎印证了人生最远可以走向哪里……他在艺术领域占据了十多项全国第一，但在入佛后只留下一种并非是他"第一"的爱好：书法。

书法即禅，也许可以对此做出最好的诠释，相应地，其他的艺术很难在"第三层楼"得到发挥和利用。

五、财权流：从一种学说到一世禅悟

我的初心在哪里？又是怎样被"培育"和发展的？我需要重新检视一下自己走过的路：

小时热爱劳动，热爱生活，父母给了我最好的教养；小学到中学，半工半读，追求自然，对毛笔书法和文化情有独钟；大学，把做诗人当成自己的"理想"，不想树立"专业意思"，追求人文艺术全面发展。这些都是初心不变的正常选择。

大学毕业后，我按"专业、职业、爱好"的一致性原则把会计专业变成了爱好，放弃了书法。那时，饭碗最重要，这也是寻求初心的必要选择。

随后，科斯教授的交易费用理论再次影响到我，"三个自由"成了我按"初心"选择事业走向的标准。

三十多岁时，学术得心应手，事业如日中天，发出了"文章千古流，财权一时空"的得意之声（"空"有空前之意）；

四十过后，在学术和管理之间游离，仍然感受到"不惑于财，不惑于权，淡然随流，不亦快哉"；

时至五十，由于自身感悟和现实的差异、政策导向和社会集体选择的落差,"三个自由"慢慢成了我的"奢望",我的学术能力也慢慢被行政事务所磨灭,我曾经赖以生存的"铁饭碗"面临着失效,我有了前所未有的"事业"恐惧感。

过了"不惑"之后,我竟然再次陷入困惑,进入"五十尚惑"的困境!

此时,我发现自己已经偏离"初心",我的"三个自由"已不复存在。我需要重新审视,按自己的"初心"来修正人生轨迹!

为了初心,我放弃了单一追求的"财";

为了初心,我放弃了单一追求的"权";

没有想到的是,"财权流"——我二十多年前开始的研究,仅是一种单纯的学说,却预示了自己的"未来""财权一时空。"

"流"者,流走之意,空也!

显然,能够把"财""权"看空,已有不少的禅味,也当是众多人难以企及的境界!

把"财""权"看空是一种境界,把所有都看空又是一个境界。是否完全看空,甚至如李叔同般"遁入空门",也未必是我的"初心"!

六、越过山丘：看见未来的自己

1.越过人生的"山丘"

有的人一辈子只爬一座山，需爬大半辈子方才爬到山顶，享受"一览众山小"的风景和威严。

有的人一生爬着不同的山，山有大小，小一点的就是山丘。

一生只爬一座大山的人并非没有乐趣，这座大山中自有风景，处于不同等级的山体，其风景是完全不同的，"欲穷千里目，更上一层楼"。无数勇士耗尽毕生精力登山，为的就是享受更高等级的风景，乐此而不疲。有人"享受"这种感觉久了，久而不知其味，所谓"只缘身在此山中"是也。当然也有人不胜脚力，但已不知归途，骑虎难下；有的迷入歧途而不知其返，不知所终。

山小的可浏览、可滞留，可走走停停；山大一点的，可以在山脚驻足观赏，或绕山观望，或先登而中返，为的是远方更多的风景，这也许就是人生"多样化"的乐趣了。

李宗盛有一首歌《山丘》，道尽了人生百味。

"不知疲倦地翻越每一个山丘

> 越过山丘虽然已白了头
> 喋喋不休时不我予的哀愁
> 还未如愿见着不朽
> 就把自己先搞丢"

他不止一次对外说过:"只有我的吉他知道有的原曲是多么难听,也只有我的吉他知道我是多么走投无路。"

实际上,李宗盛写下的那些词,并不像人们想象的那样一蹴而就,几乎每一首,他都精心打磨。

作为金牌制作人,一张专辑卖了一百万,那么下一张就一定要两百万、三百万……一首歌红了,马上就要写出一首更红的。

李宗盛每一次写歌,都是一次死去活来。

用他自己写在《我的三个家》里的话说:"也的确曾经活得像一碗隔夜面条那样缺乏光泽松垮肿胀。"

最后,他还是选择了救赎自己,循着岁月望去,看到14岁被吉他拯救,他到了北京开始做匠人,做手工吉他,两年只做一把琴,把时间留给亲人,希望再一次回到"初心"和原点,被吉他拉出灰色的人生漩涡。

人生最好的结语,或许只是一首歌:轻轻地唱,淡淡地印在心里,慢慢地遗忘……好与坏都已看淡,岁月如歌,就算随风而去,怎样都值得。

而今,高晓松再次写下《越过山丘》,是音乐人对音乐人,最诚恳而单纯的致敬与拥抱。

去到六十岁停下的渡口

等着被一条小船接走

就让我随你去

让我随你去

随着熙熙攘攘的人流

向着开满鲜花的山丘

挥挥衣袖

越过山丘，或许就是对人生最好的领悟。得意有时，失落有时，每一份经历和每一份过往，都将起伏不定的路途斑驳渲染。相较李宗盛的《山丘》对现实的感叹，高晓松笔下却出现了不一样的风貌。"越过山丘，遇见六十岁的我"，不仅有着一份对青春年华的追忆，更多了对未来岁月的探寻和希望。

"既然青春留不住"，不如做个好大叔！

越过山丘，缓释自己，从容走过！

年少不听李宗盛

听懂已是白发染

"寂寞难耐"名未就

"五十岁后"更茫然

2. 给生命一个"留白"

留白是一门生活的艺术，绘画中有"计黑当白"，音乐有弦外之音，戏曲中有虚拟动作，诗文有意在言外，佛陀有拈花一笑。人生不能挤得太满，当于无字处看书，于无声处听音，于无画处观景，于无心处参禅，意蕴更显深远，生命更鲜活。人生贵在留白，能留白和会留白，是胸襟，是气度，是智慧，是境界，也是一种生命从容、淡然的生活方式。

人生七十古称稀
如今八十步难移
留白需从黄金律
退从初心五十宜

图38 师生欢聚伍子会

3.看见未来的自己

我曾经把"诗人"当成自己的理想,但终究成不了诗人。

为了"初心",有必要真心的、诗意的活着,这是我对未来生活所定的根本基调。

从小热衷书法,后因会计学术追求中断十八年,后因难忘"旧好"和管理需要,把"碎片"时间用了起来,重新研习书法,算是对大学人文精神的加强。

基于此,由于专业素养不够和中断时间太长,我注定成不了书法家。但因天赋、阅历和真性情,加上随之增加的人文素养的沉淀,书法必将成为我回归"初心"道路上最靓丽的风景。

进而,在管理和学术之间,如果在短期内难以兼顾,难以实现"去行政化",我依然会按"初心"的标准,听从内心的驱使,选择回归学术。

作为校长,是从宽处即"宽口径厚基础"方面培养更广泛(即全校)的人才;作为专家,是从专业角度培养高精尖的"深层次"人才。两种选择都是为国家培养优秀人才和接班人,只是涉及的人数和培养的深度有所差异。不管我做何种选择,离教育家还只差"一公里",我是最有可能最先成为"教育家"!

只有教育才是让我可以成"家"的地方!教育家将是我的最后归宿!

面向未来,我在生活上应该是真心、诗意的生活,做一个随性、有趣的人。

　　面向未来,我的事业应该是,以会计教育做高度,以书法和人文艺术做厚度,用生命之笔,浸泡生活之色彩,书写双色灿烂的人生!

　　财权一时空,文章千古流。

第六篇 理想、命运与选择

蓦然回首

第七篇

学生眼中的伍老师

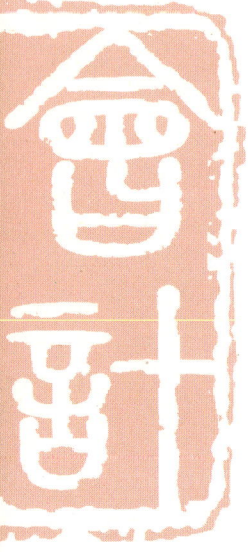

第七篇　学生眼中的伍老师

伍老师不但学术造诣深厚,在生活中也是诙谐幽默,常常给我们这些弟子带来众多的智慧启示。

2010年,伍老师担任校长的湖南财专已经成功申本,并改名为湖南财政经济学院。学院的门口新立了一座牛的造型雕塑,老师和我们几个弟子聊天时常谈到这个雕塑,我们一边表示它代表着学院以后的发展会不断看涨,牛气冲天;一边向老师询问这个雕塑的来历,是哪位大家的作品。老师淡淡一笑告诉我们,这头"牛"不是请人用石头雕刻出来的,而是天然的石头造型,纯粹取自野外天然乃成之石。我们一时颇有不解,想来或许是因为学校申本刚成功,为厉行节约之故。老师看我们一脸不解,淡淡地说道:"这可不是'人造牛',这是'真石牛'啊!"我们愈发不得其解,老师则自故自不断地说着:"'真石牛''真石牛''真石牛'啊!"霎那间,我们终于明白了,原来是喻意"真是牛"啊!老师以谐音一语双关的方式来颂赞申本成功的不易,也是表达对学校未来发展的信心满满。只是我们这些愚笨的弟子迟迟没有领会老师的幽默。

(丁方飞,博士)

我在伍老师的指导下学写了一个提案,初稿写的自己都感觉粗陋,蒙伍老师不弃,修改之后带去了两会,两会结束后伍老师还特地把相关的新闻发给我，跟我说都是我的功劳，当时真觉受宠若惊。我只是个在职研的小透明，平时也拙嘴笨舌不太会说话，可每次伍老师都特别耐心认真地指导我，让我受益匪浅。

我时常跟身边的人谈起，老师有这样的成就这样的地位，却还能够如此悉心对待每个学生，跟每个学生做朋友，给每个人一样的爱，太难得了。师母也是，还记得有次学生聚会我去晚了，是师母放下自己的碗筷亲自带着我一桌桌找位置（而且这样的聚会基本上都是老师买单）。真正有实力的人不需要借助那些张牙舞爪的假把式来凸显自己的地位，我深以为然。无论是实力，还是修养，老师都是我们的楷模。

（周晓宇，硕士）

为学、做人，伍老师和肖老师都是我们的楷模！还记得我研一时去图书馆借阅《产权与会计》，翻着泛黄的书页如获至宝，还写了读书笔记，深感老师的学术思想真是开天辟地。只是后悔把那本书还给了图书馆，真应该收藏。一晃毕业两年了，衷心感谢伍老师和肖老师！

（李晓光，硕士）

在我的心目中，伍老师就是学术偶像。老师当年以学士身份破格考取西南财大博士，师从郭复初老师。2000年我入校读研，老师只比我大十来岁，已经从中南财大博士后流动站出站，成为财务学博士后第一人，师从郭道扬老师。而后成为享受国家十级津贴的教授，成为产权会计的奠基人，那时老师也才三十来岁！年轻有为的伍老师，对我们这些弟子除了学术专业上的悉心教导，对我们的学习生活也是照顾有加、呵护备至，是指引我们人生的心灵导师。记得研一考英语六级，我因为搞错了答卷流程，答题卡没来得及填就收卷了，考完便在教室大哭了一场，很是伤心。这事很快被伍老师知道了，他还派我的大师兄来安慰我请我吃大餐。事后伍老师开导我不要把等级考试当作一个测试，而要视为学习英语的机会，再考一次就多了一次学习提升的机会，更要养成终身学习的好习惯。我如醍醐灌顶，一直谨记老师终身学习的教诲，到现在依然保持着利用碎片时间学习英语的习惯。　　　　　　　　　　（刘宁静，硕士）

还记得财院周边卡拉OK厅飞扬的歌声吗？某次师生聚会，第一次听伍老师唱歌，伍老师唱的是《一把小雨伞》：我们俩，举着一把小雨伞……这是伍老师献给肖老师的情歌，财务学术届一对风雨同舟的恩爱伉俪。肖老师对伍老师的学术之路贡献也很大，博弈论，就是肖老师向伍老师推荐引入……　　　　　　　（杨碧玲，硕士）

我朋友是菜园的学生，听他说他们社团搞活动，伍老师还专门为他们题字，后来因为社团的原因要修改标题，伍老师又重新写了一幅。菜园的学生，对伍老师的评价都是既敬重又喜爱，像自己的家长一样的看待。　　　　　　　　　　　　　（侯绪敏，硕士）

关于伍老师对待学生，我最有发言权。当年我考博时，只是一名普通教师，一穷二白，但伍老师毫不在意，只要我努力学习。我写论文缺少数据，伍老师既帮我找到厦门大学的任宇博士，又帮我联系厦大校长，让我过去使用数据库。能跟着伍老师学习，那真是三生有幸。
（曾峻，博士）

2011年6月的一个下午，我突然收到一个短信息，问我是否愿意参加一个以环境审计为主题的国家社科重大项目的申报工作？落款：伍中信。当时有几分受宠若惊，又有几分惶恐不安，惊的是这么大名鼎鼎的大学者怎么会知道我这样一个名不见经传的小讲师？恐的是中专出身的我，在学术的路上可以说尚未入门，又能不能胜任这样的大课题申报？后来才知道，伍教授信奉的是"不拘一格降人才"，他亲自搜索了知网上的审计相关论文，再确定团队成员。正是因为这份虽素昧平生却能深深信任，使我走出了当时对于未来的迷惘，毫不犹豫地选择了伍教授作为博士后的合作导师，真正开启了自己的学术之路。
（张薇，博士后）

高中时期，因某些老师的行为让我对老师这个队伍没有好感了，后来有幸成为伍老师的学生，老师平易近人，没有任何架子，专业水平更是毋庸置疑。不是伍老师，我这辈子估计对老师这个行业都很难改观，虽然很少参加聚会，但老师的每次毕业发言都会很认真拜读，每年的发言稿都能看出是老师用心准备的。（钟琼，硕士）

第七篇 学生眼中的伍老师

第一次见到伍老师,是在老财院会计系资料室,那时伍老师刚到财院不久。伍老师不认识我,但我认识大名鼎鼎的伍老师。我很尊敬地叫了一声"伍老师好!",伍老师问我是哪位老师,我说我是陈敏。伍老师立刻很热情地说:"啊!陈老师,我读过你写的书!"我很蒙啊!彼时我刚入职不久,哪来的大作还被伍老师读过?半分钟后反应过来,原来伍老师故意把我和当时天津财经大学著名的陈敏教授说成同一个人了,这成了对我不经意间的鞭策和鼓励。再后来,我成了伍老师的学生,在伍老师的专业指导和鼓励下,终于有了自己有关会计史的博士论文,也经常能够参加以郭道扬老师为核心的会计史专业委员会组织的各项活动。 (陈敏,博士)

我很感谢老师收我做他的学生,成为伍老师的学生后,我特意去知网下载了他写的论文,以便一一拜读,了解老师的学术思想和研究方向。伍老师很有情怀,不仅学术造诣高,而且为人平易,有人格魅力。 (毛明月,硕士)

我是青春不毕业,赖在老师和师母身边近20年的小公主!老师和师母不仅是我学术上的引路人,更是我心灵深处的灵魂导师!每年仲夏时节,栀子花开,季忆留夏,我都如约守候,只为聆听,菜园男神的心灵鸡汤,然后振奋精神,微笑前行! (张艳纯,博士)

作为正在伍老师指导下写论文的学生,我觉得伍老师虽然近年来也从事部分行政工作，但是对我们学生的指导从来没有懈怠，只要我们去找老师讨论论文，老师一定会把其他事放在一边，把所有时间空出来和我们交流，并且伍老师不仅只关注学生的学习，对于工作疑问、人生规划等各方面，老师都会不惜赐教，像父亲一样教导我们。读伍老师的著作，总会为老师的才思惊叹，想到自己的学术能力又不自觉羞愧，再想到讨论时老师愿意耐心听我长时间的胡说八道顿时心生敬佩和感激。很幸运能成为伍老师的学生！

（綦璇，硕士）

作为伍老师的弟子，虽毕业多年，仍难忘怀。第一次去财院听伍老师的讲座，大教室已经满座一堂，我只好站在后门听，伍老师在台上看见，竟然挥手表示前面还有座位，那时候我只是一个想考研究生的陌生人。有幸拜入伍门，更是庆幸此生有缘遇见神采飞扬、才华横溢、非常具有人格魅力的伍老师和肖老师，给我们的研究生生涯带来一股暖阳。

（杨晴，硕士）

特别幸运能成为伍老师的学生，精伍门大家庭的一员，不管是硕士期间，还是毕业后，每次去找老师不管是学术的生活的还是工作上的问题，老师都悉心指导，让我受益匪浅。有这样一位像亲人一样关心着我们的人生导师，真是太幸运了。

（伍彬，硕士）

我是一个毕业十年的学生了，对于伍老师、肖老师，我感恩、尊敬！抛开在学校时老师的关心培养不说，哪怕是我工作后，有事麻烦老师，老师都会竭尽所能地帮助，我能感受到老师是真心爱护我，我对老师也是充满了感激。前几年，我先生有一次出差财院，我特意交代他要拜访伍老师，请伍老师吃饭，代我表达感恩之意，结果他回来告诉我，因为伍老师的坚持，最终是伍老师请他吃的饭，弄得我心里特别过意不去。现在想来，老师对我不仅仅是学业上的指导，更在做人上让我受益良多，至今我都特别骄傲自己是伍门的学生！

（罗婷允，硕士）

老师是我的学术导师，也是我的人生导师。老师把自己的原则原理运用到工作、生活的方方面面，活成了我理想中的样子。"产权思想"让我更加理性的看待问题；"用挑剔的眼光看问题"督促我去独立思考；"外柔内刚"让我更好的与人相处；"改变成本计量方法，为企业节约千万费用"的实例让我去思考一个财务人员的使命……老师的小粽子、老式月饼、书法、亲自打理的花园也无不体现着他的生活情趣。

（颜玉婷，硕士）

第一次见到伍老师是在我的硕士论文答辩会上，当时伍老师在我的隔壁答辩会场，我从门口瞥了一眼同学们心目中的学术大神，第一感觉就是伍老师好年轻啊！怎么会这么年轻呢？这与我想象中的学术权威似乎存在偏差。

硕士毕业后我来到了湖南财经高等专科学校当教师，恰逢伍老师从湖南大学调到该校做校长,负责该校的升本大业。由于性格内向,不太愿意与领导打交道,所以很长一段时间我都没有过与伍老师的直接接触,只是从同事特别是伍老师的硕士博士学生口中了解了一些伍老师的学术故事及其为人处世的过往。后来阅读了一些伍老师有关产权会计、财权流的著作,对伍老师的学术思想开始有了真正意义上的知晓。一次机缘巧合,发现伍老师原来在书法方面很有造诣,对羽毛球也非常感兴趣。就这样,逐渐对伍老师有了更为立体的印象:治学严谨、爱好广泛、为人率真、爱生如子。

博士毕业后,有过读伍老师博士后的想法。但这种想法一直不敢付诸行动。因为我还是觉得伍老师作为学术泰斗,特别是作为一校之长,高高在上,不可能接收我等默默无闻、一介无名书生作为学生。但事情没有我想象的复杂。在一次与伍老师的晚宴上,一位同事对伍老师说,校长,小葛很不错的,让他读您的博士后吧。没想到我的同事会在那种场合用那么"简单""粗暴"的方式向伍老师"推荐"我,更没想到伍老师居然爽快地答应了。幸福来得有点太突然!在向伍老师敬酒表示谢意时,刚说出"伍校长"三个字,伍老师便打断我的话说:"不要叫我'伍校长',我是'老师'"。当时我非常错愕,称呼"伍校长"不是更能体现社会地位嘛?后来才知道,伍老师非常讨厌官本位思想。伍老师官居高位,却没有官僚气息,让我印象深刻。

成为了伍老师的学生,让我有机会名正言顺地去课堂聆听伍老师的教导。伍老师作为产权会计学派的奠基人与"财权流"学说的开创者，上课不是唯我独尊盛气凌人的说教式，而是幽默随和、深入浅出的启发式，往往能让学生茅塞顿开，产生顿悟。记得一次课堂上，伍老师谈到如何通过产权制度的合理设计来构建和谐社会时，认为我们国家需要从产权分配制度上进行改革，即在发达国家AA制的基础上进一步完善AB制、AC制。伍老师说，如果完全按照AA制原则，则容易出现阶层固化、人情淡漠甚至"朱门酒肉臭，路有冻死骨"的两极分化情形，极易激化阶级矛盾，导致社会动荡。为此，作为社会主义国家，需要通过二次分配、三次分配等手段，将属于金字塔上层的财富适当向中层、下层转移，以实现整个社会财富分配的相对均衡。只有这样，社会才会秩序井然，才会变得更加和谐。伍老师进一步举例说，假如朋友聚餐，有的是土豪，有的是工薪阶层，有的负债累累生活艰辛，费用如何分担呢。如果平均分的话，则属于AA制的范畴，这种制度安排对于经济拮据者无疑会雪上加霜。因此，较好的办法是土豪多承担点，工薪阶层、生活拮据者少负担点，这便是所谓的AB制。最好的办法是，对于生活拮据者免除其餐费甚至对其进行救助捐赠，这种制度便是AC制了。这样一来，朋友之间便会充满温情，世间才更有人情味。学生们听了无不为之叹服。这样的例子不胜枚举。伍老师常说，作为一名老师，不仅要传知，更要启智。伍老师还告诫弟子们，要潜心学习，专注学术，不受名利的诱惑，并用内部性与外部性理论进行阐述。伍老师的真知灼见让我们受益匪浅！

  学高为师，德高为范。伍老师学术、品德高山仰止，我辈当永

远学之会之践行之！　　　　　　　　　　　（葛干忠，博士后）

　　作为伍老师的学生，我一直被老师的产权理念以及敢为天下先的湖南精神所折服，伍老师是目前国内会计学界少有的几个能真正做到知行合一的学者。老师早些年提出的产权会计及财权流思想奠定了其在国内会计学界的领军地位，并且一直坚持到今天。伍老师不仅是产权思想的倡议者，而且是产权思想的实践者。近年来导师在两会上提出的教育改革，经济改革以及民生发展等提案都是围绕产权改革，用实际行动践行了自己的产权思想，真正做到了知行合一，且大部分提案都被采纳。作为伍老师的博士后，我深以为荣，并以人民的名义终生践行产权理念，将其发扬光大。最后附上伍老师的一首诗：你的春天我的秋，你枝落在我枝头。与同门共勉！
　　　　　　　　　　　　　　　　　　　　　（王传彬，博士后）

　　舒适地靠坐在热闹的会议室里，虽然从未感到过无地自容，却终究未能坦然地寻求与老师目光的交会，只觉那背影一如十六年前……

　　黄海之滨，电厂建设工地外的槐花簌簌落下，与葡萄园边淡黄野菊花的清香融合在松间沙路上。这本是让我惬意的小环境，但当时的修为不足以让自己真正地隐居，除了白云悠悠外还需要心思悠远。看到桌头的招生简章，老师的大名是在财院毕业那年听会计专业的同学提到过，但名与人对不上号；产权会计？产权自信还粗通三四,三联书店那本书在写毕业论文时于艰深晦涩中也颇有感悟、浮想联翩。犹豫两三天后,还是忐忑地拨了那个素不相识的电话,后来入学后才知道这个电话的前期准备是多么不充分,竟不知真正科研者的作息习惯,以致于"竟然有这样的学生"扰了老师的清梦。

之后,在回家途中,想要拜访师门,结果忙中出错地入了对门老师的家,进退不知自处……直到考试前一晚才匆匆忙忙到老师办公室交谈了几句,听说竞争还是很激烈的,也就聊尽人事、付诸天命了……

早上又看到了那绿意盎然、花开自香的居所,还有那笔墨飘香、心自悠远的状态,不禁更神往之……　　　　　　　　　　（王跃武,博士）

师生之情应该是最纯洁的了,去年的十年聚会,伍老师免费单独给我们座谈了一个上午,分享了很多人生和育儿经验,我和我老公都听得如痴如醉,我老公说只有老师才会这么毫无保留的分享。
　　　　　　　　　　　　　　　　　　　　　　　　（阳丽芬,硕士）

又一次柔软地想起曾求学的校园,感动于指引自己前行的导师。伍老师创建的中国会计学产权学派和财权流理论属于本土原创会计理论体系,在国家领导人强调理论自信的大背景下显得弥足珍贵。自2005年进入"精伍门"之后,我更加系统地学习了老师的思想并延伸至产权经济学、制度经济学和民商法学,领悟到会计在市场经济运行中处于基础性地位、会计改革须服务于经济体制产权改革的真谛。当时，初生牛犊不怕虎，运用产权思想与会计、财务和审计问题相结合撰写文章。那时写作速度一个月就是一篇，并将稿子打印出来放在伍老师的信箱。源于伍老师担任校长职务太忙，我的稿子并未每篇得到老师的指点，有很多自己直接就投稿北大核心了，成了自己早期几篇独立发表的激情之作吧。后来，伍老师看我越写越多，就叫我去他办公室亲自指导，并委托张荣武师兄指点我文章细节和布局谋篇。在老师和师兄的指导之下，我们撰写的《产权范式的会计研究：回顾与展望》在《会计研究》2006年第7期发表。从此，我的研究才算走上正路。博士阶段和博士后阶段，伍老师都鼓励我继续深入研究产权会计问题，并积极为学生开题报告、论文结构布局提供真知灼见。沿着产权会计融合研究的思想进步，有幸参与老师申报的国家社科基金重大项目、重点项目，体会老师的专业与智慧，指引着我十四年的坚守。伍老师是我走不出的背影，他轻吟如歌、情怀如诗。（曹越，硕士）

研究生一年级时，伍老师知道我的家境后，主动跟会计学院老师申请，给我提供勤工俭学的机会，让我自己解决生活费。这都是事后会计学院老师跟我说的，伍老师默默地支持我，我真是感谢！伍老师和肖老师把学生当成自己的小孩，一到过节自己出钱请弟子吃饭，其他同学都非常羡慕我们。在写毕业论文时，伍老师在百忙之中抽出时间跟我多次沟通，在多次修改后，终于获得优异成绩。我很庆幸能成为伍老师的弟子！（朱丽，硕士）

第七篇　学生眼中的伍老师

当年我考入湖大会计学院研究生时,伍老师是院长,加上他的学术地位,在我们心目中一直是大咖级人物。因为我不是会计学专业,所以做梦也没有想到能成为伍老师的学生。当这份幸运真正降临到我头上时,可以想象那种激动和惊讶的心情是何等强烈。那天下午,我怀着十分高兴又多少有点炫耀的口吻把这个消息告诉一个正在读研的老乡时,他瞪着眼睛疑惑地看着我,最后揶揄地说:"今天不是4月1日吧?"呵呵,他以为我在说愚人节笑话呢。多年过去,当时的情景还历历在目。可事实就是这样,我很荣幸甚至带点戏剧性地成了伍老师的学生。在随后的求学生活中,伍老师毫无悬念地成为我最崇敬且最亲切的导师。无论是为学还是做人,老师的勤勉、严谨、睿智、诙谐、谦和,总是润物细无声地感召着我们。在追随伍老师攀登学术高峰的途中,羊肠小路、泥泞沼泽、康庄大道……各种情景都曾领略,时至今日,依然令人回味无穷。还记得研一时第一次向伍老师提交自由习作的学术小论文,论文是先拟好标题再走一步看一步写完的,洋洋洒洒几千字,自认为结构合理、论据充分,却没意识到内容与标题严重脱节,写的文不对题。当我发现了这个问题时,邮件已发给了伍老师。接下来心里很是忐忑不安,心想免不了要挨老师严厉批评;但又想也许老师太忙,不会注意到我这篇拙劣的文章。没想到第三天我打开邮箱,居然收到了老师回复的邮件,时间是前一天晚上12点多。文章批改很简明,标题后面加了几个粗字"题不对文!"。是的,没看错,老师没用"文不对题",而是"题不对文"。我盯着批注看了好几分钟,忽儿愧疚、忽儿莞尔、忽儿感叹。感叹老师那么忙却还在凌晨抽时间批改学生作业，也感叹老师的批评艺术之高，充满睿智，教益深刻。两个字的巧妙调整，让一个贬抑十足的成语变成了既直指问题症结，但又不失文雅和幽默的中肯批评。这背后体现了老师严谨、谦和的品质以及对学生的拳拳爱护。多年过去，这个小故事时常萦绕在我脑海中，那特殊的四个字犹有无穷力量，时刻鞭策着我认真做事、宽厚待人、快乐前行。有这样的导师，真是我人生极大幸事！

（欧阳光辉，硕士）

当年在湖大课堂上，伍老师曾告诉我们他年轻时的故事：伍老师年轻时曾将工作之余的时间全部投入书法爱好，后受一篇文章触动，要么将专业变成爱好，要么将爱好变成专业。于是伍老师忍痛割爱，放下业余爱好，专心做起了学问。

2012年毕业前夕，伍老师赠予我们每人一份亲笔书法，我请伍老师写的是"变工作为爱好"，这也是伍老师给我的启发，对大部分人来说，爱好难以成为专业，唯有将专业变成爱好！

伍老师有很多身份：教授、校长、博导、博士后、政协委员……但我还是称您老师，因为老师是最光辉的职业，因为伍老师在学术研究、为人处世上永远是我们的老师！

一场游戏一场梦，不惑于财不惑权。精伍门下满桃李，均衡点上赛神仙。

（戴劲，硕士）

第七篇 学生眼中的伍老师

2003 年，我师从伍中信老师攻读博士学位。在伍老师的精心指导和鼎力扶持下，我的人生发生了根本性转折：2006 年晋升为湖南大学副教授，2010 年晋升为广东财经大学教授，2017 年至今为广州大学三级教授。2009~2011 年师从著名会计学家郭道扬教授在中南财经政法大学从事博士后研究，2011~2012 年国家公派赴美国 UIUC 访学，2009 年入选财政部全国会计领军（后备）人才培养工程并于 2016 年顺利毕业。迄今，跨入"精伍门"已 16 年，许多记忆一直珍藏心底。曾记得，平生第一次乘飞机，便是跟随伍老师赴西南财经大学参加第十届中国财务学年会；曾记得，我守在电视机面前，为一睹伍老师参加北京奥运会火炬传递的飒飒英姿；曾记得，伍老师于百忙之中抽空出席我的博士后出站报告评审会，与郭道扬教授、郭复初教授等老前辈一起对我的出站报告进行评审指导，并与我们一家三口合影留念；曾记得，伍老师及师母肖美英老师携我和师弟曹越与郭道扬教授师门三代人相拥合影的幸福；曾记得，伍老师精心准备墨宝并亲手赠予我女儿文佳时寄予的厚望；曾记得，伍老师自费请我们吃烤全羊、农家大碗菜、地衣炒肉末的豪放；曾记得，伍老师在家中设宴，亲自下厨做拿手好菜款待我和其他弟子，大家围坐一团，伍老师亲自泡茶，一起畅聊学术和人生；曾记得，我母亲不幸因病去世时，伍老师和师母备厚礼与花圈、委托师弟到我老家吊唁和慰藉……是伍老师的悉心培养与谆谆教诲，让我从学术殿堂之外逐步走入正轨；是伍老师声名远播的产权会计与财权流等交叉性学术研究思想，引领我投入到产权财务与会计、制度与行为财务研究领域进而如痴如醉；是伍老师海纳百川的宽广胸怀、平易随和的为人风格，让我随侍左右而尽享春风舞雩之乐；是伍老师的正确引导与率先垂范，使我不惑于财，不惑于权，淡然随流，静心向学，自得其乐！作为中国产权会计学派的奠基人和最杰出代表、财权流理论的开创者和集大成者，伍老师是一位德艺双馨的学术巨擘、为人处世的楷模，更是具有卓越领导能力的大学掌舵人！

（张荣武，博士）

记得成为伍老师学生的第一天，因为发出了邮件申请和微信好友申请，焦急地等待着消息，便闷头傻脑地给伍老师发了一条私人短信，问："尊敬的伍老师，请问我有幸可以成为您的学生吗？""刚刚不是已经加你微信，把你拉进群了吗，哈哈（呲笑符号）"，哭笑不得的我急忙打开微信，"精伍门"微信群映入眼帘，乍看"伍门子弟是精英"的感觉，不得不说还是有点小骄傲和小自豪的，看到师兄师姐满天飞的欢迎红包，深切感受到了精伍门的热情之道。进入精伍门，感受到了老师们和师兄师姐们日常的谈笑风生，诙谐风趣，我想这与他们的学富五车是分不开的，其中当然离不开伍老师昔日对他们的敦敦教诲和指导，所以在工作之余，倘若保持着一份向伍老师和师兄师姐们轻松学习的状态，我想人生一定可以更加开阔吧。精伍门的微信群里日常会发来老师们和师兄师姐们在各自业界领域的喜报，在恭祝羡慕之余，自己也产生了紧迫感，是这样的大家庭感召着像我这一类的学生，读更好的书，做更好的人，

第七篇　学生眼中的伍老师

做更好的事，积极乐观地面对，做出一点自己的成绩，待日暮年纪时才敢回味，也不枉曾为精伍门中的一名门生。如今伍老师的学生中，有的已经成为教授，还有的成就更大，反观自己，望其项背，作为一名比较年轻的门生，精伍门精神不够深入透彻，但至少可以肯定的是伍老师和他的精伍门早已成为我心中的自律鞭策之器。

　　再说一说其他的缘分，加了伍老师微信不久，发现作为校长的伍老师不仅"菜园"种的好，而且业余爱好广泛，资深热爱羽毛球和书法，动静皆宜的闲暇之余，喜爱摆弄自家的花花草草，沏沏茶，顺便作诗一首，估计可以做成小册子出版了。从小酷爱练字的我至今也觉得受益匪浅，至少人生有一部分优点是归功于它的，所以至今仍还保留着这一爱好，想着他日与伍老师相逢，若能泼墨赠送一手，这便是最好的期盼了。至于羽毛球，虽然球技亟待提升，但一直想把它当成自己的终生运动，要是能与伍老师切磋两下，也不失为一场别开生面而值得回味的场景吧！热爱花草之人想必一定是热爱生命的，记得第一次去找伍老师探讨毕业论文开题时的场景，伍老师当时正站在窗台边，一边和我交流，一边手里随意地给花草整土、浇水，那是一种赋予了希望的感觉，分秒之间，毕业论文的题目已敲定。就这样，我与伍老师的缘分就在他那一间小小的办公室里正式定格！

（黎佳铸，硕士）

　　早在进入研究生之前，便已听说伍老师的威名，奈何缘分未到，一直未能有幸一睹真容。后在同门的介绍下，有幸进入伍门这个大家庭，是缘分，更是幸运。从没想过，除了我的偶像之外，还能有幸认识一位既能指点江山，又能诗情画意；既能以严谨之姿遨游学术，又能轻松风趣地"偷"做闲云野鹤；既能在运动场上挥汗如雨，又能借助光圈还原真实的一花一叶之人。更令人惊叹的是，种种角色，完全不用切换，庄生生即蝶，蝶亦庄生。吾辈骄之！幸入其门，当珍之，爱之，守护之！

（欧海玲，硕士）

拿着和媳妇儿刚领的红本本，第一时间与伍老师和师母分享了喜悦！听着师父和师母对我们小家庭的祝福，不禁心生感慨：共同在伍门成长，有伍老师和师母的悉心关怀，对俊达和悦怡来说，是一种缘分，更是一种幸福！

还记得初次拜入师门，伍老师儒雅亲和，师生相谈甚欢。受教于名师，学生十分欢喜，但也有一丝忐忑。是否将喜欢悦怡的心思向老师和盘托出？几经犹豫，考虑到"革命尚未成功"，因此暂且按下不表。

之后聚餐时，我忍不住多敬了师父师母几杯酒，算是赔礼，也是下定了必胜的决心……而伍老师和师母似乎有所觉察，眼神中满是鼓励！到如今，总算是修得圆满。

此后，虽然审计署特派办出差很多，但我一有机会就带悦怡去伍老师那里坐一坐，聊一聊家常……无论是学习、工作、还是生活，伍老师言传身教润物无声，总是让我们心里很踏实。我想这就是榜样的力量吧！高山仰止，景行行止。学生愚钝，虽远不能及，然心

第七篇 学生眼中的伍老师

向往之……　　　　　　　　　（陈俊达，硕士；阳悦怡，硕士）

　　看了前辈们的透彻感悟，我似乎又重温了昨日伍中信教授关于"一场游戏一场梦"讲座的现场。

　　我遇见的每一个人，都能做我的老师，因为他们教会了我各种智慧，虽然没有做伍院长入室弟子的潜质，但是能成为院长"菜园"（财院）里的一棵菜苗也是荣幸之至！在大学，我亲身体会到了伍院长给予我们的关怀，感受到了伍院长奉行的大学精神，只是没有体会爱情和事业幸福的资历。现在即将毕业离开学院，既怀有遗憾又充满信心，遗憾的是离开我敬爱的老师们，我能否出人头地，不负师恩？可是我想起了伍院长的赠言：要把握好人生的三个阶段，幼年时，接触自然，解放天性；青年时，掌握理论，结合实践；中年后，认清自己，安享拥有！我整理好思绪，明确了自己所处的阶段，就应该大胆去飞，运用在学校学到的理论知识结合实践能力，脚踏实地走向社会！

　　一场游戏一场梦，传递给我的理解是生活要会玩，这种玩既是娱乐和放松，又是养心和自在。我们应该培养出一种乐作人生的精神，将困难和压力变成挑战、机会、动力，然后梦想成真！想到这些我似乎不再彷徨，不再退缩，跟随伍师，寻得真知。

　　　　　　　　　　　　　　　　　　　　　　（胡汪洁，财院本科）

　　第一次感觉自己江郎才尽，此稿一改再改却仍难如意。老师学富五车，我却未能习得一二。虽以这点微末功夫行走江湖多年，却颇有一种"少壮不努力，老大徒悲伤"的惭愧。

有时我常想：那年偶然成为他的弟子，也许并非偶然，而是冥冥之中的必然……后来，导师告诉我：在我正式拜他为师的时候，他已经认识我，而我却并不知道那一次的"相识"。那是在一次论文答辩中，而其实我真正第一次拜访他，却是在比这更早的时候，但他却不记得了……在识与被识、记与被记的轮回中，我最终还是幸运地拜入伍氏门下，所以那不是偶然，而是一种命定的遇见。否则，伍导日理万机，无名小辈如我，怎会在素不相识的情况下得以面见天颜？

他不仅是我学术上的导师，更是我人生的导师。他的课堂从来不用书本，从来不是就书本而论书本。他总是能将最枯燥的理论以最恰当的手法与生活结合起来，然后再以最幽默的方式给我们演说出来。让你能够深刻理解却又不觉陈词乏味。他常常给我们讲他的人生经历，他艰难的奋斗史，这些曾是鼓舞我们无数学子的精神食粮和人生动力。它曾鼓励着我克服一次又一次的困难，战胜一次又一次的挫折。让我明白："百折不挠"背后应该付出怎样的艰辛……他的每一堂课都是一场精彩的人生演讲。

是他第一次告诉我："婚姻是爱情的坟墓"，还有下一句：如果没有婚姻，爱情将死无葬身之地；是他第一次用产权解释婚姻难题：一个很喜欢玫瑰花的女孩为什么婚后会因为丈夫送给他的玫瑰花而生气？那是因为婚后他们之间没有了产权边界，男孩买玫瑰花的钱同时也是女孩的，所以婚前是浪漫，婚后是浪费；是他第一次让我明白：最无聊的会计课也能被演说的如此生动形象。其中，印象最深的是伍老师的"一场游戏一场梦"。这首歌也是老师在K歌时的必点曲目。老师真是才华横溢啊，能将自己最爱的歌与自己最拿手的学术课题如此完美地结合，并慷慨激昂地在讲台上演说出来，湖大数百年来也仅此一人而已！十三年，弹指如梭，吾师已从风华正茂走入了风华绝代。十三年后"一场游戏一场梦"的演讲四海沸腾，涛声依旧。吾师中信更是如王者归来，风采依然！弟子韵清，虽无法亲临现场，却仍能感受到那万人空巷，汹涌如潮的现场气氛，仍能感受到心情澎湃，掌声雷鸣的欢呼雀跃。仍能感受到您的演讲给人带来的心灵震撼与震惊。仿佛穿越时空，身临其境。

（谭韵清，硕士）

参考文献

[1] 伍中信. 产权与会计 [M]. 上海：立信会计出版社，1998.

[2] 伍中信. 产权理论与中国会计学 [M]. 北京：中国人民大学出版社，2003.

[3] 伍中信. 财权流与产权会计研究 [M]. 成都：西南财经大学出版社，2008.

[4] 伍中信. 现代企业财务治理结构论：以财权为基础的财务理论研究 [M]. 北京：中国财政经济出版社，2010.

[5] 伍中信. 永恒的会计受托之责 [J]. 财务与会计，2013（7）：62.

[6] 曹越，伍中信. 政府会计二元结构体系中的概念框架研究 [J]. 财经理论与实践，2012，33（4）：57-61.

[7] 曹越，赵春生，伍中信. 产权保护、二元准则与适应性效率 [J]. 中南财经政法大学学报，2012（2）：32-37+142-143.

[8] 曹越，伍中信. 人类产权与会计起源及相关性分析 [J]. 经济问题探索，2011（11）：126-130.

[9] 曹越，伍中信，赵西卜. 现代会计理论的产权基础 [J]. 财经理论与实践，2011，32（5）：60-64.

[10] 曹越，伍中信，赵西卜. 产权保护导向会计改革成效测度标准研究 [J]. 中央财经大学学报，2011（6）：88-92+96.

[11] 曹越，伍中信. 产权范式的财务研究：历史与逻辑勾画 [J]. 会计研究，2011（5）：24-29.

[12] 张荣武，伍中信. 产权保护、公允价值与会计稳健性 [J]. 会计研究，2010（1）：

同时也是女孩的，所以婚前是浪漫，婚后是浪费；是他第一次让我明白：最无聊的会计课也能被演说的如此生动形象。其中，印象最深的是伍老师的"一场游戏一场梦"。这首歌也是老师在K歌时的必点曲目。老师真是才华横溢啊，能将自己最爱的歌与自己最拿手的学术课题如此完美地结合，并慷慨激昂地在讲台上演说出来，湖大数百年来也仅此一人而已！十三年，弹指如梭，吾师已从风华正茂走入了风华绝代。十三年后"一场游戏一场梦"的演讲四海沸腾，涛声依旧。吾师中信更是如王者归来，风采依然！弟子韵清，虽无法亲临现场，却仍能感受到那万人空巷，汹涌如潮的现场气氛，仍能感受到心情澎湃，掌声雷鸣的欢呼雀跃。仍能感受到您的演讲给人带来的心灵震撼与震惊。仿佛穿越时空，身临其境。

（谭韵清，硕士）

参考文献

[1] 伍中信. 产权与会计 [M]. 上海：立信会计出版社，1998.

[2] 伍中信. 产权理论与中国会计学 [M]. 北京：中国人民大学出版社，2003.

[3] 伍中信. 财权流与产权会计研究 [M]. 成都：西南财经大学出版社，2008.

[4] 伍中信. 现代企业财务治理结构论：以财权为基础的财务理论研究 [M]. 北京：中国财政经济出版社，2010.

[5] 伍中信. 永恒的会计受托之责 [J]. 财务与会计，2013（7）：62.

[6] 曹越，伍中信. 政府会计二元结构体系中的概念框架研究 [J]. 财经理论与实践，2012，33（4）：57-61.

[7] 曹越，赵春生，伍中信. 产权保护、二元准则与适应性效率 [J]. 中南财经政法大学学报，2012（2）：32-37+142-143.

[8] 曹越，伍中信. 人类产权与会计起源及相关性分析 [J]. 经济问题探索，2011（11）：126-130.

[9] 曹越，伍中信，赵西卜. 现代会计理论的产权基础 [J]. 财经理论与实践，2011，32（5）：60-64.

[10] 曹越，伍中信，赵西卜. 产权保护导向会计改革成效测度标准研究 [J]. 中央财经大学学报，2011（6）：88-92+96.

[11] 曹越，伍中信. 产权范式的财务研究：历史与逻辑勾画 [J]. 会计研究，2011（5）：24-29.

[12] 张荣武，伍中信. 产权保护、公允价值与会计稳健性 [J]. 会计研究，2010（1）：

28-34+95.

[13] 贺正强，伍中信. 财务契约运行与财权动态配置研究 [J]. 湖南财经高等专科学校学报，2009，25（4）：86-89.

[14] 曹越，伍中信. 产权保护、公允价值与会计改革 [J]. 会计研究，2009（2）：28-33+93.

[15] 伍中信，曹越. 产权保护、"三域"秩序与审计信息真实性 [J]. 会计研究，2007（12）：82-87+97.

[16] 王跃武，伍中信. 论会计监督的涵义与结构 [J]. 财会月刊，2007（34）：3-4.

[17] 伍中信，张荣武，贺正强. 现代财务理论体系：基于价值与权力的融合研究 [J]. 财政研究，2006（11）：58-60.

[18] 伍中信，朱焱，贺正强. 论以财权配置为核心的企业财务治理体系的构建 [J]. 当代财经，2006（10）：111-114.

[19] 伍中信，张荣武，曹越. 产权范式的会计研究：回顾与展望 [J]. 会计研究，2006（7）：83-89.

[20] 伍中信. 现代公司财务治理理论的形成与发展 [J]. 会计研究，2005（10）：13-18+96.

[21] 伍中信，龚慧云. 现代产权与绿色会计 [J]. 中国发展，2005（3）：13-16.

[22] 伍中信，贺正强，梁栋. 财权分层理论与财务主体一元性 [J]. 财会月刊，2005（26）：2-5.

[23] 伍中信，王跃武. 人力资源会计之产权经济学 [J]. 财经理论与实践，2005（1）：67-71.

[24] 伍中信，文学. 债转股中的若干问题探析 [J]. 重庆工商大学学报. 西部经济论坛，

2004（1）：89-91.

[25] 伍中信，杨碧玲. 论企业财务目标的产权基础 [J]. 财会通讯，2003（11）：19-21.

[26] 伍中信，杨晴. 制度变迁 产权模糊 会计信息失真 [J]. 财会月刊，2003（1）：13-12.

[27] 伍中信，肖小凤. 中国的过渡会计学：研究框架与现实评价 [J]. 财经理论与实践，2002（2）：43-50.

[28] 伍中信. 现代财务理论的产权基础 [J]. 财政研究，2000（7）：52-56+61.

[29] 伍中信. 现代财务理论与产权理论的相关性研究 [J]. 湖南财政与会计，1999（12）：21-24.

[30] 伍中信，龙海明. 试析财权与产权 [J]. 财会月刊，1999（3）：20.

[31] 伍中信. 产权理论与"资本结构之谜"：从非对称信息理论开始的研究 [J]. 湖南财政与会计，1999（1）：24-25.

[32] 伍中信，谢涛. 中国的过渡会计学：会计理论创新与发展 [J]. 会计研究，1998（12）：7-10.

[33] 伍中信. 财权流：现代财务本质的恰当表述 [J]. 财政研究，1998（2）：33+35+34.

[34] 伍中信，肖美英. 信息、产权与博弈：会计监督的经济学 [J]. 会计研究，1997（12）：15-18.

[35] 伍中信，黄嘉怡. 产权功能与会计使命 [J]. 财会月刊，2018（2）：3-11.